北京市社会科学基金青年项目（17ZGC017）资助
外交学院中央高校基本科研业务费专项资金资助

Research on Chinese OFDI Investment Direction,
Efficiency and Risk Prevention under the Background of
"The Belt and Road Initiative"

"一带一路"背景下中国OFDI投向、效率及风险防范研究

付韶军 ◎ 著

中国财经出版传媒集团

经济科学出版社
Economic Science Press

图书在版编目（CIP）数据

"一带一路"背景下中国 OFDI 投向、效率及风险防范研究／付韶军著 . —北京：经济科学出版社，2022.5
ISBN 978-7-5218-3492-5

Ⅰ.①— … Ⅱ.①付… Ⅲ.①对外投资-直接投资-研究-中国　Ⅳ.①F832.6

中国版本图书馆 CIP 数据核字（2022）第 049490 号

责任编辑：李　军　谭志军
责任校对：齐　杰
责任印制：范　艳

"一带一路"背景下中国 OFDI 投向、效率及风险防范研究

付韶军　著

经济科学出版社出版、发行　新华书店经销
社址：北京市海淀区阜成路甲 28 号　邮编：100142
总编部电话：010-88191217　发行部电话：010-88191522
网址：www.esp.com.cn
电子邮箱：esp@esp.com.cn
天猫网店：经济科学出版社旗舰店
网址：http://jjkxcbs.tmall.com
北京季蜂印刷有限公司印装
710×1000　16 开　15.5 印张　260000 字
2022 年 5 月第 1 版　2022 年 5 月第 1 次印刷
ISBN 978-7-5218-3492-5　定价：72.00 元
（图书出现印装问题，本社负责调换。电话：010-88191510）
（版权所有　侵权必究　打击盗版　举报热线：010-88191661
QQ：2242791300　营销中心电话：010-88191537
电子邮箱：dbts@esp.com.cn）

前　言

2013年，中国国家主席习近平提出了"一带一路"伟大倡议，该倡议一经提出便得到了沿线国家的积极响应，几年来，我国与"一带一路"沿线国家的经贸合作取得了长足进步。据商务部统计，2013~2019年，中国与沿线国家货物贸易累计总额超过了7.8万亿美元，对"一带一路"沿线国家的直接投资进展迅速，2013~2019年，中国企业对"一带一路"沿线国家直接投资超过1100亿美元，在"一带一路"沿线国家完成对外承包工程营业额超过8000亿美元，一大批重大项目和产业园区相继落地见效，有力促进了与沿线国家的互利共赢和共同发展，提高了沿线国家人民的共同福祉。据《中国对外直接投资统计公报》和商务部网站统计，我国对"一带一路"沿线国家的直接投资流量从2013年的126.3亿美元增长到2019年的150.4亿美元。其中，2019年我国对沿线56个国家进行的非金融类直接投资为150.4亿美元，同比下降了3.8%，占全部中国对外直接投资总额的13.6%，我国投资主要流向了新加坡、越南、老挝、印度尼西亚和巴基斯坦等国家。但随着中美贸易冲突的不断加剧，现已经发展成为中美贸易摩擦，反全球化思潮的兴起及新冠肺炎（COVID-19）疫情，无不对全球经济造成了严重影响，国际贸易和国际投资更加低迷，给我国对外直接投资造成了巨大的冲击，中国对"一带一路"沿线国家的投资面临很多风险和挑战，因而加强对中国对外直接投资（OFDI）区位投向、投资效率和风险防范进行深入研究具有重要的理论和现实意义。

本书以实证研究为主，综合采用了定性方法与定量方法相结合的方式进行理论研究和实证分析，采用的研究方法主要包括面板数据固定效应模型、面板随机前沿模型、结构化向量自回归模型等较为先进的统计和计量模型，从多角度探讨了"一带一路"沿线东道国因素对中国对外直接投资的影响，在此基础上提出了中国对外直接投资并实现可持续发展的应对策略。

全书分为四个主要部分：第一部分为第一章，论述"一带一路"倡议的发展进程和中国对沿线国家投资的基本情况。第二部分包括第二～第四章，从整体上探讨了东道国国家风险因素对中国在"一带一路"沿线国家直接投资的影响，分别构建了实证分析模型，研究东道国政府治理水平对中国OFDI的影响、国家政治风险因素对中国OFDI的影响和国家金融风险因素对中国OFDI的影响；第三部分包括第五、第六章，探讨人民币国际化对中国在"一带一路"沿线国家直接投资的影响，分别构建了结构化向量自回归模型和面板数据模型并进行实证研究，研究发现，人民币国际化对中国在"一带一路"沿线国家直接投资存在显著促进作用。第三部分包括第七～第十章，首先，探讨了中国对外直接投资的技术溢出问题，研究发现，中国对"一带一路"沿线国家的投资存在技术溢出效应和逆向技术溢出效应；其次，研究了中国对"一带一路"沿线部分重点区域直接投资的影响因素，分别探讨了中国对东盟10国和中东欧16国直接投资的影响因素，研究发现，中国对东盟10国和中东欧16国直接投资的市场寻求动机明显。第四部分包括第十一、第十二章，探讨了"一带一路"建设中的若干其他问题，分别探讨了"丝绸之路经济带"沿线TFP测算及影响因素以及"一带一路"建设中的中国出口效率提升问题。

第二章利用世界银行发布的世界治理指数，对"一带一路"沿线的59国数据进行了实证研究，探讨东道国政府治理水平对中国在"一带一路"沿线国家直接投资区位选择的影响。实证结果表明：东道国的政府治理水平对中国OFDI的区位选择具有重要影响，但不同因素之间存在较大差异，其中，法律规则（RL）对中国OFDI具有显著正向效应，监管质量（RQ）对中国在发展中国家和资源一般国家投资具有显著正向效应。为了有效防范对外投资风险，应该从四个方面努力：①加强对"一带一路"沿线国家的国别研究；②构建和完善对外投资风险评估及预警机制；③增强我国对外投资企业的风险管控能力；④加强与"一带一路"沿线国家的双边关系。

第三章利用政治风险服务机构PRS集团发布的《世界各国风险指南》ICRG的国家政治风险数据，选择"一带一路"沿线的54国数据构建了固定效应模型并进行实证研究，探讨东道国国家政治风险的12个指标对中国OFDI区位选择的影响，发现国家政治风险各因素对中国OFDI的区位选择存在显著影响，但政治风险各因素的影响方式之间存在较大差异。具体而言，投资环境（IP）、政府稳定性（GS）和法律制度（LO）对中国在"一带一路"沿线国家的直接投资具有显著负向影响，表明中国对沿线国家投资存在显著的"逆向选择"特点；民主问责（DA）、官僚体系质量（BQ）、腐败控制（COR）和宗教冲突（RT）对中国在"一带一路"沿线国家的直接投资具有显著正向影响。为有效保护在"一带一路"沿线国家进行直接投资的我国企业的合法权益，应该采取以下措施：①各大部委之间加强相互协作，构建对外投资风险预警机制；②增强我国企业的政治风险防控能力；③加强与沿线国家的多双边合作机制建设。

第四章利用政治风险服务机构 PRS 集团发布的《世界各国风险指南》ICRG 的国家金融风险数据，选择"一带一路"沿线 56 国的国家金融风险数据构建了固定效应模型并进行实证研究，探讨国际金融风险对中国在"一带一路"沿线国家直接投资的影响，实证结果表明，国际金融风险各因素对中国 OFDI 存在显著影响，但影响方式之间存在较大差异。具体而言，东道国债务偿还能力对中国 OFDI 具有显著正向效应，汇率稳定度和外债占 GDP 的比例对中国 OFDI 具有显著负向效应，经常账户余额占总出口百分比在不同模型间存在显著差异，我国对沿线国家的投资存在明显的"逆向选择"现象，面临的国际金融风险较高。为有效防范对外直接投资面临的国际金融风险，应该采取以下措施：①继续深化国内金融改革开放，增强国际金融风险应对能力；②加强事前、事中和事后投资监管，提升跨国企业金融风险防控水平；③积极推动区域金融合作，共同应对国际金融风险冲击。

第五章探讨人民币国际化对中国对外直接投资的影响，构建了结构化向量自回归（SVAR）模型，对我国 2010 年 4 月~2017 年 6 月宏观月度数据进行实证研究。实证结果表明：人民币国际化对中国 OFDI 具有显著正向促进作用，是中国对外直接投资快速发展的重要驱动力。控制变量中的出口贸易和外商直接投资促进了中国对外直接投资的发展，而社会融资能力和进口贸易对中国 OFDI 产生了一定的"挤出效应"，阻碍了中国对外直接投资的发展。为促进人民币国际化和中国资本"走出去"的顺利推进，应该采取如下措施：①抓住"一带一路"建设的良好契机，积极稳健推进人民币国际化；②充分发挥丝路基金、亚投行和金砖国家银行的作用，积极推动优先使用人民币进行投融资；③鼓励中国企业采用人民币安排进行对外直接投资，有效防范汇率波动风险；④推进国内金融深化改革，完善和发展现代金融市场。

第六章进一步探讨人民币国际化对中国对外直接投资的影响，在第五章对总体数据进行研究的基础上，构建面板数据模型并进行实证研究。本章重点着眼于人民币国际计价和支付功能，构建了加权指数以测度人民币国际化水平，并采用固定效应模型对2009~2017年宏观数据进行实证分析，探讨人民币国际化对中国OFDI的影响，实证结果表明，人民币国际化对中国在"一带一路"沿线国家的投资具有显著促进作用，是中国OFDI的重要驱动力，控制变量中的东道国人口、东道国GDP发展速度对中国OFDI具有正向效应，中国OFDI的市场寻求动机明显，受运输成本的影响，中国与东道国的经济距离对中国OFDI存在抑制作用。为进一步深化金融体制改革，推动人民币国际化进程，促使中国资本在沿线国家的健康可持续流动，应该采取以下措施：①积极稳妥推进人民币国际化进程；②继续深化国内金融市场改革，有效利用"深港通"和"沪港通"促进人民币国际化；③加强与"一带一路"沿线国家的投融资机制合作。

第七章研究中国在沿线国家的直接投资对东道国技术进步的作用，采用DEA-Malmquist指数法测算了"一带一路"沿线21样本国的全要素生产率，在此基础上构建了面板Tobit模型，分析中国对外直接投资与东道国技术进步之间关系。实证结果表明：中国在沿线发达样本国的直接投资对东道国技术进步存在一定正向效应，中国资本的进入盘活了东道国技术创新能力，有效提升了各国的技术水平；中国对全部21样本国和发展中样本国直接投资产生的技术溢出与各国研发投入共同对各国技术进步产生了正向效应。为增进沿线各国的共同福祉，我们应该对沿线各国实施差异化的对外投资策略，采取多元化投资方式，与此同时，沿线各国要加强技术吸收能力。

第八章探讨对"一带一路"沿线国家直接投资的逆向技术溢出效应及其与中国技术进步之间的关系，在国际技术溢出理论基础上，构建了面板数据随机前沿模型，对"一带一路"沿线35国数据进行实证研究，分析中国对"一带一路"沿线国家直接投资的逆向技术溢出效应。实证结果表明，我国对"一带一路"沿线国家直接投资产生的逆向技术溢出对我国东部沿海省份的技术进步具有显著促进作用，而对全国总体和中西部省份的技术进步没有显著促进作用。因此，我国政府和相关企业应该采取差异化投资策略：①东部沿海省份应该依托"21世纪海上丝绸之路"建设，扩大对沿线研发资本丰富国家的对外直接投资；②中西部省份应该依托"丝绸之路经济带"建设，扩大对沿线发展中国家的对外直接投资，并努力改善对技术溢出的吸收能力；③推进与沿线国家互联互通建设，继续深化对外开放，构建对外开放新格局。

第九章研究中国对东盟10国这一重要区域的直接投资效率和影响因素，构建了面板随机前沿模型并进行实证探讨。东盟国家是中国的友好邻邦，近年来，中国对东盟国家的直接投资规模不断增长，投资深度不断加强，但与此同时也面临诸如投资效率不高、区位分布不平衡等一系列问题。本章采用2005~2016年度数据，构建了中国对东盟国家直接投资随机前沿引力模型，实证分析中国对东盟国家直接投资效率的重要影响因素，实证结果表明：东道国的市场规模、经济发展水平、贸易开放度、法律制度和政府效率等指标对中国对外直接投资效率存在正效应，有效促进了中国投资效率的提升，而中国与东道国的距离、东道国稳定程度、东道国民主自由等指标对中国对外直接投资效率存在负效应，对中国投资效率提升产生了一定的阻碍作用。为促进我国对东盟国家投资的健康持续发展，应该采取以下措施：①加强与东盟国家的国际产能合作；②有效利用多双边合作机制，与东盟国家相向而行；③增强我国企业的风险防控意识，提高我国对外投资抗风险能力；④促进对东盟国家直接投资的多元化发展。

第十章探讨中国对中东欧16国直接投资的影响因素，构建了固定效应模型进行实证研究。2011年中国与中东欧16国开启了"16+1"合作的序幕，2013年"一带一路"倡议提出以来，得到了中东欧国家的积极响应，我国对中东欧国家的直接投资取得了长足进步。基于世界银行发布的世界发展指标数据，研究中国对中东欧16国直接投资的影响因素，实证结果表明，双边关系往来对中国投资具有显著促进作用，中国对中东欧国家的直接投资具有明显市场寻求特征，东道国GDP、劳动力数量和贸易依存度促进了中国投资的发展，但东道国固定资产投资对来自中国的投资存在"挤出"效应，创办企业天数这个反映政府效率的负指标阻碍了中国OFDI的进入，为进一步增进中国与中东欧各国的共同福祉，促进中国在中东欧各国投资的快速健康发展，应该采取以下措施：①加强与中东欧16国的双边和多边合作；②不断提升中国企业的国际竞争力；③加强投前环境评估和投后运营跟踪管理，有效防范投资风险。

第十一章探讨"一带一路"建设是否能够对中国出口产生显著促进作用，构建面板数据随机前沿模型并进行实证检验，"一带一路"倡议是深化改革开放、谋求共同发展的重大国际倡议，国际贸易是重要的桥梁和纽带，实证结果表明，GDP、总人口、中国对外投资、中国从各国进口、是否签订自由贸易协定、是否陆地接壤等指标均对中国出口产生正向效应，距离对中国出口产生负向效应。为了实现中国对外贸易的持续健康发展，应该采取以下政策措施：①应该加快贸易通道建设，稳步推进"设施联通"；②适当扩大对沿线国家的进口，发挥引领带动作用；③积极参与自由贸易区谈判，提升双边贸易深度；④加大对沿线国家的投资与开发，加强"政策沟通"。

第十二章测度丝绸之路经济带沿线各省区市的技术效率，运用基于对数型柯布－道格拉斯生产函数的随机前沿面板数据模型，测算1997~2013年我国丝绸之路经济带沿线各省区市技术效率，并进一步分析各省区市TFP的影响因素。实证结果表明：对外开放、财政金融支持和交通基础设施对各省区市的技术效率产生了积极作用，均存在正向的技术溢出效应。为促进丝绸之路经济带沿线各省区市的持续健康发展，应该采取以下政策措施：①继续深化对外开放，推进贸易畅通；②加大财政金融支持，实现货币流通；③推进交通设施建设，加强道路联通。

本书的出版得到了经济科学出版社的大力支持，感谢李军编辑和谭志军编辑的辛勤工作。感谢我的合作者孙强教授、张璐超博士，感谢我的硕士生陈思佳、本科生邢玉临和王茜，本书部分内容已经发表在《经济问题探索》《工业技术经济》《兰州学刊》《数学的实践与认识》《财会月刊》《国际商务财会》等学术期刊，在此感谢上述学术期刊的主编、编辑和匿名审稿人，正是你们一丝不苟的工作态度和专业的评审，纠正了论文初稿中的一些错误。感谢北京市社科基金青年项目（17ZGC017），外交学院中央高校基本科研业务费专项资金的资助。当然，更感谢我的父母和家人对我工作的大力支持，没有他们无私的付出，很难完成本书的写作。

由于水平所限，本书肯定还存在一些谬误和不足，请读者朋友多提宝贵建议。

付韶军
2021年12月于展览路24号院

目 录

总论篇

第一章 "一带一路"倡议进展及中国对沿线国家投资 ················ 3
  第一节 "一带一路"倡议的提出 ································· 4
  第二节 "一带一路"倡议的进展 ································· 6
  第三节 中国对"一带一路"沿线国家直接投资 ··················· 16
  第四节 中国对外直接投资面临的风险与挑战 ····················· 23
  第五节 中国对外投资风险防范措施 ····························· 25
  参考文献 ··· 26

风险篇

第二章 东道国政府治理水平对中国 OFDI 区位选择的影响——基于"一带一路"沿线 59 国数据的实证分析 ························ 31
  第一节 引 言 ··· 31
  第二节 文献评述 ··· 32
  第三节 计量模型及数据处理 ··································· 34
  第四节 估计结果及分析 ······································· 39
  第五节 结论与政策启示 ······································· 43
  参考文献 ··· 45

第三章 国家政治风险因素对中国 OFDI 影响研究——基于"一带一路"沿线 54 国数据的实证分析 …… 48

- 第一节 引　言 …… 48
- 第二节 文献评述 …… 49
- 第三节 实证模型构建 …… 52
- 第四节 实证分析结果 …… 58
- 第五节 实证研究结论与相关政策启示 …… 66
- 参考文献 …… 69

第四章 国际金融风险对中国 OFDI 影响研究——基于"一带一路"沿线 56 国实证分析 …… 71

- 第一节 引　言 …… 71
- 第二节 文献评述 …… 72
- 第三节 实证分析模型构建 …… 75
- 第四节 实证分析结果 …… 79
- 第五节 研究结论与相关政策启示 …… 87
- 参考文献 …… 90

金融篇

第五章 "一带一路"背景下人民币国际化对中国 OFDI 的影响研究——基于 SVAR 模型的实证检验 …… 95

- 第一节 引　言 …… 95
- 第二节 文献评述与假设命题 …… 97
- 第三节 变量选择及数据处理 …… 100
- 第四节 实证分析结果 …… 102
- 第五节 结论及政策启示 …… 107
- 参考文献 …… 109

第六章 人民币国际化对中国 OFDI 的影响研究——基于"一带一路"沿线 37 国实证检验 ……… 111

- 第一节 引言 ……… 111
- 第一节 文献评述 ……… 112
- 第三节 人民币国际化对中国 OFDI 的影响机理 ……… 115
- 第四节 计量模型与数据处理 ……… 117
- 第五节 实证分析结果 ……… 124
- 第六节 结论与政策建议 ……… 129
- 参考文献 ……… 132

技术及区域篇

第七章 对外直接投资逆向技术溢出与中国技术进步研究——基于"一带一路"沿线 35 国实证检验 ……… 137

- 第一节 引言 ……… 137
- 第二节 文献评述 ……… 138
- 第三节 计量模型与数据处理 ……… 140
- 第四节 实证分析结果 ……… 146
- 第五节 结论与政策建议 ……… 149
- 参考文献 ……… 151

第八章 中国对东盟 10 国直接投资效率及影响因素研究 ……… 153

- 第一节 引言 ……… 153
- 第二节 文献评述 ……… 154
- 第三节 变量选择与数据来源 ……… 155
- 第四节 实证分析 ……… 158
- 第五节 结论与建议 ……… 164
- 参考文献 ……… 165

第九章　中国对外直接投资与东道国技术进步——基于"一带一路"沿线21国研究 167

第一节　引言 167
第二节　文献评述 168
第三节　计量模型与数据处理 170
第四节　实证分析结果 175
第五节　结论与政策建议 179
参考文献 181

第十章　"16+1"合作机制下中国对中东欧国家直接投资影响因素研究 184

第一节　引言 184
第二节　文献评述 186
第三节　实证模型构建 188
第四节　实证分析结果 192
第五节　结论与政策启示 197
参考文献 199

其他篇

第十一章　"一带一路"建设与中国出口效率提升——基于面板数据随机前沿引力模型的实证研究 203

第一节　引言 203
第二节　理论模型构建 205
第三节　实证分析 210
第四节　结论及建议 214
参考文献 215

第十二章　"丝绸之路经济带"沿线TFP测算及影响因素研究——基于随机前沿面板数据模型的分析 217

第一节　引言 217
第二节　文献综述 218

第三节　理论模型构建 …………………………………… 220

第四节　数据来源及处理 …………………………………… 223

第五节　实证分析结果 ……………………………………… 225

第六节　结论与建议 ………………………………………… 229

参考文献 ……………………………………………………… 231

总论篇

第一章

"一带一路"倡议进展及中国对沿线国家投资

"一带一路"倡议（The Belt and Road initiative）是"丝绸之路经济带"和"21世纪海上丝绸之路"的合称，最早由中国国家主席习近平提出，"一带一路"倡议一经提出，便受到了国际社会的广泛关注，"一带一路"沿线国家积极响应。首先，"一带一路"建设有助于我国有效应对外部挑战和压力。其次，"一带一路"建设将加强沿线国家互相对接和协同发展，有助于形成新的快速发展区域，进而推动全球经济的持续快速增长。再次，随着"一带一路"倡议的顺利推进，我国不断加强与沿线国家的深入合作，从而为中国企业"走出去"提供了更加便利的条件，同时提升了沿线国家的经济发展水平，促进沿线国家的生产技术水平不断提高，扩大了中国在沿线国家的国际影响力。最后，"一带一路"建设对我国而言是更深层次的开放，有助于加快中国区域经济布局优化调整，实现我国产业结构转型优化升级。

丝路精神源远流长，远在2000多年前的汉代，张骞肩负和平友好使命出使西域，向西域传播中华文明，同时引进西域文化成果，如葡萄、苜蓿、石榴等。明代著名航海家郑和7次远洋航海，远涉亚非30多个国家和地区，成为与沿途各国人民友好交往的佳话。古丝绸之路绵延千年，和平合作、开放包容、互学互鉴、互利共赢是丝路精神的核心，在新的历史条件下，为继承和发扬丝路精神，中国提出"一带一路"倡议。"一带一路"倡议是开放的，关于"一带一路"沿线涵盖的国家名单，目前仍没有形成统一的说法，中国对外直接投资统计公报上有一版块为中国对"一带一路"沿线国家直接投资,其中的"一带一路"沿线国家包括64个国家,即42个亚洲国家、21个欧洲国家和1个非洲国家。亚洲国家按区域分为东亚1国、东南亚11国、西亚17国、南亚8国、中亚5国,如表1-1所示。

表1-1　　　　　　　"一带一路"沿线国家名单

区域		国家
亚洲42国	西亚17国	阿联酋、阿曼、阿塞拜疆、巴勒斯坦、巴林、卡塔尔、科威特、黎巴嫩、沙特阿拉伯、土耳其、叙利亚、也门、伊拉克、伊朗、以色列、约旦、亚美尼亚
	东南亚11国	东帝汶、菲律宾、柬埔寨、老挝、马来西亚、缅甸、泰国、文莱、新加坡、印度尼西亚、越南
	南亚8国	阿富汗、巴基斯坦、不丹、马尔代夫、孟加拉国、尼泊尔、斯里兰卡、印度
	中亚5国	哈萨克斯坦、吉尔吉斯斯坦、塔吉克斯坦、土库曼斯坦、乌兹别克斯坦
	东亚1国	蒙古国
欧洲21国		阿尔巴尼亚、爱沙尼亚、白俄罗斯、保加利亚、波黑、波兰、俄罗斯、格鲁吉亚、黑山、捷克、克罗地亚、拉脱维亚、立陶宛、罗马尼亚、北马其顿、摩尔多瓦、塞尔维亚、斯洛伐克、斯洛文尼亚、乌克兰、匈牙利
非洲1国		埃及

资料来源:根据《中国对外直接投资统计公报》整理。

第一节　"一带一路"倡议的提出

一、"一带一路"倡议正式提出

2013年9月7日,中国国家主席习近平在哈萨克斯坦纳扎尔巴耶夫大学做了题为《弘扬人民友谊 共创美好未来》的演讲,提出共同建设"丝绸之路经济带"。2013年10月3日,习近平主席在印度尼西亚国会发表了题为《携手建设中国—东盟命运共同体》的演讲,提出共同建设"21世纪海上丝绸之路"。

2014年6月，习近平主席在中国—阿拉伯国家合作论坛第六届部长级会议上首次正式使用"一带一路"的提法，并对丝绸之路精神和"一带一路"建设应该坚持的原则进行系统阐述。

2014年9月11日，中、俄、蒙三国元首会晤时提出，将"丝绸之路经济带"同"欧亚经济联盟"、蒙古国"草原之路"倡议进行有效对接，进而打造中蒙俄经济走廊。随后三国签署了《建设中蒙俄经济走廊规划纲要》，成为共建"一带一路"框架下的首个多边合作规划纲要。

2014年12月29日，中国出资400亿美元成立了丝路基金，丝路基金秉承"开放包容、互利共赢"的理念，为"一带一路"框架内的经贸合作和双边多边互联互通提供投融资支持。2017年5月，中国政府宣布向丝路基金增资1000亿元。

2015年3月28日，中国国家发展改革委员会、外交部、商务部联合发布了《推动共建丝绸之路经济带和21世纪海上丝绸之路的愿景与行动》，提出在"和平合作、开放包容、互学互鉴、互利共赢"的丝绸之路精神指引下，要坚持共商、共建、共享原则，积极推进沿线国家发展战略的相互对接，以政策沟通、设施联通、贸易畅通、资金融通、民心相通为主要内容，加强与沿线国家的合作。

二、积极筹建多边金融机构

据亚洲开发银行估计，2010~2020年，亚洲各经济体的基础设施要想达到世界平均水平，内部基础设施投资需要8万亿美元，区域性基础设施建设另需3000亿美元，融资缺口巨大。原有多边金融机构远不能满足沿线各国的投融资需求。2015年7月，中国推动成立的新开发银行，即金砖国家新开发银行（New Development Bank，NDB）开业，法定资本金1000亿美元，总部设在上海，主要用于支持成员国的基础设施建设和可持续发展。截至2020年10月底，新开行贷款规模达到206.05亿美元，共批准本币贷款48.73亿美元，占比约24%，已发行130亿元人民币债。

2015年12月25日，亚洲基础设施投资银行正式成立，这是由中国倡议设立的多边金融机构，总部设在北京，法定资本1000亿美元，意向创始成员国共57国，其中包括法国、德国、意大利等西方发达国家，重点支持成员国的基础设施建设，促进亚洲区域的建设互联互通化和经济一体化进程。截至2020年底,亚投行拥有成员方 103 个。

三、"一带一路"倡议上升到国家战略高度

2016 年 3 月制定的"十三五"规划指出要"秉持亲诚惠容,坚持共商共建共享原则,开展与有关国家和地区多领域互利共赢的务实合作,打造陆海内外联动、东西双向开放的全面开放新格局",要切实推进"一带一路"建设。同时,"一带一路"被正式写入了中国"十三五"规划。2017 年 3 月 27 日,中国和新西兰签署了关于"一带一路"合作谅解备忘录,新西兰成为首个同中国签署此类协议的西方发达国家。

中国共产党第十九次全国代表大会于 2017 年 10 月召开。习近平代表第十八届中央委员会向大会做了题为《决胜全面建成小康社会 夺取新时代中国特色社会主义伟大胜利》的报告。其中,报告五次提及"一带一路",并将"一带一路"写入党章。2018 年 8 月,习近平主席在北京主持召开推进"一带一路"建设工作 5 周年座谈会,提出"一带一路"建设要从谋篇布局的"大写意"转入精耕细作的"工笔画",向高质量发展转变,造福沿线国家人民,推动构建人类命运共同体。

2019 年 4 月 22 日,推进"一带一路"建设工作领导小组办公室发表《共建"一带一路"倡议:进展、贡献与展望》报告。这是中国第三次发布"一带一路"建设进展报告,也是继首届"一带一路"国际合作论坛之后,中国再次发布"一带一路"建设成果报告。并且"一带一路"还被正式写入"十四五"规划与 2035 年远景目标,提出要实行高水平对外开放,开拓合作共赢新局面,推动共建"一带一路"高质量发展。坚持共商共建共享原则,秉持绿色、开放、廉洁理念,深化务实合作,加强安全保障,促进共同发展。推进基础设施互联互通,拓展第三方市场合作。

第二节 "一带一路"倡议的进展

一、六大经济走廊贯穿亚欧非大陆

六大经济走廊建设是在 2015 年 5 月 27 日召开的亚欧互联互通产业对话会上首次提出,明确宣布中国正与"一带一路"沿线国家一起,积极规划中、

蒙、俄，新亚欧大陆桥，中国—中亚—西亚，中国—中南半岛，中巴，孟中印缅六大经济走廊，六大经济走廊成为丝绸之路经济带的物质载体。六大经济走廊将亚洲经济圈与欧洲经济圈联系在一起，有效加强了各国互联互通伙伴关系，必将在构建高效畅通的亚欧大市场中发挥重要作用，如表1-2所示。

表1-2　　　　　　　　　　六大经济走廊路线及其涵盖范围

名称	路线及涵盖范围
中、蒙、俄经济走廊	国家发改委确定的中、蒙、俄经济走廊分为两条线路：一是从华北京津冀到呼和浩特，再到蒙古国和俄罗斯；二是东北地区从大连、沈阳、长春、哈尔滨到满洲里和俄罗斯的赤塔
新亚欧大陆桥	又名"第二亚欧大陆桥"从江苏省连云港市到荷兰鹿特丹港。大陆桥途经江苏、安徽、河南、陕西、甘肃、青海、新疆7个省区，到中哈边界的阿拉山口出国境。出国境后可经3条线路抵达荷兰的鹿特丹港。中线与俄罗斯铁路友谊站接轨，进入俄罗斯铁路网，途经斯摩棱斯克、布列斯特、华沙、柏林达荷兰的鹿特丹港
中国—中亚—西亚经济走廊	从新疆出发，抵达波斯湾、地中海沿岸和阿拉伯半岛，主要涉及中亚五国（哈萨克斯坦、吉尔吉斯斯坦、塔吉克斯坦、乌兹别克斯坦、土库曼斯坦）、伊朗、土耳其等国
中国—中南半岛经济走廊	以泛亚铁路网、亚洲公路网、陆港网的东南亚地区交通物流基础设施为依托，自昆明、南宁，以沿线经济中心城市和口岸为节点，联通中国、越南、老挝、缅甸、泰国、柬埔寨、马来西亚等国家抵达新加坡
中巴经济走廊	起点在喀什，终点在巴基斯坦瓜达尔港，在空间范围上包括中国新疆维吾尔自治区和巴基斯坦全境
孟中印缅经济走廊	连接中国和南亚当今世界上人口最多，经济发展速度最快国家的便捷通道，涵盖了中国西南、缅甸、孟加拉国、印度等国家和地区16亿人口，辐射东南亚和印度洋沿岸的西亚、非洲地区等22亿人口的大市场

资料来源：中国"一带一路"网，https://www.yidaiyilu.gov.cn/。

自 2013 年"一带一路"倡议提出以来,六大经济走廊建设在七年多的时间里取得了一系列进展。2018 年,中、蒙、俄三国签署《关于建立中、蒙、俄经济走廊联合推进机制的谅解备忘录》,中、蒙、俄三国签署并核准的《关于沿亚洲公路网国际道路运输政府间协定》正式生效。我国先后与中亚、西亚多国签署了国际道路运输协议或协定,与沙特阿拉伯"愿景 2030"产业对接,签署的合作协议超过 280 亿元。2021 年,中国与伊朗签署了 25 年战略合作协议《中伊全面合作计划》,合作范围涵盖政治、经济和科技等领域的多项合作条款。昆曼公路全线贯通,中老铁路、中泰铁路等多条线路稳步推进,中国与泰国"东部经济走廊"加快对接,中国与柬、老、缅、越、泰经济合作稳步推进。

六大走廊建设中进展速度最快的当属中巴经济走廊,中国和巴基斯坦组建了中巴经济走廊联合合作委员会,并建立了定期会晤机制。瓜达尔港疏港公路、白沙瓦至卡拉奇高速公路(苏库尔至木尔坦段)、喀喇昆仑公路升级改造二期(哈维连—塔科特段)、拉合尔轨道交通橙线、卡西姆港 1320 兆瓦电站等重点项目顺利推进。中国和缅甸两国共同成立了中缅经济走廊联合委员会,签署了关于共建中缅经济走廊的谅解备忘录。《中国—中东欧国家合作布达佩斯纲要》和《中国—中东欧国家合作索菲亚纲要》对外发布,与中东欧国家的合作不断推进。匈塞铁路塞尔维亚境内贝旧段开工,中国西部—西欧国际公路(中国西部—哈萨克斯坦—俄罗斯—西欧)基本建成。

二、中欧班列进展迅速

两千多年前,一列列骆驼队伍,满载着来自东方的丝绸、茶叶、瓷器等产品一路向西,汉代的张骞从古都长安出发,打通了贯通欧亚大陆的"古丝绸之路",张骞向西域传播了中华文化,引进了葡萄、苜蓿、胡麻、石榴、芝麻等西域文化成果。两千多年后,在张骞曾经路过的道路上,取而代之的是火车的轰鸣声,一条条铁路托起一列列钢铁驼队——中欧班列。从 2011 年首列中欧班列——渝新欧开行到 2020 年,用了十年的时间,中欧班列开行的列数过万,目前常态化开行的中欧班列包括渝新欧、汉新欧、蓉欧快铁和郑欧班列等数十条线路,如表 1-3 所示。

表1-3 常态化开行班列

时间	班列名称	起点	终点	产品	时间	距离
2011年3月19日	渝新欧	重庆	杜伊斯堡（德国）	笔记本电脑、机械、汽配、服装	16天	11179千米
2012年10月24日	汉新欧	武汉	梅林克帕尔杜比采（捷克）	电子产品、光缆等	23天	10863千米
2013年4月26日	蓉欧快铁	成都	罗兹（波兰）	电子产品、汽配、红酒等	11天	9826千米
2013年7月18日	郑欧班列	郑州	汉堡（德国）	轻纺、机械、电子产品	15天	10245千米
2013年9月29日	苏满欧	苏州	华沙（波兰）	电子产品、机械、服装、小商品	18天	11800千米
2014年10月18日	营满欧	营口	莫斯科（俄罗斯）	电子产品、机械配件	14天	10500千米
2014年10月30日	湘欧快线	长沙	杜伊斯堡（德国）	电子产品、机械、汽配	16-18天	6476千米
2014年11月18日	义新欧	义乌	马德里（西班牙）	工艺品、饮品、玩具	21天	13000千米
2015年7月1日	青岛号	胶州	哈萨克斯坦	轻纺、机械、电子产品	8天	7900千米
2015年8月16日	厦蓉欧	厦门	罗兹（波兰）	汽配、机械、电子产品	15天	12733千米
2015年10月19日	昆蓉欧	昆明	波兰	咖啡、农产品	12天	10198千米
2016年7月19日	辽满欧	大连	莫斯科（俄罗斯）	机械设备、轻纺、汽配等	12天	8600千米
2020年1月10日	中欧班列（义乌—河内）	义乌	河内（越南）	工艺品、饮品、玩具	3~4天	2168千米

资料来源：中国"一带一路"网，https://www.yidaiyilu.gov.cn。

2016年6月8日,中国铁路正式启用了"中欧班列"品牌。2016年破千列仅用了256天,2017年破千列仅用了133天,2018年破千列仅用了88天。2019年,中欧班列开行数量达8225列,同比增长29%,共发运货物72.5万标箱、同比增长34%,综合重箱率达到94%。2020年,在新冠肺炎疫情蔓延的不利形势下,开行的中欧班列逆势上扬达1.24万列,共发送货物113.5万标箱,同比分别增长50%和56%,综合重箱率达98.4%,再次刷新了纪录,有效支持了欧洲各国新冠疫情防控,如表1-4、图1-1所示。

表1-4　　　　　　　　2011~2020年中欧班列开行情况　　　　　　　单位:列

年份	总计	去程	回程
2011	17	17	0
2012	42	42	0
2013	80	80	0
2014	308	280	28
2015	815	550	265
2016	1702	1130	572
2017	3673	2399	1274
2018	6363	3696	2667
2019	8225	4525	3700
2020	12406	—	—

资料来源:中国"一带一路"网,https://www.yidaiyilu.gov.cn/index.htm。

新冠肺炎疫情暴发以来,在国际客运航线停飞、公路受阻、水运停滞等情况下,中欧班列已经发展成为中外企业进出口的重要运输通道之一。2021年3月23日,重型货船"长赐"号在苏伊士运河搁浅,造成苏伊士运河发生世纪大堵船,致使数百艘货轮滞留苏伊士运河,更加凸显出中欧班列的重要性,其在保障中国战略通道安全方面,可以发挥出海运无法比拟的重要作用。但在看到成绩同时,也要看到铁路运输的成本显著高于海运,中欧班列的回程重箱率偏低,国内各省市还没有形成良好协调机制,部分线路存在争夺货源等问题,如何提高中欧班列回程重箱率,降低中欧班列运营成本是亟待寻求突破的重要问题。

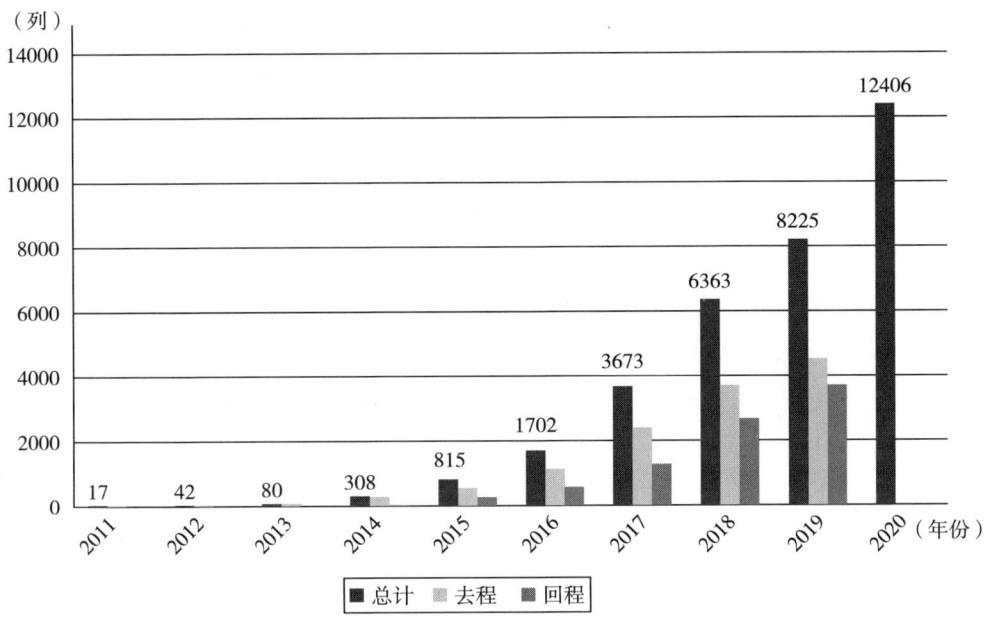

图 1-1 中欧班列开行情况

资料来源：中国"一带一路"网，https://www.yidaiyilu.gov.cn/。

三、两届"一带一路"国际高峰论坛高朋满座

为了有效加强与"一带一路"沿线国家的深入合作，中国政府有关部门组织召开了两届"一带一路"国际高峰论坛。

2017年5月14~15日，第一届"一带一路"国际合作高峰论坛在北京举行，主题为"加强国际合作，共建'一带一路'，实现共赢发展"。中国国家主席习近平发表了题为《携手推进"一带一路"建设》的主旨演讲。29位外国元首、政府首脑及联合国秘书长、红十字国际委员会主席等重要国际组织负责人出席高峰论坛。

2019年4月25日至27日，第二届"一带一路"国际合作高峰论坛在北京成功举行。论坛的主题是共建"一带一路"、开创美好未来。论坛期间举行了高峰论坛开幕式、领导人圆桌峰会、高级别会议、12场分论坛和1场企业家大会。包括中国在内，38个国家的元首和政府首脑等领导人以及联合国秘书长和国际货币基金组织总裁共40位领导人出席圆桌峰会，来自150个国家、92个国际组织的6000余名外宾参加了论坛。

四、"五通"建设实现突破

(一) 政策沟通进展

"一带一路"倡议提出以来,中国与很多相关国家及国际组织进行了充分沟通协调,达成了很多共建"一带一路"国际合作共识,有效保障了"一带一路"倡议的顺利推进。

1. 共建"一带一路"倡议载入众多国际组织重要文件,国际组织包括联合国、二十国集团、亚太经合组织、上海合作组织及其他区域组织。

2. 签署共建"一带一路"政府间合作文件的国家和国际组织数量逐年增加,截至 2021 年 1 月 30 日,中国已经同 140 个国家和 31 个国际组织签署 205 份共建"一带一路"合作文件,共建"一带一路"国家已由亚欧延伸至非洲、拉美和南太等区域。

3. 共建"一带一路"专业领域对接合作有序推进,分别在数字丝绸之路、标准联通、税收合作、知识产权合作、农业合作和法制合作等方面有序推进。

(二) 设施联通进展

设施联通是共建"一带一路"建设的优先方向,得到了沿线国家的积极响应,以铁路、公路、航运、航空、管道和空间综合信息网络为核心,自 2013 年"一带一路"倡议提出以来进展顺利。

1. 国际经济合作走廊和通道建设进展顺利。新亚欧大陆桥、中蒙俄、中国—中亚—西亚、中国—中南半岛、中巴和孟中印缅六大国际经济走廊是沟通亚欧经济圈的重要通道,六大经济走廊建设取得了长足的进步,后面将有专门章节进行详细论述。

2. 基础设施互联互通水平大幅提升。基础设施落后严重困扰着广大的发展中国家,基础设施联通建设是"一带一路"倡议的核心要义之一。铁路、公路、港口、航空运输、能源建设和通信建设等方面取得了明显进展。其中,铁路合作方面以中老铁路、中泰铁路、匈塞铁路、雅万高铁等合作项目为代表,与白俄罗斯、德国、哈萨克斯坦、蒙古国、波兰和俄罗斯签署《关于深化中欧班列合作协议》。公路合作方面典型代表为中蒙俄、中吉乌、中俄(大连—新西伯利亚)、中越国际道路直达运输试运行活动成功举办,正式加入《国际公路运输公约》(TIR 公约),与 15 个沿线国家签署了 18 个多边国际运输便利化协定。港口合作方面,巴基斯坦瓜达尔港、斯里兰卡汉班托港、希腊比雷埃夫斯港和阿联酋哈利发港进展顺利，与47个沿线国家签署了38个双边和区域海运协定。航空运输方面，与126个国家和地区签署了双边政府间航空运输协定，新增国际航线达1239条。能源设施建设方面，中俄原油管道、中国—中亚天然气管道和中缅油气管道顺利推进；通信设施建设方面，中缅、中巴、中吉、中俄跨境光缆信息通道建设取得明显进展，与国际电信联盟签署了《关于加强"一带一路"框架下电信和信息网络领域合作的意向书》。

（三）贸易畅通进展

合作共赢贸易先行，贸易畅通是"一带一路"建设的重要方面，可以提升中国与沿线国家的贸易投资自由化、便利化水平，不断降低贸易过程中的交易成本和营商成本，提高经济全球化的深度和广度。

1. 贸易与投资自由化便利化水平不断得到提升，中国发起了《推进"一带一路"贸易畅通合作倡议》，83个国家和国际组织积极参与其中，我国不断深化与沿线国家的海关检验检疫合作，进一步放宽了外资准入领域，设立了面向全球开放的15个自由贸易试验区，不断降低关税税率，我国的平均关税水平从加入 WTO（世界贸易组织）的15.3%降至目前的7.5%。

2. 与沿线国家的贸易规模持续扩大，2013~2019年，中国与沿线国家货物贸易累计总额超过了7.8万亿美元，世界银行研究发现，共建"一带一路"倡议将使参与国之间的贸易往来增加4.1%。"一带一路"沿线国家与中国市场的连接更加密切，中国已成为120多个国家和地区的最大贸易伙伴，中国与沿线国家的贸易额在2018年达到1.3万亿美元，同期增速快于其他地区。

3. 贸易方式创新进程加快，跨境电商成为重要方式，2018年，中国跨境电商零售进出口商品总额达203亿美元，其中，出口84.8亿美元，进口118.7亿美元，与17个国家建立了双边电子商务合作机制。

（四）资金融通进展

"一带一路"沿线国家中，大部分是发展中国家，基础设施建设资金相对缺乏，存在巨大的融资缺口亟待弥补，资金融通成为"一带一路"建设的重要支撑。

1. 积极探索新型国际融资模式。在新型国际融资模式中，各国主权基金和投资基金发挥的作用越来越大，丝路基金与中欧共同投资基金于2018年7月开始运作。

2. 多边金融合作支撑作用开始不断显现。我国财政部与阿根廷、俄罗斯、印度尼西亚、英国和新加坡等27个国家的财政部核准了《"一带一路"融资指导原则》。中国人民银行与世界银行下属多个多边开发机构开展了联合融资活动，中国－中东欧银联体、中国—阿拉伯国家银行联合体、政府金融合作银行等多边金融合作机制相继建立并发挥积极作用。

3. 金融机构国际合作水平不断提升。中国出口信用保险公司和中国银行、中国工商银行、中国农业银行、中国建设银行在金融机构国际合作过程中发挥了关键性作用。

4. 金融市场体系建设日趋完善，不断推出创新金融产品，熊猫债和"债券通"是其中的典型代表产品，上海证券交易所不断加强与沿线国家证券交易所的金融合作。

5. 金融互联互通程度不断深化，已经有11家中资银行在28个沿线国家设立了76家一级机构，中国与20多个沿线国家建立了双边本币互换安排，与7个沿线国家建立了人民币清算安排，人民币跨境支付系统（CIPS）业务已经覆盖40个沿线国家和地区。

（五）民心相通进展

民心相同是共建"一带一路"的人文基础。我国与沿线各国开展了形式多样、领域广泛的公共外交和文化交流。

1. 我国与沿线国家开展了形式多样的文化交流，与沿线国家合办艺术节、电影节、音乐节、文物展、图书展等活动，丝绸之路国际剧院、博物馆、艺术节、图书馆、美术馆联盟相继成立。

2. 我国针对"一带一路"沿线国家的教育培训成果丰富，中国设立了"丝绸之路"中国政府奖学金项目，与24个沿线国高等学历互认，在沿线的54国设有孔子学院153个、孔子学堂149个。

3. 我国与沿线国家开展的旅游合作逐步扩大，中国与多个沿线国家共同举办旅游年，与57个沿线国缔结互免签证协定，在15沿线国达成了19份简化签证手续的协定或安排，但自新冠肺炎疫情持续蔓延以来，国际旅游活动受到了很大影响。

4. 我国与"一带一路"沿线国家的卫生健康合作不断深化，与蒙古国、阿富汗等国，世界卫生组织等国际组织以及比尔和梅琳达．盖茨基金会等NGO相继签署56个推动卫生健康合作的协议，"一带一路"暨健康丝绸之路研讨会上发布《北京公报》。

5. 我国对"一带一路"沿线国家的救灾、援助与扶贫持续推进，向沿线发展中国家提供紧急粮食援助，向南南合作基金增资，实施"幸福家园""爱心助困"和"康复助医"等一系列项目。

五、与沿线国家产业合作顺利推进

我国与"一带一路"沿线国家不断进行产业对接，推动形成共享发展的产业链、供应链、服务链和价值链，加强与第三方市场的合作，这关系到"一带一路"倡议能否顺利推进。

（一）中国对沿线国家的直接投资平稳增长

2013年，"一带一路"倡议提出，2019年，我国对沿线国家直接投资超过了1100亿美元，新签承包工程合同额接近8000亿美元，一大批重大项目和产业园区相继落地见效，有力促进了与沿线国家的互利共赢和共同发展。截至2019年末，中国在"一带一路"沿线的63个国家设立了境外企业近1.1万家，涉及国民经济18个行业大类，实现对沿线国家直接投资为186.9亿美元，同比增长了15.5%，占全部对外直接投资的13.7%。共建"一带一路"倡议的影响力、感召力不断提升。

（二）国际产能合作和第三方市场合作稳步推进

2019年，中国开启了高质量共建"一带一路"新征程，中国与"一带一路"国家产能合作进入了高质量发展阶段。为适应"一带一路"沿线国家加快发展、实现产业结构升级、提升产业发展层次的需要，中国积极响应并与相关国家推进市场化、全方位的国际产能合作，目前已经与哈萨克斯坦、埃及、巴西等40个沿线国家签署国际产能合作文件，与法国、意大利、西班牙、日本等多国签署了第三方市场合作文件，并不断加强与相关国家的第三方市场合作。

（三）国际经济合作园区蓬勃发展

中国各类企业同沿线国家共建境外经贸合作园区，将中国开发区、工业园区的成果经验进行推广，促进了当地经济发展，开拓了新的税收源头，扩大了当地就业渠道，为当地劳动力创造就业岗位。截至2021年5月8日，通过确认考核的境外经贸合作园区为20个，遍布亚欧非三大洲，如表1-5所示。与其他一些国家合作共建但尚未通过确认考核的跨境经济合作区工作也在稳步推进中。

表1-5　　　　　　　　　通过确认考核的境外经贸合作区名录

序号	合作区名称	境内实施企业名称
1	柬埔寨西哈努克港经济特区	江苏太湖柬埔寨国际经济合作区投资有限公司
2	泰国泰中罗勇工业园	华立产业集团有限公司
3	越南龙江工业园	前江投资管理有限责任公司
4	巴基斯坦海尔—鲁巴经济区	海尔集团电器产业有限公司
5	赞比亚中国经济贸易合作区	中国有色矿业集团有限公司
6	埃及苏伊士经贸合作区	中非泰达投资股份有限公司
7	尼日利亚莱基自由贸易区（中尼经贸合作区）	中非莱基投资有限公司
8	俄罗斯乌苏里斯克经贸合作区	康吉国际投资有限公司
9	俄罗斯中俄托木斯克木材工贸合作区	中航林业有限公司
10	埃塞俄比亚东方工业园	江苏永元投资有限公司
11	中俄（滨海边疆区）农业产业合作区	黑龙江东宁华信经济贸易有限责任公司
12	俄罗斯龙跃林业经贸合作区	黑龙江省牡丹江龙跃经贸有限公司
13	匈牙利中欧商贸物流园	山东帝豪国际投资有限公司
14	吉尔吉斯斯坦亚洲之星农业产业合作区	河南贵友实业集团有限公司
15	老挝万象赛色塔综合开发区	云南省海外投资有限公司
16	乌兹别克斯坦"鹏盛"工业园	温州市金盛贸易有限公司
17	中匈宝思德经贸合作区	烟台新益投资有限公司
18	中国·印度尼西亚经贸合作区	广西农垦集团有限责任公司
19	中国印度尼西亚综合产业园区青山园区	上海鼎信投资（集团）有限公司
20	中国·印度尼西亚聚龙农业产业合作区	天津聚龙集团

资料来源：中国商务部网站，http://www.mofcom.gov.cn。

第三节　中国对"一带一路"沿线国家直接投资

随着我国和"一带一路"沿线国家的经济发展，我国对沿线国家的直接投资取得了长远发展，但对外直接投资在沿线的不同国家间并不均衡，主要集中于亚洲国家（尤其是东盟国家）以及欧洲发达国家，并且我国对外投资存在着收益率不高的特点。

一、我国对外直接投资增长迅速

自 2001 年我国加入 WTO 以来,我国对外直接投资得到了快速发展(见表 1-6、图 1-2),其中,对外直接投资流量从 2003 年的 48.58 亿美元增长到 2019 年的 1369.1 亿美元,年均增长 23.20%;对外直接投资存量从 2003 年的 332.22 亿美元增长到 2019 年的 21988.81 亿美元,年均增长 29.96%。从发展趋势看,中国对外直接投资在 2016 年达到最高的 1961.5 亿美元,之后出现下降趋势,2019 年有所回升。2019 年,我国境内投资者共对全球 188 个国家和地区的 6535 家境外企业进行了直接投资。我国对外直接投资区域并不均衡,存在较大区位差异,且对外直接投资主要集中在亚洲、欧洲和拉丁美洲,其中,对亚洲的投资占比超过 80%,对欧洲的投资占比为 7.68%,对拉丁美洲的投资占比为 4.67%。

表 1-6　　　　　中国对外直接投资(2003~2019 年)　　　　单位:万美元

年份	世界	亚洲	非洲	欧洲	拉丁美洲	北美洲	大洋洲
2003	485765	150503	7481	214803	103815	5775	3388
2004	750199	301399	31743	216121	176272	12649	12015
2005	1426617	448417	39168	240049	646616	32084	20283
2006	1763397	766325	51986	59771	846874	25805	12636
2007	2650609	1659315	157431	154043	490241	112571	77008
2008	5590717	4354750	549055	87579	367725	36421	195187
2009	5652899	4040759	143887	335272	732790	152193	247998
2010	6881131	4489046	211199	676019	1053827	262144	188896
2011	7465404	4549445	317314	825108	1193582	248132	331823
2012	8780353	6478494	251666	703509	616974	488200	241510
2013	10784371	7560426	337064	594853	1435895	490101	366032
2014	12311986	8498803	320192	1083791	1054739	920766	433695
2015	14566715	10837087	297792	711843	1261036	1071848	387109
2016	19614943	13026769	239873	1069323	2722705	2035096	521177
2017	15828830	11003986	410500	1846319	1407659	649827	510539
2018	14303731	10550488	538911	658839	1460847	872383	222263
2019	13690756	11084094	270442	1051992	639407	436713	208108

资料来源:万德(Wind)数据库。

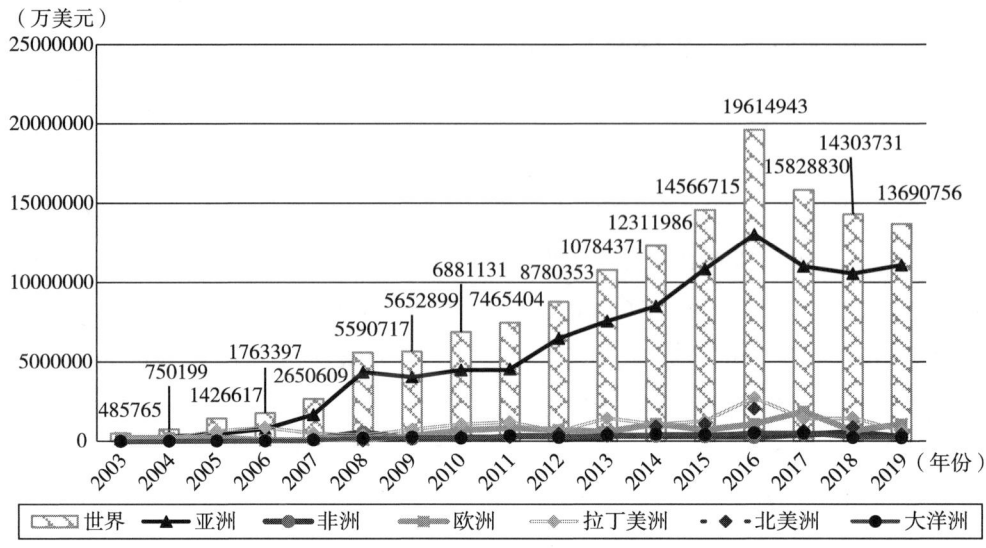

图 1-2　中国对外直接投资（2003~2019 年）

二、对"一带一路"沿线国家投资进展顺利

随着"一带一路"倡议的顺利推进，我国对沿线国家的直接投资进展顺利，对各国的投资总量得到了较快增长，但对各国的投资并不均衡，其中对东盟国家的投资占据了重要地位。

（一）我国对"一带一路"沿线国家投资流量较快增长

2003 年以来，我国对"一带一路"沿线国家的直接投资流量获得了较快增长，从 2003 年的 2.02 亿美元增长到 2019 年的 186.907 亿美元，年均增长 32.71%。2019 年，对"一带一路"沿线国家的直接投资流量占中国全部对外直接投资流量的 13.7%（见表 1-7 和图 1-3）。2019 年末，中国对沿线国家的直接投资存量为 1794.7 亿美元，占中国对外直接投资存量总额的 8.2%。中国对沿线亚洲国家的直接投资从 2003 年的 1.62 亿美元增长到 2019 年的 182.72 亿美元，年均增长 34.36%，中国对沿线亚洲国家投资占对沿线国家全部投资的 97.76%；中国对沿线欧洲国家的投资从 2003 年的 0.38 亿美元增长到 2019 年的 4.08 亿美元，年均增长 16.03%；对沿线非洲国家的投资从 2003 年的 0.021 亿美元增长到 2018 年的 2.22 亿美元，年均增长 36.44%，但 2019 年出现了大幅度下滑。

表1-7　中国对"一带一路"沿线国家直接投资流量及增长率

年份	对外直接投资流量（万美元）				增长率（%）			
	"一带一路"沿线	欧洲	亚洲	非洲	"一带一路"沿线	欧洲	亚洲	非洲
2003	20200	3782.00	16203.00	210.00	—	—	—	—
2004	38250	8734.00	28947.00	572.00	89.36	130.94	78.65	172.38
2005	66790	21076.00	44380.00	1331.00	74.61	141.31	53.31	132.69
2006	119290	48702.00	69701.00	885.00	78.60	131.08	57.05	-33.51
2007	324610	52194.00	269916.00	2498.00	172.12	7.17	287.25	182.26
2008	452840	44670.00	406715.00	1457.00	39.50	-14.42	50.68	-41.67
2009	452830	39890.00	399556.00	13386.00	0.00	-10.70	-1.76	818.74
2010	774330	104819.00	664341.00	5165.00	71.00	162.77	66.27	-61.41
2011	992880	87328.00	898902.00	6645.00	28.22	-16.69	35.31	28.65
2012	1332170	105123.00	1215103.00	11941.00	34.17	20.38	35.31	79.70
2013	1263430	126737.00	1134370.00	2322.00	-5.16	20.56	-6.64	-80.55
2014	1365590	114740.00	1234567.00	16287.00	8.09	-9.47	8.83	601.42
2015	1892890	322271.00	1562538.00	8081.00	38.61	180.87	26.57	-50.38
2016	1533970	154407.00	1367578.00	11983.00	-18.96	-52.09	-12.48	48.29
2017	2017480	210610.00	1797580.00	9276.00	31.52	36.40	31.44	-22.59
2018	1788570	152433.05	1613945.76	22197.00	-11.35	-27.62	-10.22	139.29
2019	1869070	40823.00	1827150.00	1096.00	4.50	-73.22	13.21	-95.06

资料来源：《中国对外直接投资统计公报》。

（二）我国对沿线国家的投资区域不均衡

我国对沿线国家的直接投资在不同国家间存在较大的国家间差异（见表1-8和图1-4），其中，对东盟国家投资占据着非常重要的地位。2019年，中国投资流量排名前十名国家中包含6个东盟国家（见表1-8）。然后是对西亚国家的投资，2019年，投资流量排名前10的国家中包括2个西亚国家。从2019年中国投资的更细区域划分看（见表1-9），对沿线东南亚国家的投资额为130.07亿美元，占对沿线国家投资的69.59%；对沿线西亚国家的投资为28亿美元，占对沿线国家投资的14.98%；对沿线南亚国家的投资为18.03亿美元，占对沿线国家投

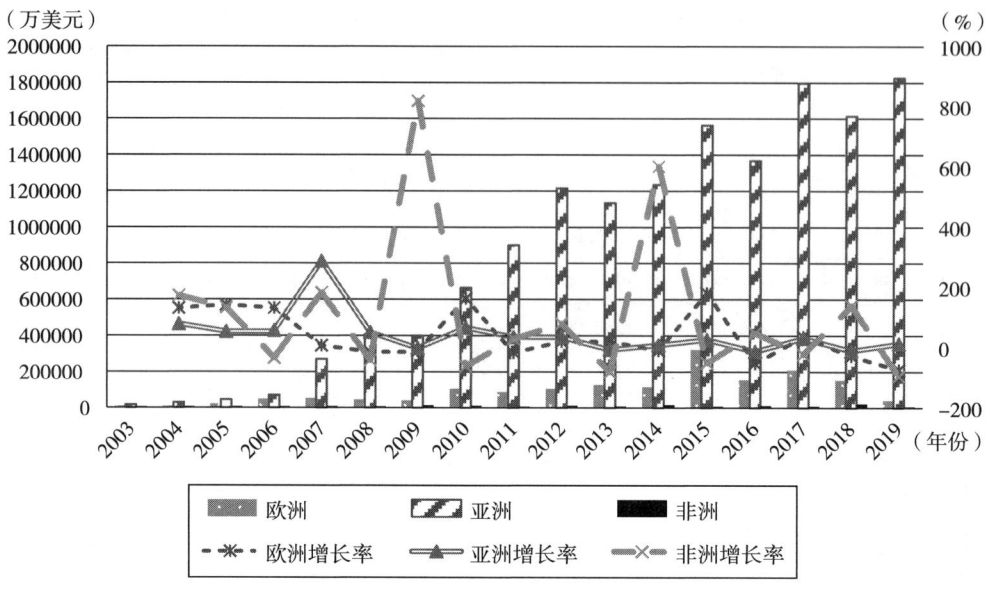

图1-3 中国对"一带一路"沿线国家的投资

资的9.65%,之后依次为对中亚国家、中东欧国家、东亚国家和北非国家的投资。2019年,中国对沿线发展中国家的投资为135.69亿美元,占对沿线国家投资的72.6%;对沿线发达国家的投资为51.22亿美元,占对沿线国家投资的27.4%。

表1-8　　　　　2013年和2019年中国对沿线国家投资前20位　　　　单位:万美元

国家	2013年中国OFDI	国家	2019年中国OFDI
新加坡	203267	新加坡	482567
印度尼西亚	156338	印度尼西亚	222308
俄罗斯	102225	越南	164852
哈萨克斯坦	81149	泰国	137191
老挝	78148	阿联酋	120741
泰国	75519	老挝	114908
伊朗	74527	马来西亚	110954
马来西亚	61638	伊拉克	88709
柬埔寨	49933	哈萨克斯坦	78649
越南	48050	柬埔寨	74625
沙特阿拉伯	47882	沙特阿拉伯	65437

续表

国家	2013年中国OFDI	国家	2019年中国OFDI
缅甸	47533	巴基斯坦	56216
蒙古国	38879	印度	53460
也门	33125	孟加拉国	37549
阿联酋	29458	吉尔吉斯斯坦	21566
吉尔吉斯斯坦	20339	尼泊尔	20678
土耳其	17855	以色列	19168
巴基斯坦	16357	白俄罗斯	18175
印度	14857	蒙古国	12806
格鲁吉亚	10962	匈牙利	12315

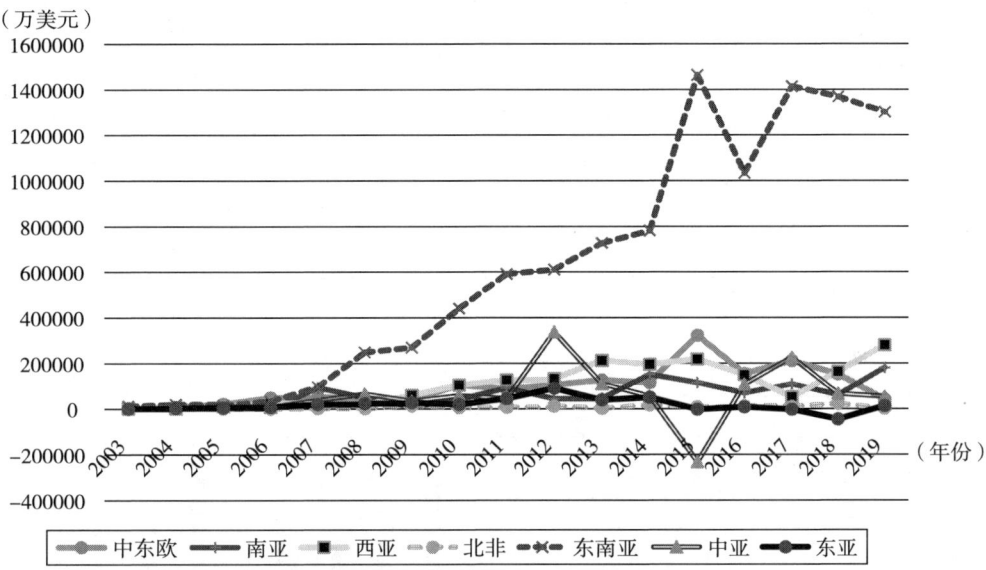

图1-4 中国对各区域的直接投资（2003~2019年）

表1-9　　中国对"一带一路"沿线各区域的直接投资　　单位：万美元

年份	区域							发展水平	
	中东欧	南亚	西亚	北非	东南亚	中亚	东亚	发展中国家	发达国家
2003	3782	1175	2036	210	11935	614	443	20484	-289
2004	8734	450	3537	572	19568	1376	4016	33405	4848

续表

年份	区域							发展水平	
	中东欧	南亚	西亚	北非	东南亚	中亚	东亚	发展中国家	发达国家
2005	21076	1713	10700	1331	15775	10958	5234	64154	2633
2006	48702	-5032	24750	885	33575	8169	8239	105058	14230
2007	52194	93586	22168	2498	96808	37727	19627	283995	40613
2008	44670	49471	19330	1457	248435	65618	23861	296568	156274
2009	39890	7879	59713	13386	269810	34500	27654	309795	143037
2010	104819	41718	104790	5165	440464	57983	19386	661165	113160
2011	87328	90903	126973	6645	590524	45398	45104	664295	328580
2012	105123	44078	132873	11941	610044	337705	90403	1177102	155065
2013	126737	46258	212460	2322	726878	109895	38879	1058156	205273
2014	114740	151525	195811	16287	781900	55070	50261	1073806	291788
2015	322271	115027	218627	8081	1463812	-232609	-2319	826410	1066480
2016	154407	69324	149545	11983	1033401	107396	7912	1030259	503709
2017	210610	108686	51831	9276	1413837	226015	-2789	1360153	657313
2018	152433	60846	163747	22197	1368320	66746	-45713	1084557.11	704018.71
2019	40823	180285	280034	1096	1300747	53278	12806	1356917	512152

资料来源：《中国对外直接投资统计公报》。

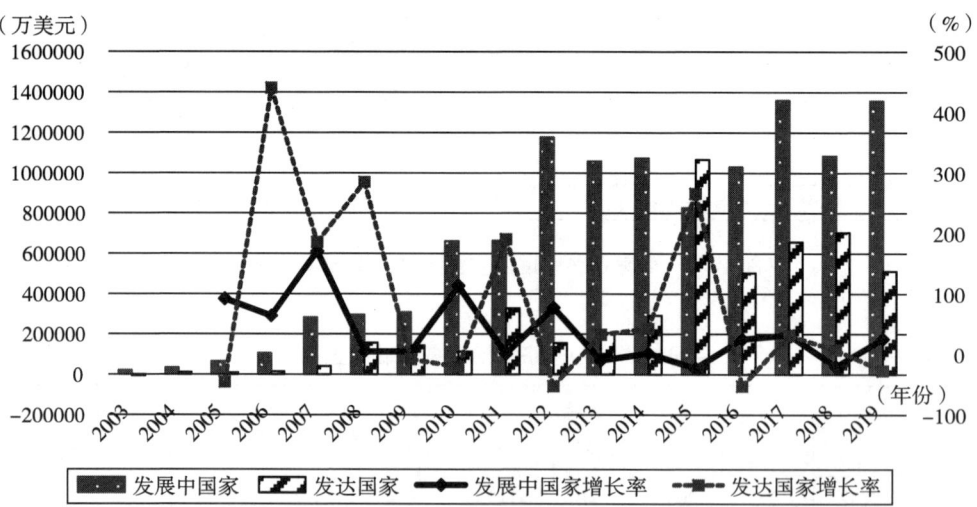

图1-5 中国对发展中国家和发达国家的投资（2003~2019年）

三、我国对沿线国家投资收益率相对较低

虽然我国对沿线国家的投资规模不断增长,但投资收益情况却不容乐观,投资收益率远低于欧美跨国公司对我国的投资收益率。据世界银行调查,FDI在中国的平均收益率可能超过20%,但我国对外直接投资的收益却相对较低,尤其是"一带一路"沿线国家中大部分为发展中国家,基础设施相对落后,我国对沿线国家的投资很大一部分集中于国际基础设施投资领域。一般而言,基础设施投资具有投资周期长、投资收益率偏低的特点。这使得"走出去"中国企业面临很多风险,一旦投资决策不当,不但会影响到企业的发展壮大,而且会影响到企业的生存,我国企业需要采取审慎决策。

第四节 中国对外直接投资面临的风险与挑战

"一带一路"倡议对中国企业而言,既是机遇,又是挑战。"一带一路"建设的关键在于互联互通,在于沿线国家的基础设施建设,但沿线国家大多为发展中国家,资金严重短缺、建设能力落后,需要引入外来的资金支持和技术支持。对于我国而言,"一带一路"建设的核心是中国企业"走出去",进行对外直接投资。近年来,中国企业借助"一带一路"建设,加快了"走出去"的步伐,但与国内投资相比,对外投资面临的形势更为复杂,中国企业在"走出去"的过程中,会面临来自东道国的政治、经济、文化、社会等多种风险的挑战。

一、政治风险

西蒙·杰弗瑞(Simon Jeffrey D., 1982)认为,政治风险是东道国政府与社会行动政策对外国商业运作和资本的负面影响。我国商务部发布的《对外投资合作境外安全风险预警和信息通报制度》提出,"政治风险,指驻在国的政局变化、战争、武装冲突、恐怖袭击或绑架、社会动乱、民族宗教冲突、治安犯罪等"。我国对沿线国家投资面临的政治风险主要包括:①战争或骚乱风险,"一带一路"沿线国家整体上看,沿线国家的政局比较稳定,但也有一些国家存在局部武装冲突和骚乱,比如宗教极端主义组织(ISIS)横行的中东地区,

导致"一带一路"建设在相关国家推进时面临很多风险;②大国战略的挑战,美国、日本、印度等国基于本国战略与"一带一路"建设存在一定的利益冲突,如美国推出的"亚太再平衡"战略主要为应对中国崛起,日本也时不时搅局"一带一路"建设;③政局变化带来的挑战,部分"一带一路"沿线国家还存在"反华""排华"势力,如印度尼西亚、越南、菲律宾等国。

二、经济风险

对外投资经济风险指受东道国宏观经济环境和对外直接投资企业所处的行业环境共同影响而面临的可能造成损失的风险,是由于东道国经济前景的不确定性,实际收益与预期收益发生背离,产生超出预期经济损失或收益的可能性。经济风险主要包括宏观经济风险、汇率波动风险、利率风险等。"一带一路"沿线涉及的国家众多,各国的发展水平各不相同,政治、经济、文化和社会等各方面均存在很大差异,各国对"一带一路"的利益诉求也不一样,顺利推进"一带一路"建设面临众多经济风险或潜在经济风险。东道国宏观经济经济不稳定、严重通货膨胀和国际收支失衡都会带来宏观经济风险;"一带一路"建设耗资巨大,根据亚洲开发银行测算,截至2020年,亚洲地区每年基础设施投资需求达到7300亿美元。企业"走出去"涉及不同币种的兑换,必然面对汇率风险,并且随着国际货币市场的波动越来越频繁,对外直接投资经历的汇率风险不断加大。随着经济形势的改变,各国可能相应会调整存贷款利率,这给跨国投资带来投资降低或收益损失的风险,包括借款利率风险和发行债券利率风险。

三、安全风险

对外投资安全风险指跨国经营企业因东道国社会治安、社会动荡、绑架、恐怖袭击以及战争等方面问题,对跨国经营企业造成或者意图造成的人员伤亡和财产损失风险。"一带一路"推进区域经济合作的同时,也面临巨大双重安全风险,即传统安全风险和非传统安全风险。近年来,中国企业"走出去"规模不断扩大,据商务部统计,我国境外投资企业已近30000家,境外投资企业资产总额超过30000亿美元,与此同时,中国企业面临的境外安全风险不断增加,比如2004年西班牙烧鞋事件和2014年越南对中国企业的打砸抢烧事件。据商务部不完全统计,自2010年起至今,共发生涉及中国企业机构的各类境外安全事件345起,给我国企业的海外经营安全带来严峻挑战。

第五节　中国对外投资风险防范措施

为保证"一带一路"顺利推进，促进我国对沿线国家直接投资的良好发展，我国需要采取适合的防范措施，有效降低对外投资风险，实现我国对外投资的可持续发展，增进沿线国家的共同福祉。

一、重视国际政治风险评估研究，加强政治风险管理

政治风险一旦发生，就会给企业投资造成重大损失，要高度重视政治风险防范工作，建立适合的、有效的避险方案。

首先，要加强政治风险评估研究，调查研究国际政治风险和东道国政治经济形势，进行中长期预测性研究，分析潜在的政治不稳定因素。国家应该从宏观上建立风险防控专门机构，负责研究国际政治风险发生概率，加强与国际评级机构的合作，例如，加强与穆迪、标准普尔和惠誉等三大评级公司的合作，扶持本土评级公司开展国际政治风险评估研究，加强对东方金城、大公国际、联合资信、中诚信和上海新世纪资信等企业的国际政治风险研究扶持。

其次，在有效评估基础上探讨建立有效的风险防范措施，采取本土化策略，正确引导东道国政治舆论，积极承担社会责任，加强与东道国的利益关联，制定风险应急预案，一旦谈判无法化解风险，就要加速撤资撤员，保证我国境外投资企业的生命财产安全。

二、强化"一带一路"沿线的国别经济研究，防范经济风险

东道国经济前景存在一定不确定性，导致我国对外投资企业的实际收益与期望收益产生偏差，对外投资企业面临一系列经济风险，因此需要加强对东道国经济风险保持清醒准确的认识，建立自身的评估和处理机制以防范经济风险。"一带一路"建设涉及的国家很多，其中大部分是发展中国家，我国对部分沿线国家的研究还处于初级阶段，需要强化对"一带一路"沿线的国别经济研究，对东道国国家经济风险进行有效评估，建立国家经济风险预警机制，防范宏观经济风险。为防范汇率波动风险，可以采取风险转移、风险分散和对冲措施，选择有利的计价货币，以本币结算或使用硬币计值，加快人民币国际化进

程，也可以通过购买对外投资保险来规避经济风险。

三、加强国内外合作，保障对外投资安全

为有效保障本国企业和公民的海外投资利益，需要加强国内外安全合作，建立对外投资安全保障体系。

首先，加强与国际组织的合作与协调，比如，积极参与联合国安理会的维和行动，借助上海合作组织的反恐机制，维护沿线国家的繁荣与稳定。

其次，加强与"一带一路"沿线国家的团结合作，排除恐怖组织、极端势力和海盗等影响因素的极大破坏，逐步构建对外投资安全保障。

最后，加强海外安保工作，中国安保公司应该"走出去"，积极参与中资公司的海外安保工作，加强与东道国的安保合作，保护海外企业的生命财产安全。

参考文献

［1］凤凰网．金立群关于亚投行震惊四座的演讲［EB/OL］．http：//finance.ifeng.com/a/20150707/13822049_0.shtml．

［2］商务部网站．2014年我国对外投资情况［EB/OL］．http：//www.mofcom.gov.cn/article/i/jyjl/k/201502/20150200895915.shtml．

［3］商务部网站．2015年11月进出口简要情况［EB/OL］．http：//www.mofcom.gov.cn/article/tongjiziliao/cf/201512/20151201213211.shtml．

［4］商务部网站．商务部印发《对外投资合作境外安全风险预警和信息通报制度》［EB/OL］．http：//www.mofcom.gov.cn/aarticle/ae/ai/201009/20100907121684.html．

［5］新华网．授权发布：推动共建丝绸之路经济带和21世纪海上丝绸之路的愿景与行动［EB/OL］．http：//news.xinhuanet.com/finance/2015-03/28/c_1114793986.htm．

［6］王耀辉等．中国企业全球化报告（2015）［M］．北京：社会科学文献出版社，2015。

［7］新华网．习近平在纳扎尔巴耶夫大学的演讲（全文）［EB/OL］．http：//www.zj.xinhuanet.com/newscenter/InAndAbroad/2013-09/08/c_117275432.htm．

［8］新华网.习近平在印度尼西亚国会发表演讲：携手建设中国－东盟命运共同体［EB/OL］. http：//news.xinhuanet.com/world/2013－10/03/c_117591652.htm.

［9］新华网.中国商务部：多种措施加强境外企业机构和人员的安全风险防范［EB/OL］. http：//news.xinhuanet.com/fortune/2015－12/02/c_1117333248.htm.

［10］Simon Jeffrey D. Political Risk Assessment：Past Trends And Future Prospects［J］. Columbia Journal of World Business，1982（17）：62.

风险篇

第二章

东道国政府治理水平对中国OFDI区位选择的影响——基于"一带一路"沿线59国数据的实证分析*

第一节 引 言

步入21世纪以来,我国的对外开放进入了一个新阶段,由原来的以"引进来"为主,逐渐转变为"引进来"与"走出去"并重。早在2001年,"走出去"更是首次写入了"十五"规划纲要,之后的"十一五""十二五""十三五"规划纲要分别对"走出去"战略进行了深化和拓展。携加入WTO的东风,我国对外直接投资得到了快速发展,对外直接投资流量从2003年的48.58亿美元增长到2019年的1369.1亿美元,年均增长23.20%。尤其是2013年"一带一路"倡议提出以来,我国加大了对"一带一路"沿线国家的投资力度。据统计,2015年我国企业共对"一带一路"相关的49个国家进行了直接投资,投资额合计148.2亿美元,同比增长18.2%,占中国对外直接投资总额的12.6%①,有效缓解了沿线国家资金不足的压力,促进了沿线国家的经济发展,提高了沿线国家人民的共同福祉。2015年,中国对沿线国家的直接投资主要流向了新加坡、哈萨克斯坦、老挝、印度尼西亚、俄罗斯和泰国等国。

---

* 本章的部分内容发表于《经济问题探索》2018年第1期。

① 人民网.商务部:2015年我国企业对"一带一路"国家投资增18.2% [EB/OL]. http://finance.people.com.cn/n1/2016/0120/c1004-28070428.html.

与欧美国家的老牌跨国企业相比，我国的跨国投资企业的竞争力相对较弱，在对外直接投资方面缺乏经验，在"走出去"的过程中面临一系列风险和挑战。再加上"一带一路"沿线多为经济发展相对滞后的发展中国家，地缘政治环境比较复杂，沿线各国政府治理水平较低，部分国家间的关系比较紧张，传统风险和非传统风险对沿线国家的影响较大，部分国家甚至面临战乱和冲突的风险，如宗教极端组织肆虐的伊拉克和叙利亚等。近年来，我国对"一带一路"沿线国家投资项目被搁置乃至取消的事件层出不穷，如中缅密松大坝工程、中缅莱比塘铜矿、中斯科伦坡港口城项目、中泰"高铁换大米"计划等，给我国政府和相关企业造成了严重经济损失，给"一带一路"倡议的顺利推进带来一丝阴影。本章将采用世界银行发布的世界治理指数，分析沿线各国政府治理水平对中国 OFDI 区位选择的影响，在此基础上提出相应的风险防范措施和投资建议。

第二节　文献评述

东道国良好的投资环境是外商投资健康发展的关键，跨国公司"走出去"过程中要加以重点考虑。政府治理水平是投资环境中非常重要的一个方面，很早便有学者探讨政府治理水平与外商投资区位选择之间的关系。

一、政府治理水平对发达国家对外投资的影响研究

发达国家在对外投资方面积累了丰富的经验，注重对外投资风险的防范和控制，开展的对外投资项目安全系数较高。但与此同时，发达国家开展的对外投资经常附加一定的政治条件，虽然可以在一定程度上防范对外投资风险，但往往耗费较长的时间，投资效率比较低，为众多发展中国家所诟病。都德和史蒂芬（C. Daude & E. Stein，2001）对 OECD 国家的股票投资进行了实证研究，发现东道国的制度质量对 FDI 进入具有积极和显著影响，政策的确定性、监管质量、产权执法和政府契约等方面会对 FDI 产生重要影响。格洛伯曼和夏皮罗（S. Globerman & D. Shapiro，2003）采用两阶段估计分析了美国对外直接投资的决定因素，发现国家治理是一国接受美国投资的重要条件，自由透明市场、健全的法律制度、较高的政府效率对吸收美国投资非常重要。格洛伯曼等

(S. Globerman etc.，2006）通过对欧洲新型国家和转型国家外商直接投资的研究发现，政府治理水平是外商直接投资的重要影响因素，可以提高相关商业活动的利润空间，从而吸引外商投资的进入。

二、政府治理水平对发展中国家对外投资的影响研究

随着经济的发展和世界经济格局的演变，发展中国家在世界经济中发挥的作用越来越大，具有较强实力的广大发展中国家企业开始纷纷走出国门，而有效防范投资风险是跨国企业永恒的话题，发展中国家的学者开始关注东道国的政府治理水平。赛迪等（Y. Saidi etc.，2013）采用固定效应模型分析了20个发达国家和发展中国家的FDI，发现政府治理指标中的政治稳定和监管质量对FDI流入具有重要影响。库兹曼等（O. Kuzmina etc.，2014）研究了俄罗斯政府治理水平对FDI的严重影响，发现较低的政府治理水平导致非法付款越来越频繁，监管和执法的压力越来越大，违法犯罪得不到有效控制，进而影响到FDI的进入。莎和阿夫里迪（M. H. Shah & A. G. Afridi，2015）研究了南亚区域合作联盟的政府治理水平对FDI的影响，发现政治稳定和监管质量对FDI具有正向效应，而腐败盛行则阻碍了FDI的进入。

三、政府治理水平对中国对外投资的影响研究

进入21世纪以来，伴随"走出去"战略的稳步推进，众多中国企业开始走出国门，对外直接投资得到了快速发展，中国现已经发展成为世界对外投资大国。但中国企业走出去的过程并非一帆风顺，不少企业缺乏风险防范意识和措施，中国企业屡屡折戟沉沙，遭受了巨大经济损失。不少学者开始研究和分析中国OFDI的风险防范问题。例如，巴克利等（P. J. Buckley etc.，2007）分析了中国OFDI的重要决定因素，发现中国OFDI与东道国高政治风险和文化接近程度与市场规模、地理距离、自然资源禀赋等指标密切相关，偏好于投资高风险国家和地区。科尔等（M. A. Cole etc.，2009）对中国省级数据进行了实证研究，探讨FDI区位分布的决定因素，发现FDI倾向于流向政府治理水平较高的地区，其中对腐败的控制尤其重要。

四、国内学者开展的相关研究

国内学者关于东道国政府治理水平与FDI的研究相对较晚，比较有代表性

的是陈松和刘海云（2012）、王建和张宏（2011）、王永钦等（2014）等。陈松和刘海云（2012）对东道国治理水平与中国 OFDI 区位选择之间的关系进行了实证研究，发现中国对外直接投资更加偏好于治理水平较低的国家，因而将面临较大的投资风险，中国 OFDI 与东道国市场规模负相关，与中国出口正相关。王永钦等（2014）对中国 OFDI 区位选择的影响因素进行了实证研究，发现政府治理水平中的政府效率、监管质量和腐败控制等因素是中国 OFDI 的重要关注因素，但过严的法律监管会对中国投资产生不利影响，中国企业在欧美发达国家的投资屡屡受挫也证明了这一点。王建和张宏（2011）实证分析了中国 OFDI 与东道国治理水平的关系，发现"政府施政有效性"为正相关变量，"腐败控制"为负相关变量，显示中国 OFDI 偏好于政府效率高、存在一定腐败程度的国家和地区，而其他政府治理水平指标不显著。

本章将以中国在"一带一路"沿线国家 OFDI 存量为因变量，以世界政府治理指标中的六指标为主要影响因素，构建中国 OFDI 区位选择模型，分析政府治理指标对中国 OFDI 的影响，在此基础上提出风险防范建议和投资策略。

第三节　计量模型及数据处理

一、实证分析采用的计量模型

在以往研究的基础上，本章选择数据统计较为完善的"一带一路"沿线 59 个国家作为分析对象国，构建中国 OFDI 区位选择模型，研究东道国政府治理水平对中国 OFDI 的影响，分析中国 OFDI 面临的风险和挑战，在此基础上提出风险防范措施和相应投资建议。具体计量模型如下：

$$\ln OFDI = \beta_0 + \sum_{i=1}^{6} \beta_i \times Governance_i + \sum_{k=7}^{12} \beta_k \times Control_k + \varepsilon$$
$$i = 1,2,\cdots,6, \ k = 7,8,\cdots,12 \tag{2-1}$$

式中，$Governance_i$ 为政府治理指标，包括腐败控制（CC）、政府效率（GE）、政治稳定性和不存在暴力（PV）、法律规则（RL）、监管质量（RQ）、话语权和问责制（VA）等六项指标；$Control_k$ 为控制变量，包括各国 GDP（GDP）、各国人口数量（POP）、各国劳动力数量（L）、中国对各国出口（EX）、中国从各国进口（IM）等变量的对数值，各国工业化水平（NVIND）以及外贸依存度（DOF）。

二、变量选择

本章所涉及的指标主要来自世界银行 WGI 数据库、世界银行 WDI 数据库、中国对外直接投资统计公报和 IMF 数据库,涉及的具体变量和相应代码如下表所示。由于中国对外直接投资国别数据始于 2003 年,因此我们选择时间期限为 2003~2015 年。为了消除异方差的影响,对 GDP、人口、劳动力、中国对各国出口以及中国从各国进口等变量进行对数化处理。

(一)因变量选择——中国对外直接投资存量

为探讨"一带一路"沿线各国政府治理能力对中国 OFDI 的影响,我们选择中国对外直接投资作为因变量,但鉴于对外直接投资流量存在为数不少的负值,在数据分析中将增加很大不确定性,因而选择中国对外直接投资存量为因变量,数据来源于 2003~2015 年的中国对外直接投资统计公报。为消除异方差性带来的不利影响,对中国 OFDI 存量指标进行对数化处理,但由于部分国家的数值中存在 0 值,直接进行对数处理会出现数据缺失和自选择问题,因此借鉴贝纳西·奎雷(Bénassy‑Quéré,2007)以及莱恩和米莱西·费雷蒂(Lane & Milesi‑Ferretti,2008)的做法,将被解释变量加 1 再取对数,即 $\ln OFDI^* = \ln(OFDI + 1)$。采用这种方式处理原来为 0 的,对数值仍然为 0。

(二)重要解释变量——政府治理能力指标

政府治理能力是一国投资环境的重要体现,关系到外商投资的顺利进入和健康发展。本章主要考察"一带一路"沿线各国政府治理能力对中国 OFDI 的影响,选择世界银行世界治理指标作为重要解释变量,数据来源于世界银行 WGI 数据库。政府治理能力指标包括腐败控制(CC)、政府效率(GE)、政治稳定性和不存在暴力(PV)、法律规则(RL)、监管质量(RQ)、话语权和问责制(VA)六项指标,这几个指标是取值范围为 [-2.5,2.5],得分越高说明该国的政府治理能力越强,各指标具体含义以及预期符号详见变量名称和数据说明如表 2-1 所示。

表 2-1　　　　　　　　　　变量名称和处理说明

变量	变量名称	预期符号	备注	变量来源
因变量	中国对外直接投资存量（OFDI）		利用消费价格指数平减	中国对外直接投资统计公报
自变量	腐败控制（CC）	不确定	反映各国对腐败的控制程度，得分越高表示腐败程度越低	WGI 数据库
	政府效率（GE）	+	反映各国的政府效率，得分越高表示政府效率越高	
	政治稳定性和不存在暴力（PV）	+	反映各国的政治稳定性以及杜绝暴力情况，得分越高表示政治环境越稳定	
	法律规则（RL）	+	反映各国社会法治和法律健全程度，得分越高表示法律环境越好	
	监管质量（RQ）	不确定	反映各国对社会的监管和政策能力，得分越高表示监管质量越高	
	话语权和问责制（VA）	不确定	反映各国的民主政治的发展程度，体现为选举权、言论自由等方面，得分越高表示民主程度越高	
控制变量	各国 GDP（GDP）	+	利用消费价格指数平减	WDI 数据库
	各国人口数量（POP）	+		
	各国劳动力数量（L）	+		
	中国对各国出口（EX）	+	利用消费价格指数平减	
	中国从各国进口（IM）	+	利用消费价格指数平减	
	各国工业化水平（NVIND）	不确定	工业增加值占 GDP 比重	
	外贸依存度（DOF）	+	进出口总额/GDP	

注：各国的价格指数中，只有消费价格指数的数据质量较好，因此统一采用消费价格指数进行指数平减。

(三) 重要控制变量

(1) 反映各国市场规模的变量：各国 GDP（GDP）和各国人口数量（POP），数据来源于世界银行 WDI 数据库，其中 GDP 指标采用消费价格指数进行平减。为消除异方差性，对 GDP 和 POP 进行对数化处理，得对数化变量 lnGDP 和 lnPOP。在东道国进行投资，占据东道国市场是我们进行 OFDI 的重要动因，预期 lnGDP 和 lnPOP 作用为正。

(2) 反映各国劳动力资源变量：各国劳动力数量（L），数据来源于世界银行 WDI 数据库，进行对数化处理得 lnL，有效利用沿线国家的劳动力资源，获得成本优势也是我国 OFDI 的动因之一，预期 lnL 作用为正。

(3) 反映各国工业化程度变量：各国工业化水平（NVIND），采用工业增加值在 GDP 中的占比来反映各国的工业化水平，即 $NVIND = \dfrac{工业增加值}{GDP}$，数据来源于世界银行 WDI 数据库。由于我国企业在技术方面并不存在绝对优势，工业化程度在不同类型国家中对中国 OFDI 的影响可能存在一定差异，预期 NVIND 作用不确定。

(4) 反映与中国的经贸往来变量：中国对各国出口（EX）和中国从各国进口（IM），数据来源于国家统计局数据库，利用消费价格指数进行平减，对 EX 和 IM 取对数，得对数化变量 lnEX 和 lnIM，良好的经贸关系将对我国的 OFDI 产生促进作用，预期 lnEX 和 lnIM 作用为正。

(5) 反映各国开放程度变量：外贸依存度（DOF），外贸依存度为进出口贸易在 GDP 中的占比，即 $DOF = \dfrac{进出口贸易}{GDP}$，数据来源于世界银行 WDI 数据库。一国的开放程度越高，外国资本的进入门槛越低，越有利于外国资本的进入，预期 DOF 作用为正。

为分析各个变量的基本特征，对上述变量进行描述性分析，利用统计软件 Stata 15.1 计算描述统计量得下表（见表 2-2）。政府治理指标的取值在 [-2.5, 2.5]，其中均值为负值的指标有政治稳定性和不存在暴力（PV）以及话语权和问责制（VA），表明"一带一路"沿线国家的安全形势堪忧，民主政治发展程度落后，均值较高的指标是政府效率（GE）和监管质量（RQ）。对外投资存量中一部分取值为 0。伙伴关系的取值按照两国关系不同，取值范围是 1~13。外贸依存度在不同国家之间存在很大差异，外贸依存度最低值为 19%，最高值达 345%。沿线国家的工业化程度也存在较大差异,最低值为12%,最高值达74%。

表2-2 主要变量的描述统计

变量	样本量	均值	标准差	最小值	最大值
CC	767	0.03	0.95	-1.64	2.42
GE	767	0.26	0.89	-1.64	2.43
PV	767	-0.12	0.98	-2.81	1.40
RL	767	0.12	0.91	-1.95	2.02
RQ	767	0.28	0.89	-1.74	2.26
VA	767	-0.05	0.99	-2.10	1.72
OFDI	767	62122.77	209264.80	0.00	3215857.00
EX	767	1135583.00	2169769.00	0.62	15800000.00
IM	767	1106403.00	2832994.00	0.25	20200000.00
GDP	767	48100000.00	99300000.00	16.17	645000000.00
L	767	1983.02	5570.18	15.81	44524.48
POP	767	5690.88	15944.80	35.34	130905.40
DOF	766	80%	47%	19%	345%
HBGX	767	5.26	3.94	1.00	13.00
NVIND	767	30%	12%	9%	74%
lnOFDI*	767	17.02	4.42	0.00	24.19
lnEX	767	21.42	2.54	8.74	25.78
lnIM	767	20.29	3.18	7.83	26.03
lnGDP	767	25.02	2.51	11.99	29.49
lnL	767	15.81	1.54	12.04	20.03
lnPOP	767	16.60	1.56	12.78	20.99

资料来源:利用统计软件 Stata 15.1 计算得出。

第四节 估计结果及分析

一、模型选择

固定效应模型和随机效应模型是常采用的面板数据模型,为了选择合适的模型,首先进行豪斯曼(Hausman)检验,豪斯曼检验用以判断应该选择固定效应模型还是随机效应模型,豪斯曼检验的原假设为随机效应模型,采用的统计量为:

$$H = (\hat{\theta} - \tilde{\theta})'[Var(\hat{\tilde{\theta}}) - Var(\hat{\hat{\theta}})]^{-1}(\hat{\theta} - \tilde{\theta}) \sim \chi^2(k) \quad (2-2)$$

其中,$\hat{\theta}$ 为约束模型估计,$\tilde{\theta}$ 为非约束模型估计。

由表 2-3 的豪斯曼检验结果可以看出,各模型的豪斯曼检验的卡方统计量较大,相应的 p 值均小于 0.01,故拒绝随机效应模型的原假设,因此,我们选择固定效应模型进行实证分析。

表 2-3   豪斯曼检验

统计量	所有国家	发达国家	发展中国家	资源丰裕国家	资源一般国家
豪斯曼检验统计量	193.1600	55.7400	133.5000	67.8700	25.3700
p 值	0.0000	0.0000	0.0000	0.0000	0.0026

资料来源:利用统计软件 Stata 15.1 计算得出。

二、模型估计结果

由前文的模型选择,我们建立固定效应模型进行实证分析。我们构建全部国家模型,分析各国政府治理水平对中国 OFDI 的影响。在此基础上,为了更好地研究不同类型国家之间存在的差异,按各国发展程度不同进行了分类研究。本章中采用 IMF 的统计标准将样本国家分为发展中国家和发达国家。为了分析资源丰裕程度不同国家的不同影响,将样本国家分为资源丰裕国家和资源一般国家进行分类研究。利用统计软件 Stata 15.1 进行固定效应模型估计,具体估计结果如表 2-4 所示。

表 2-4　　模型估计结果

变量	所有国家模型	发达国家模型	发展中国家模型	资源丰裕国家模型	资源一般国家模型
C	-184.537 (-8.610)	-457.432 (-7.490)	-163.048 (-9.310)	-65.295 (-10.330)	16.063 (7.740)
CC	-1.701 (-2.140)	-1.198 (-1.220)	-1.572 (-1.500)	-1.387 (-0.910)	-2.271 (-2.370)
GE	0.071 (0.090)	0.855 (0.920)	-0.171 (-0.170)	0.493 (0.360)	-0.471 (-0.500)
PV	-2.197 (-5.990)	-1.291 (-1.550)	-2.256 (-5.370)	-0.564 (-0.840)	-1.148 (-2.590)
RL	4.055 (4.080)	10.252 (6.610)	2.531 (2.100)	2.854 (1.740)	4.402 (3.300)
RQ	0.527 (0.630)	-6.086 (-4.700)	2.094 (2.090)	1.300 (0.890)	2.643 (2.540)
VA	-1.523 (-1.840)	-3.637 (-2.170)	-1.240 (-1.280)	-3.598 (-2.420)	-2.115 (-2.040)
DOF	2.973 (3.960)		2.951 (2.740)		3.299 (3.790)
HBGX	0.684 (3.720)		0.857 (3.170)	1.148 (2.520)	0.901 (4.590)
lnGDP	5.272 (11.190)	3.899 (4.040)	4.899 (8.820)		
lnPOP	3.775 (2.610)	22.472 (5.410)			
lnL			3.335 (2.670)		
lnEX				2.487 (8.110)	
lnIM				0.763 (3.230)	

续表

变量	所有国家模型	发达国家模型	发展中国家模型	资源丰裕国家模型	资源一般国家模型
NVIND				15.056 (3.250)	−29.685 (−5.100)
F 统计量	35.63	24.41	26.53	20.95	13.10
R^2	0.3383	0.4991	0.3498	0.4901	0.2006

注：①括号里数字为 t 统计量。
②发达国家名单：爱沙尼亚、比利时、德国、法国、韩国、荷兰、捷克、日本、瑞士、塞浦路斯、斯洛伐克、斯洛文尼亚、西班牙、希腊、新加坡、意大利、英国。
发展中国家名单：阿尔巴尼亚、阿富汗、阿联酋、阿曼、阿塞拜疆、埃及、巴基斯坦、白俄罗斯、保加利亚、波兰、俄罗斯、菲律宾、格鲁吉亚、哈萨克斯坦、吉尔吉斯斯坦、柬埔寨、克罗地亚、拉脱维亚、老挝、黎巴嫩、立陶宛、罗马尼亚、马来西亚、北马其顿、蒙古国、孟加拉国、尼泊尔、沙特阿拉伯、斯里兰卡、泰国、土耳其、文莱、乌克兰、乌兹别克斯坦、匈牙利、亚美尼亚、也门、伊朗、印度、印度尼西亚、约旦、越南。
资源丰裕国家名单：阿尔巴尼亚、阿联酋、阿曼、阿塞拜疆、埃及、白俄罗斯、保加利亚、俄罗斯、法国、哈萨克斯坦、吉尔吉斯斯坦、蒙古国、沙特阿拉伯、文莱、希腊、亚美尼亚、也门、伊朗、印度尼西亚。
资源一般国家名单：阿富汗、爱沙尼亚、巴基斯坦、比利时、波兰、德国、菲律宾、格鲁吉亚、韩国、荷兰、柬埔寨、捷克、克罗地亚、拉脱维亚、老挝、黎巴嫩、立陶宛、罗马尼亚、马来西亚、北马其顿、孟加拉国、尼泊尔、日本、瑞士、塞浦路斯、斯里兰卡、斯洛伐克、斯洛文尼亚、泰国、土耳其、乌克兰、乌兹别克斯坦、西班牙、新加坡、匈牙利、意大利、印度、英国、约旦、越南。
资料来源：利用统计软件 Stata 15.1 计算得出。

三、模型结果分析

（一）按国家发展程度分类分析结果

为了更好地分析不同类型国家的差异性，按照各国发展程度进行了分类研究，构建了全部国家模型、发达国家模型和发展中国家模型。关于各国发展程度的划分采用 IMF 划分标准，其中，发达国家包括德国、法国和英国等 17 个国家，发展中国家包括阿尔巴尼亚、阿富汗和俄罗斯等 42 个国家。

1. 所有国家模型分析

由表 2-4 可以看出，腐败控制（CC）、政治稳定性和不存在暴力（PV）、法律规则（RL）3 变量对中国 OFDI 具有显著影响，其中，政治稳定性和不存在暴力（PV）指标对中国 OFDI 具有正向效应，腐败控制（CC）和法律规则（RL）对中国 OFDI 存在负向效应，控制变量中的外贸依存度、伙伴关系、GDP

和人口对中国 OFDI 均存在正向效应。

2. 发达国家模型分析

由表 2-4 可以看出，法律规则（RL）、监管质量（RQ）、话语权和问责制（VA）3 变量对中国 OFDI 具有显著影响，其中，法律规则（RL）对中国 OFDI 具有正向效应，监管质量（RQ）、话语权和问责制（VA）对中国 OFDI 具有负向效应。控制变量中的 GDP 和人口对中国 OFDI 具有正向效应。

3. 发展中国家模型分析

由表 2-4 可以看出，政治稳定性和不存在暴力（PV）、法律规则（RL）、监管质量（RQ）3 个指标对中国 OFDI 具有显著影响，其中，法律规则（RL）和监管质量（RQ）对中国 OFDI 具有正向效应，而政治稳定性和不存在暴力（PV）对中国 OFDI 存在负向效应，控制变量中外贸依存度、伙伴关系、GDP 和劳动力数量等指标对中国 OFDI 具有正向效应。

（二）按资源丰裕程度分类分析结果

萨利贾诺娃（Salidjanova, 2011）认为，资源寻求是中国 OFDI 的重要动因之一，资源丰裕程度不同可能影响中国 OFDI。按资源丰裕程度不同，可划分为资源丰裕国家和资源一般国家，首先计算资源禀赋指标，计算公式为：资源禀赋 = $\dfrac{矿石和金属出口 + 燃料出口}{总出口}$，然后按照资源禀赋指标的大小进行划分，具体划分标准为：若资源禀赋指标平均值 ≥ 20%，即为资源丰裕国家，将其值设为 1；资源禀赋指标平均值 < 20%，即为资源一般国家，将其值设为 0。资源丰裕国家包括阿联酋、俄罗斯、哈萨克斯坦等 18 个国家，资源一般国家包括波兰、德国、日本等 41 个国家。

1. 资源丰裕国家模型分析

由表 2-4 可以看出，话语权和问责制（VA）对中国 OFDI 具有显著影响，对中国 OFDI 存在负向效应，控制变量中的伙伴关系、中国对各国出口、中国从各国进口和工业化水平等指标对中国 OFDI 存在正向效应。

2. 资源一般国家模型分析

由表 2-4 可以看出，腐败控制（CC）、政治稳定性和不存在暴力（PV）、法律规则（RL）、监管质量（RQ）、话语权和问责制（VA）等指标对中国 OFDI 具有显著影响，其中法律规则（RL）和监管质量（RQ）对中国 OFDI 具有正向效应，而腐败控制（CC）、政治稳定性和不存在暴力（PV）、话语权和问责制（VA）等指标对中国 OFDI 存在负向效应。控制变量中的外贸依存度、伙伴关系等指标对中国 OFDI 具有正向效应，但工业化水平对中国 OFDI 具有负向效应，笔者认为主要是中国企业对东道国并不具备显著的技术优势。

第五节　结论与政策启示

一、结论

前文的实证分析发现，中国对"一带一路"沿线国家的直接投资受各种政治经济因素的影响，沿线各国的政府治理水平是重要的影响因素，但各个分指标的影响程度在不同模型之间存在较大差异，总体而言，沿线各国政府治理指标对中国 OFDI 的影响具有以下几个特点。

（1）法律规则（RL）对中国 OFDI 具有重要影响。政府治理指标中，对中国 OFDI 影响最显著指标为法律规则（RL），构建的五个模型中除资源丰裕国家模型外，法律规则（RL）在其余四个模型中均存在正向效应，说明我国 OFDI 首要关注的因素是东道国的法制是否健全，表明我国偏好在法制健全的国家和地区进行投资。

（2）监管质量（RQ）在发达国家模型、发展中国家模型和资源一般国家模型中影响显著。其中，对发展中国家和资源一般国家具有正向效应，但对发达国家存在负向效应，笔者以为主要是由于发达国家在监管质量（RQ）方面的标准更高，对中国企业而言相当于存在监管壁垒，但"一带一路"沿线的发展中国家的监管质量（RQ）水平较低，监管质量（RQ）水平的提高能优化投资环境，从而有利于中国资本的进入。

（3）政治稳定性和不存在暴力（PV）、话语权和问责制（VA）对中国 OFDI 也存在显著影响，但对中国 OFDI 的影响均为负向效应。政治稳定性和不存在暴力（PV）的影响为负值，笔者以为主要是由于我国企业与欧美发达国家相比竞争力较弱，在同欧美跨国企业竞争中仍处于劣势，因此相当一部分资金投向了欧美发达国家不太关注的国家和地区，这些国家和地区的资源一般较为丰裕，但与此同时往往政治稳定性较差，也可能存在一些暴力冲突等。话语权和问责制（VA）的影响为负值，表明民主政治程度对中国资本的进入起到了一定的阻碍作用，对欧美发达国家的投资尤其明显。出于意识形态等多方面的考虑，欧美国家的国会往往对来自中国的资本戴上"有色眼镜",为中国资本的进入设置种种障碍,对部分发展中国家的投资也存在类似现象。

(4)腐败控制(CC)对中国OFDI存在负向效应。在全部国家模型和资源一般国家模型中比较显著,得出的结论与部分学者的观点类似,即中国OFDI偏好于腐败程度较高的国家,但从长远看,我国企业必须重视合规建设,不要沦为部分国家反腐败的替罪羊。政府效率(GE)对中国OFDI的影响不太显著,表明中国OFDI不太关注东道国政府效率(GE)。

(5)控制变量中的东道国市场规模、劳动力供应、外贸依存度、与中国的经贸往来、与中国的双边关系等对中国OFDI具有显著的正向效应。中国OFDI要实现健康快速持续发展,必须重点关注这些因素所带来的影响,促进中国资本在"一带一路"沿线国家的健康、快速、持续发展,促进"一带一路"倡议的顺利实施,增进沿线国家人民的共同福祉。

二、政策启示

前文的实证分析可以看出,"一带一路"沿线各国的政府治理水平是中国OFDI的重要影响因素,为了有效防范对外投资风险,增强我国对外投资的竞争力和安全性,我们应该从以下几个方面进行努力:

(一)加强"一带一路"沿线国家的国别研究

"一带一路"沿线涉及的国家和地区为数众多,并且大多为发展中国家,在世界经济版图中的地位较低,还没有引起众多研究人员的足够关注,针对相关国家的国别研究相对不足。知己知彼,方能做到百战不殆,我们必须组织相关研究的学者加强对"一带一路"沿线国家的国别研究,对于相关资料欠缺的国家更要下大力气进行专题研究,加大对沿线国家基础资料的收集和整理,建立"一带一路"沿线国家资料库,在此基础上进行深入研究,考察沿线国家的风土人情和经济发展现状,驻"一带一路"沿线各国使馆的外交、商务人员要发挥主观能动作用,为中国企业"走出去"提供智力支持和政策咨询。

(二)构建和完善对外投资风险评估和预警机制

对外投资风险一旦发生就会给母国企业和政府造成严重损失,为有效管控对外投资风险,对潜在投资风险进行及时、准确的评估和预警势在必行,为改变各企业单打独斗、势单力薄的不利局面,国家应该设立海外投资风险防控委员会，专门负责海外投资风险防控工作。在中国出口信用保险公司发布的《国家风险分析报告》和商务部发布的《国别投资环境报告》的基础上，建立健全海外投资风险评估与预警体系，构建"一带一路"沿线国家投资风险预警指数，加强对相关企业的投资建议与引导，提高国家抵御对外投资风险能力。加强与国际评级机构（穆迪、标准普尔和惠誉）的合作，大力扶持本土评级公司开展国际投资风险评估研究，如加强对东方金城、大公国际、联合资信、中诚信和上海新世纪资信等企业的国际投资风险研究的扶持。

（三）增强我国对外投资企业的风险管控能力

与国内投资相比，海外投资面临更为复杂的政治经济形势和投资风险，"走出去"企业必须增强自身风险管控能力建设。国内企业要加快与国际接轨，借鉴欧美跨国企业的先进经验，建立海外投资风险管控机构和机制，采用更为先进的风险管控模型，加强对海外投资风险评估和控制，提高海外投资的安全性。国家发改委、商务部、外交部、中国人民银行等相关部委应加强对外投资企业的培训，增强相关企业的海外投资风险管控意识，提升相关企业的风险管控能力，推动企业海外投资合规体系建设，以不变应万变。

（四）加强与"一带一路"沿线国家的双边关系

由前面的实证分析发现，良好的双边关系可以在一定程度上化解投资风险，保证海外投资的安全。同时，加强与沿线国家的双边关系，也是"一带一路"倡议顺利实施的重要保证。因此，我们应该大力推动与沿线国家的互联互通建设，加强与沿线国家的经贸往来和政治、文化等多方面的合作及交流。与更多的沿线国家开展双边投资协定（BIT）谈判工作，力图从制度上建立海外投资保护机制，避免由于政府更迭带来的不确定性。加强在沿线国家的经贸合作区、开发区建设，推进与当地政府和人民的友好往来，加强与东道国相关企业的合作，增进沿线国家人民的共同福祉，降低海外投资的文化风险。

参考文献

［1］陈菲琼. 中国海外投资的风险防范与管控体系研究［M］. 北京：经济科学出版社，2015年8月第1版.

［2］陈松，刘海云. 东道国治理水平对中国对外直接投资区位选择的影响——基于面板数据模型的实证研究［J］. 经济与管理研究，2012（6）：71-78.

［3］王建，张宏. 东道国政府治理与中国对外直接投资关系研究——基于东道国面板数据的实证分析［J］. 亚太经济，2011（1）：127-132.

［4］王永钦，杜巨澜，王凯. 中国对外直接投资区位选择的决定因素：制度、税负和资源禀赋［J］. 经济研究，2014（12）：126-142.

［5］杨娇辉，王伟，谭娜. 破解中国对外直接投资区位分布的"制度风险偏好"之谜［J］. 世界经济，2016（11）：3-27.

［6］A. Bénassy-Quéré, M. Coupet. T. Mayer. Institutional Determinants of Foreign Direct Investment［J］. The World Economy, 2007（5）：764-782.

［7］C. Daude, E. Stein. The Quality of Institutions and Foreign Direct Investment［J］. Economics & Politics, 2007（11）：317-344.

［8］M. A. Cole, R. J. R. Elliott, J. Zhang. Corruption, Governance and FDI Location in China: A Province-level Analysis［J］. Journal of Development Studies, 2009（9）：1494-1512.

［9］M. H. Shah, A. G. Afridi. Significance of Good Governance for FDI Inflows in SAARC Countries［J］. Business & Economic Review, 2015（7）：31-52.

［10］O. Kuzmina, N. Volchkova, T. Zueva. Foreign Direct Investment and Governance Quality in Russia［J］. Journal of Comparative Economics, 2014（4）：1-37.

［11］P. J. Buckley, J. Clegg, A. R Cross etc. The determinants of Chinese outward foreign direct Investment［J］. Journal of International Business Studies, 2007（5）：499-518.

［12］P. R. Lane, G. M. Milesi-Ferretti. International Investment Patterns［J］. The Review of Economics and Statistics, 2008（3）：538-549.

［13］Salidjanova, Nargiza. Going out: An overview of China's outward foreign direct investment［J］. US-China Economic and Security Review Commission, 2011.

［14］S. Globerman, D. Shapiro. Governance infrastructure and US foreign direct investment［J］. Journal of International Business Studies, 2003（1）：19-39.

［15］S. Globerman, D. Shapiro, Y. Tang. Foreign Direct Investment in Emerging and Transition European Countries [J]. International Finance Review, 2006 (6): 775 - 787.

[16] Y. Saidi, A. Ochi, H. Ghadri. Governance and FDI Attractiveness: Some Evidence from Developing and Developed Countries [J]. Global Journal of Management and Business Research Finance, 2013 (8): 14 - 24.

第三章

国家政治风险因素对中国 OFDI 影响研究——基于"一带一路"沿线 54 国数据的实证分析*

第一节 引 言

2013 年"一带一路"倡议提出以来,得到了沿线国家的积极响应,截至 2019 年 3 月 28 日,已经得到了 150 多个国家和国际组织的积极响应和参与,其中包括 20 多个欧洲国家①。近年来,我国对"一带一路"沿线国家的投资发展迅速,对沿线国家的直接投资额从 2003 年的 2.02 亿美元增长到 2017 年的 201.748 亿美元,平均每年增长幅度为 38.94%,远高于中国对外直接投资的增长幅度。2018 年,我国对"一带一路"沿线国家的直接投资占全部对外直接投资的 12.02%。近年来,我国对沿线国家的投资方式创新不断,从绿地投资到跨国并购等,各种方式发展态势良好。2017 年,中国对沿线国家直接投资排名前 3 位的国家分别为新加坡、哈萨克斯坦和马来西亚,来自中国的投资使沿线各国的资金短缺状况得到有效缓解,促进了沿线国家的经济发展。

"一带一路"横跨亚欧非大陆,沿线涉及的主权国家众多,各国民族文化多元化程度深,经济发展水平存在很大差异,沿线各国还存在诸如"不稳定之弧"以及恐怖势力、分裂势力和极端势力三股势力的冲击,沿线各国地缘政治

---

* 本章的部分内容发表于《经济问题探索》2019 年第 9 期(与张璐超合作)。
① 外交部."一带一路"倡议得到 20 多个欧洲国家响应 [N]. 北京青年报,2019 – 03 – 29 (4).

经济风险纷繁复杂，中国对沿线国家直接投资面临严峻的投资风险，欧美大国对"一带一路"倡议纷纷提出各自的对冲计划，不断加强对沿线地区的影响力和辐射力，试图增强对"一带一路"沿线国际经济新秩序的塑造，使得中国对沿线国家直接投资的不确定性不断上升，中国企业面临的政治风险更加严峻。为使中国企业顺利走出国门，有效维护中国对外投资企业的合法利益，加强对沿线国家投资的风险防控势在必行。

来自欧美的跨国公司，具有丰富的跨国投资经验，拥有国际先进管理经验和绝大多数核心技术，并且在"一带一路"倡议提出以后，欧美发达国家也加强了对沿线国家的关注，使得中国企业面临越来越激烈的国际竞争，中国企业在"走出去"的过程中面临的风险和挑战不断增长。近年来，由于政治风险发生给我国企业造成严重影响的案例不断涌现，如中国在缅甸投资的密松大坝工程、中国在缅甸投资的莱比塘铜矿、中国在斯里兰卡投资的科伦坡港口城项目，以及由于政府换届带来的不确定性增加，这些政治风险的出现严重影响了相关企业的合法利益，甚至影响到"一带一路"建设的顺利推进。本书将采用PRS发布的国家政治风险指标，分析其对中国在"一带一路"沿线国家直接投资的影响，进而提出相应的风险防范措施和对应的投资政策建议。

第二节 文献评述

与国内投资相比，对外直接投资面临更多的不确定性，国家风险尤其是政治风险是中国跨国企业面临的严峻挑战，在OFDI区位选择研究中往往将政治风险或制度因素列为重点检验因素之一。自20世纪60年代以亚瑟（Usher，1965）和鲁特（Root，1968）为代表的学者开始研究政治风险对FDI的影响后，很多学者进行了相关探讨，但由于研究国别的差异以及研究方法的不同，导致研究结论存在明显差异。其中，针对欧美发达国家的对外投资研究文献倾向于认为政治风险对OFDI存在负向效应，为有效防范投资风险，欧美跨国企业偏好投资于政治风险较小的国家或地区，如惠勒和莫迪（Wheeler & Mody，1992）研究了美国电子制造业在42个发展中国家开展的直接投资，发现政治风险对OFDI存在负向影响，但在一些情况下并不显著。

与发达国家跨国企业相比较，来自发展中国家的跨国投资企业的竞争力存在较大差距，进行对外投资时存在明显的"逆向选择"问题，以往来自发达国家的经验并不能合理解释此现象，不少学者对此进行了相关探讨。巴克利等（Buckley etc.，2009）发现，中国对外直接投资伴随着东道国政治风险的升高而增长，而且更为偏好政治风险较大的欠发达地区。高建刚（2011）采用空间计量中的空间落差模型，研究了中国对61个国家1993～2008年投资贸易宏观数据，发现东道国的政治风险越高，则越不利于中国OFDI，但如果对当地政治风险有高度的承受性，也可能会进行大量投资，如针对非洲国家的投资具有这种特性。可见，政治风险对于OFDI的影响尚未形成定论，尤其是"一带一路"倡议涵盖的国家数量众多，针对沿线国家的投资没有以往成熟经验可借鉴，进一步展开深入研究非常必要。

关于对政治风险的度量，目前文献使用的方法比较多样，没有形成统一的标准和范式。不少文献从政治稳定性、法制环境和腐败控制等角度对政治风险进行度量和分析。其中，宗芳宇等（2012）采用东道国政权更迭次数度量东道国的政治稳定性，研究发现，东道国政权更迭的次数增加对中国OFDI产生了阻碍作用。另外一些研究利用来自世界银行的世界治理指标中度量东道国契约履行、产权保护和司法治理的法制指标测度东道国的政治风险，部分研究发现，东道国法制环境改善有利于中国OFDI的进入（宗芳宇等，2012；徐国伟和刘一江，2018），而另外部分研究中国对外投资存在法制环境的"逆向选择"问题时认为，更偏向于流向法制不太健全的国家（协天紫光等，2017）。

关于政治风险的相关指标统计，目前常用的包括世界银行的政府治理指数和PRS集团发布的国家风险国际指南中的相关指标，中国社会科学院和中国出口信用保险公司定期发布国别风险报告，但学者研究中对来自中国的数据应用较少，大多采用前两个数据进行实证研究。杜塔等（Dutta etc.，2011）基于ICRG中关于政治稳定性、民主问责、法制、投资环境、腐败控制、官僚体系质量、种族冲突、社会经济状况、国内冲突、外部冲突和军人的政治地位共11个指标，在研究中检验了各个指标对OFDI的影响。王海军（2012）以中国对某一东道国投资额占中国当年对外投资总额的比重为权重，加权平均ICRG中各东道国的政治风险指数，用以度量政治风险，发现政治风险对中国OFDI具有显著负向影响。协天紫光等（2017）利用ICRG中的东道国政府稳定性、投资环境、腐败控制和法治水平四个指标度量政治风险，并检验政治风险对中国OFDI的影响，发现中国OFDI以规避政治风险为主。付韶军（2018）利用世界银行政府治理指数进行实证研究，发现东道国治理水平对中国 OFDI 具有重要影响。

除政治风险因素外，还有不少因素对 OFDI 具有显著影响，其中投资动机是重要考虑因素，目前得到共识的投资动机包括市场寻求动机、资源寻求动机、技术寻求动机、劳动力寻求动机等（Dunning，1998）。国家进行对外投资除考虑政治风险外，来自东道国市场规模、劳动力资源情况、母国和东道国之间经贸关系、东道国开放程度以及资源禀赋等因素也是跨国投资企业需要考虑的重要因素。不少研究表明，中国 OFDI 具有明显的市场寻求动机，王等（Wang etc.，2017）和艾森曼等（Aizenman etc.，2018）都基于 2003～2010 年中国对 144 个国家的宏观数据进行了分析，他们发现，中国出口显著对中国 OFDI 产生了促进作用。宗芳宇等（2012）研究发现，东道国贸易依存度对中国 OFDI 具有促进作用。但也有学者得出了相反的结论，如项本武（2009）研究发现，东道国市场规模对中国 ODFI 具有负向影响，东道国工资水平的影响并不显著。

由于信息不对称，以及东道国政策变动，往往使得 OFDI 面临较大风险，母国与东道国之间的多双边合作是对冲风险的有效手段之一，不少学者进行了相关研究，布鲁尔（Brewer，1993）和巴克利等（Buckley etc.，2009）研究发现，对外直接投资通常对政府政策的变化比较敏感。宗芳宇等（2012）发现，双边投资协定能够促进企业到签约国投资，因为其可以作为东道国制度环境的补偿性优化。本章通过两国是否签订自由贸易协定（Free Trade Agreement，FTA）和伙伴关系的紧密程度两个变量反映政府政策对 OFDI 的影响。对于中国这样的资源需求大国而言，资源需求是对外投资的重要动机，中国对资源丰裕国家和资源一般国家的投资可能具有不同的特点，巴克利等（Buckley etc.，2009）和艾森曼等（Aizenman etc.，2018）研究发现，中国 OFDI 倾向于流向资源密集型国家。本章将区分资源丰裕类型国家和资源一般类型国家分别建模。

技术需求动机也是中国对外投资的重要动机，因而中国对发达国家和发展中国家的投资可能存在着异质性，法杰鲍姆等（Fajgelbaum etc.，2015）和明秀南等（2019）分别检验了需求导向是 OFDI 的重要原因的林德（Linder，2013）假说。法杰鲍姆等（2015）认为，技术需求同收入水平的需求更加趋同，因而 FDI 更倾向于发生在与母国收入类似的国家，发达国家之间的互相投资便具有这种特点。明秀南等（2019）指出，来自发展中国家的 OFDI 流向发达国家和流向发展中国家的动因不同，流入发达国家的 OFDI 主要以技术驱动为主，而流入发展中国家的 OFDI 主要以资源寻求和低劳动成本寻求为驱动，因而本章对发达国家和发展中国家分别做实证检验。

鉴于目前关于中国 OFDI 影响因素的研究结论还未形成定论，布隆尼根（Blonigen，2014）指出，关于外国直接投资决定因素的实证文献还很年轻，实证检验建立的假设前提也没有达成共识。克拉巴尔蒂（Chakrabarti，2001）发现，由于基于不同的假设，大多数关于外国直接投资的决定因素的研究结果在统计上比较脆弱。随着"一带一路"建设的深入，中国对外投资规模逐年增长，面临的风险也将不断累积，为有效防范对外投资风险，保障中国对于沿线国家投资的合法经济权益，本章将在前期文献基础上，构建中国 OFDI 区位选择影响因素模型，以中国对"一带一路"沿线国家的直接投资为因变量，考察国家政治风险因素对中国投资的影响，在此基础上提出中国对外直接投资风险防控的政策建议。

第三节 实证模型构建

一、实证分析采用的计量模型

根据"一带一路"沿线国家数据的可得性，我们选择了数据统计较为完善的 54 个沿线国家，以中国对沿线国家的直接投资为因变量，以沿线国家的国家政治风险因素指标为核心自变量，构建实证分析模型，研究国家政治风险因素对中国 OFDI 的影响，分析中国在"一带一路"沿线国家直接投资面临的各种风险，以求借此提出风险防范和控制措施以及在沿线国家投资的建议。计量经济模型如下：

$$\ln OFDI = \beta_0 + \sum_{i=1}^{12} \beta_i \times Prs_i + \sum_{k=13}^{22} \beta_k \times Control_k + \varepsilon$$
$$i = 1,2,\cdots,6, k = 13,14,\cdots,22 \quad (3-1)$$

式中，Prs_i 为国家政治风险因素指标，包括政府稳定性（Government Stability，GS）、社会经济状况（Socioeconomic Conditions，SC）、投资环境（Investment Profile，IP）、国内冲突（Internal Conflict，IC）、国外冲突（External Conflict，EC）、腐败控制（Corruption，COR）、军人的政治地位（Military in Politics，MP）、宗教冲突（Religious Tensions，RT）、法律制度（Law and Order，LO）、种族冲突（Ethnic Tensions，ET）、民主问责（Democratic Accountability，DA）和官僚体系质量

(Bureaucracy Quality, BQ) 等 12 项指标；式中的 $Control_k$ 变量为模型的控制变量，具体包括沿线各国的国内生产总值（GDP）、沿线各国的人口数（POP）、沿线各国的劳动力数（L）、沿线各国的固定资产投资（K）、中国对沿线各国的出口（EX）等变量的对数值，失业率（UR）以及贸易依存度（DOF）、是否与中国签订自由贸易协定（FTA）、伙伴关系（Relationship）和资源禀赋（RE）等。

二、变量选择

本章所涉及的国家政治风险指标来自美国纽约政治风险测定服务公司 PRS 集团（Political Risk Services Group），该集团定期发布国家风险指南，具有广泛的国际影响。本章涉及的其他指标分别来自世界银行的世界发展指标、中国对外直接投资统计公报（2003~2016）和国际货币基金组织（IMF）数据库，本章所采用的变量及其代码如表 3-1 所示。鉴于中国 OFDI 国别统计始于 2003 年，以及根据其他指标的可得性，本章选取 2003~2016 年的面板数据。由于可能存在异方差的影响，对部分指标进行了对数化处理。

表 3-1　　　　　　　变量名称、代码和相关处理

变量类型	变量名	预期符号	备注	变量来源
因变量	中国对外直接投资存量（OFDI）		利用 CPI 平减	中国对外直接投资统计公报
自变量	政府稳定性（Government Stability, GS）	+		PRS 集团
	社会经济状况（Socioeconomic Conditions, SC）	+		
	投资环境（Investment Profile, IP）	+		
	国内冲突（Internal Conflict, IC）	−		
	国外冲突（External Conflict, EC）	−		

续表

变量类型	变量名	预期符号	备注	变量来源
自变量	腐败控制（Corruption, COR）	+		PRS 集团
	军人的政治地位（Military in Politics, MP）	+		
	宗教冲突（Religious Tensions, RT）	−		
	法律制度（Law and Order, LO）	+		
	种族冲突（Ethnic Tensions, ET）	−		
	民主问责（Democratic Accountability, DA）	+		
	和官僚体系质量（Bureaucracy Quality, BQ）	+		
控制变量	沿线各国国内生产总值（GDP）	+	利用 CPI 平减	世界发展指标
	沿线各国人口数（POP）	+		
	沿线各国劳动力数（L）	+		
	中国对沿线各国出口（EX）	+	利用 CPI 平减	
	是否与中国签订自由贸易协定（FTA）	+	是否与中国签订 FTA，0 = 没有，1 = 正在谈判，2 = 签订并实施	
	伙伴关系（Relationship）	+	根据与中国双边关系紧密程度，取值为 1 - 13，数字越大表示与中国关系越紧密	
	贸易依存度（DOF）	+	进出口总额/GDP	
	沿线各国失业率（Uemployment Rate, UR）	−		
	资源禀赋（Resource endowment, RE）	+		

注：鉴于各国价格指数中的 CPI 数据质量相对比较好，因此统一采用 CPI 来对各价值指标进行指数平减。

(一) 因变量—中国在"一带一路"沿线国家直接投资存量

国家政治风险因素是否对中国在"一带一路"沿线国家的直接投资产生重要影响，是我们关注的重要问题，中国对"一带一路"沿线国家的直接投资是分析的因变量，考虑到直接投资流量数据中有一部分是负数，如果采用流量数据进行建模会增加不确定性，因此选择 OFDI 存量数据作为因变量。在建模过程中，数据需要满足一些假定条件，如果数据不满足同方差假定，会使模型系数的估计存在一定偏误，对系数的一些检验也会失效。为避免异方差性带来的影响，我们对因变量指标取对数。存量数据的数据质量虽然好于流量数据，但存量数据中有一部分为 0，如果不进行处理直接取对数，会使部分数据出现缺失，并且可能会出现样本的自选择现象。对于这个问题贝纳西·奎雷（Bénassy – Quéré，2007）以及莱恩和米莱西·费雷蒂（Lane & Milesi – Ferretti，2008）采取了如下的处理方式，将原始变量首先加上 1 之后进行对数化，即 $\ln OFDI^* = \ln(OFDI + 1)$，本章也采用这种方式对原始变量进行处理。

(二) 核心解释变量—国家政治风险因素指标

本章主要考察"一带一路"沿线各国政治风险因素对中国在沿线国家直接投资的影响，将国家政治风险因素指标作为核心解释变量，数据取自美国纽约政治风险测定服务公司 PRS 集团编制的国家风险国际指南（ICRG）。国家政治风险因素指标具体包括：政府稳定性（GS）、社会经济状况（SC）、投资环境（IP）、国内冲突（IC）、国外冲突（EC）、腐败控制（COR）、军人的政治地位（MP）、宗教冲突（RT）、法律制度（LO）、种族冲突（ET）、民主问责（DA）和官僚体系质量（BQ）12 项。

(三) 重要的控制变量

为使得模型估计结果更加稳健，应对部分影响对外直接投资的重要变量进行控制，基于经济理论和数据的可得性，选择的重要控制变量包括以下几个方面：

(1) 反映各国市场规模大小的变量：各国国内生产总值（GDP）和各国人口数（POP），其中，国内生产总值指标采用 CPI 平减。为在一定程度上控制异方差性的影响，对 GDP 和 POP 取对数，得到对数变量 lnGDP 以及 lnPOP。由于市场寻求动因有可能是中国对沿线国家进行对外直接投资的重要方面，因此预期 lnGDP 和 lnPOP 对中国 OFDI 的作用为正。

(2) 反映各国劳动力供应情况的变量：沿线各国劳动力数（L）和沿线各国失业率（UR）。各国劳动力数量（L）反映各国的劳动力资源是否丰富，对各国劳动力数（L）进行对数化处理得 lnL。鉴于国内劳动力成本不断攀升，国内企业的"人口红利"不断减弱，有效利用沿线国家的廉价且丰富的劳动力资源，以求获得成本优势，缓解国内生产成本大幅上升的压力，可能是我国对沿线国家直接投资的重要动机，因此预期 lnL 对中国 OFDI 的作用为正。沿线各国失业率（UR）为总失业人数占劳动力总数的比例，即：失业率 = 总失业人数/劳动力总数，反映各国的就业情况，可在一定程度上反映经济景气情况，我们预期 UR 对中国 OFDI 的作用为负。

（3）反映与中国的经贸往来的变量：鉴于中国与"一带一路"沿线各国经贸往来中，中国对各国出口占据主导地位，因而选择中国对各国出口（EX）来反映中国与东道国的贸易往来，也可反映中国产品在东道国的受欢迎程度。利用 CPI 进行指数平减，为消除异方差性的影响，对 EX 取对数，得对数化变量 lnEX，良好的经贸关系往往是进行对外直接投资的前奏，学者大都认为与东道国的经贸往来可能会对中国在沿线国家的直接投资产生促进作用，因此预期 lnEX 对中国 OFDI 的影响为正。

（4）反映各国对外开放水平的变量：贸易依存度（DOF）。贸易依存度是进出口贸易在 GDP 中的占比，即 $DOF = (进口贸易 + 出口贸易)/GDP$。一般而言，一个国家对外开放的水平越高，对国外资本的限制将会越少，外商投资进入的门槛也将逐渐降低。因此，随着沿线国家开放程度的不断上升，会对中国在沿线国家的直接投资产生积极影响，预期贸易依存度（DOF）对中国 OFDI 的作用为正。

（5）反映各国的资源禀赋情况的变量：资源禀赋（RE），反映各国自然资源和能源的丰裕程度，其计算公式为：资源禀赋 = （矿石和金属出口 + 能源出口）/ 总出口。对能源资源丰富国家进行投资，获取其能源资源是进行对外直接投资的重要目的之一，因此预期资源禀赋（RE）对中国 OFDI 的作用为正。

在建立实证分析模型之前，首先进行描述统计分析（见表 3-2）。不难看出，对外投资存量中一部分取值为 0，各国之间存在很大差异。GDP、K、L、EX、POP 等变量在不同国家之间均存在较大差异。伙伴关系的取值按照两国双边关系紧密程度不同赋予不同的数值，其中，最小值为 1，最大值为 13。贸易依存度在不同国家之间存在很大差异，贸易依存度最低值仅为 19.23%，而最高值达 546.27%。资源禀赋在不同国家之间的差异也很明显，最小值仅为 0.35%，而最高值达 97.9%。

表 3-2　　　　　　　　主要变量的描述统计分析

变量	样本量	均值	标准差	最小值	最大值
OFDI	756	99034.71	286783.8	0	3344564
GS	756	7.99	1.55	4.04	11.5
SC	756	6.57	2.02	2	11
IP	756	9.14	2	2.5	12
IC	756	9.34	1.57	4.63	12
EC	756	9.81	1.33	5.5	12
COR	756	2.67	0.99	1	5
MP	756	4.37	1.39	0	6
RT	756	4.23	1.26	1	6
LO	756	4.09	0.94	1.04	6
ET	756	3.97	1.18	1	6
DA	756	4.25	1.78	0	6
BQ	756	2.51	0.92	1	4
GDP	756	$5.36E+11$	$9.71E+11$	$1.60E+09$	$6.20E+12$
K	756	$1.21E+11$	$2.16E+11$	$3.10E+08$	$1.39E+12$
L	756	$2.59E+07$	$6.60E+07$	$1.69E+05$	$5.13E+08$
EX	756	$1.50E+11$	$2.31E+11$	$4.48E+08$	$1.49E+12$
POP	756	$6.07E+07$	$1.67E+08$	$3.53E+05$	$1.32E+09$
FTA	756	0.37	0.65	0	2
RELATIONSHIP	756	5.08	4.09	1	13
DOF	756	81.46	55.38	19.23%	546.27%
UR	756	7.72	5.03	0.49	27.47
RE	756	28.47	30.49	0.35%	97.9%

第四节 实证分析结果

一、模型选择

实证分析建模采用固定效应模型还是随机效应模型,常用豪斯曼检验进行区分,豪斯曼检验的原假设是应该构建随机效应模型,所采用χ^2的统计量如下所示:

$$H = (\hat{\theta} - \tilde{\theta})'[Var(\hat{\tilde{\theta}}) - Var(\hat{\hat{\theta}})]^{-1}(\hat{\theta} - \tilde{\theta}) \sim \chi^2(k)$$,式中,$\hat{\theta}$为约束模型估计,$\tilde{\theta}$为非约束模型估计。

利用统计软件 Stata 15.1 计算得豪斯曼检验表,不难发现,所建立各模型豪斯曼检验χ^2统计量都比较大,其相应的 p 值最大的是发展中国家模型(0.0037),这几个模型的 p 值(p-value)都小于 0.01,因此当显著性水平 $\alpha = 0.01$ 时,应该拒绝采用随机效应模型的原假设,选择固定效应模型进行实证分析(见表3-3)。

表3-3　　　　　　　　　　豪斯曼检验

统计量	所有国家模型	发达国家模型	发展中国家模型	资源丰裕国家模型	资源一般国家模型	"一带"国家模型	"一路"国家模型
χ^2 统计量	60.78	2201.75	38.15	79.73	221.48	232.98	72.18
p 值	0.0000	0.0000	0.0037	0.0000	0.0000	0.0000	0.0000

二、模型估计结果

根据上文的豪斯曼检验结果,本章建立了面板固定效应模型来进行实证分析。首先,对全部国家进行实证分析,构建全部国家模型,探讨政治风险因素对中国在沿线国家直接投资的影响;其次,区分国家的发展程度,分别构建发达国家模型和发展中国家模型;再次,区分资源丰裕程度不同,分别构建资源丰裕国家模型和资源一般国家模型;最后,区分地理位置的不同,分别构建

"一带"国家模型和"一路"国家模型。采用统计软件 Stata 15.1 进行面板固定效应模型估计。如表3-4所示。

表 3-4　　　　　　　　　　模型估计结果

变量	全部国家模型	发达国家模型	发展中国家模型	资源丰裕国家模型	资源一般国家模型	"一带"国家模型	"一路"国家模型
C	-50.709*** (-4.246)	-347.123*** (-10.989)	-55.210*** (-4.385)	-88.262*** (-5.291)	-181.478*** (-9.508)	-108.268*** (-2.780)	-158.059*** (-8.770)
IP	-0.568*** (-8.708)	-0.287*** (-3.111)	-0.228*** (-2.693)	0.077 (0.675)	-0.598*** (-7.997)	-0.388*** (-3.109)	-0.495*** (-6.852)
GS	-0.183*** (-3.254)	-0.232*** (-2.749)	-0.107* (-1.707)	-0.310*** (-3.634)	-0.033 (-0.538)	-0.280*** (-2.798)	-0.129** (-2.041)
LO	-0.829*** (-3.385)	-0.735 (-1.409)	-1.024*** (-4.004)	-1.118*** (-3.049)	-1.326*** (-4.200)	-1.413*** (-3.022)	-0.496* (-1.778)
DA	0.695*** (4.783)	1.410*** (3.006)	0.541*** (3.753)	0.174 (0.801)	0.568*** (3.199)	1.042*** (3.330)	0.192 (1.198)
BQ	1.871** (2.267)	4.241*** (3.741)	1.528 (1.574)	5.486*** (3.745)	0.437 (0.525)	2.021 (1.575)	2.742*** (2.694)
COR	0.590*** (3.543)	0.743*** (2.976)	0.113 (0.579)	-0.134 (-0.480)	0.116 (0.612)	2.046*** (3.230)	0.318* (1.930)
RT	0.159 (1.007)	0.077 (0.296)	0.358** (2.100)	0.157 (0.689)	0.413** (2.061)	0.226 (0.475)	-0.024 (-0.149)
SC	-0.077 (-0.745)	-0.114 (-0.749)	0.191 (1.597)	0.314** (2.140)	-0.263** (-2.201)	-0.508** (-2.502)	0.022 (0.243)
MP	-0.213 (-1.006)	1.426** (2.479)	-0.384* (-1.818)	0.032 (0.108)	0.027 (0.104)	-2.410*** (-4.873)	-0.011 (-0.050)
IC	-0.116 (-1.119)	0.265 -1.531	-0.263** (-2.326)	-0.04 (-0.253)	0.08 (0.684)	-0.068 (-0.265)	0.004 (0.040)
EC	-0.173 (-1.433)	-0.084 (-0.432)	-0.162 (-1.179)	-0.279* (-1.722)	0.179 (1.198)	-0.474** (-2.114)	0.13 (0.967)
ET	0.175 (1.011)	0.74 (1.377)	0.078 (0.459)	0.609 (1.480)	0.191 (1.118)	1.131** (2.303)	-0.171 (-0.975)

续表

变量	全部国家模型	发达国家模型	发展中国家模型	资源丰裕国家模型	资源—一般国家模型	"一带"国家模型	"一路"国家模型
lnI	3.200 *** (4.422)	18.241 *** (7.827)	3.028 *** (4.294)	3.901 *** (4.167)	6.740 *** (6.041)	7.369 *** (2.713)	
FTA	1.298 *** (6.409)		1.554 *** (6.543)	1.355 *** (3.848)	0.977 *** (4.528)	0.462 (1.075)	1.081 *** (4.898)
Relationship	0.322 *** (3.839)	0.206 ** (2.153)	0.516 *** (4.218)	0.886 *** (3.712)			0.446 *** (4.393)
RE	0.061 *** (6.273)	0.104 *** (4.042)	0.025 ** (2.530)				0.065 *** (5.419)
lnex			0.668 *** (3.595)		3.207 *** (8.254)	3.926 *** (6.245)	
lnk	0.368 * (1.960)	−3.751 *** (−3.813)			−2.194 *** (−3.282)	1.023 (1.596)	
UR	−0.057 * (−1.861)	−0.126 ** (−2.288)	−0.096 *** (−2.603)	0.231 *** (4.994)	−0.172 *** (−4.647)	−0.002 (−0.033)	
lngdp		4.862 *** (3.731)		0.899 *** (3.055)	2.393 ** (2.367)	−4.094 *** (−3.550)	1.632 *** (5.035)
DOF		0.037 *** (6.528)			−0.009 *** (−5.859)	−0.007 *** (−3.699)	0.020 *** (3.636)
lnpop							6.958 *** (6.943)
N	756	252	504	290	466	196	560

注：括号里面的数字为 t 统计量，星号标注的含义为：* 表示 p<0.1；** 表示 p<0.05；*** 表示 p<0.01。

三、模型结果分析

（一）按国家发展程度分类分析结果

国家发展程度不同，可能会使得投资母国的投资需求和投资动机存在差异，因此在实证分析中，我们区分了国家发展程度，分别建立发达国家模型和发展中国家模型，其中，国家发展程度的划分标准，采用国际货币基金组织（IMF）

的标准,发达国家包括爱沙尼亚、比利时和法国等18个国家,发展中国家包括科威特、蒙古和土耳其等36个国家,在此基础上分别构建全部国家模型、发达国家模型和发展中国家模型。

1. 所有国家模型分析

由实证分析结果可以看出,政府稳定性(GS)、投资环境(IP)、腐败控制(COR)、法律制度(LO)、民主问责(DA)和官僚体系质量(BQ)6个变量对中国OFDI具有显著影响,其中,腐败控制(COR)、民主问责(DA)和官僚体系质量(BQ)3个指标对中国OFDI具有正向效应,与我们的预期相符,而政府稳定性(GS)、投资环境(IP)和法律制度(LO)3个指标对中国OFDI存在负向效应,笔者认为主要原因是发达国家的跨国企业具有较强的国际竞争力,他们已经在国际投资领域占据先机,来自中国的跨国企业不得不退而求其次,更多投资于政府稳定性差、投资回报率低以及法律不太健全的国家和地区,控制变量中的是否与中国签订自由贸易协定(FTA)、伙伴关系(Relationship)和劳动力(L)对中国在"一带一路"沿线国家的直接投资均存在正向促进效应,与预期相符。

2. 发达国家模型分析

由表3-4可以看出,政府稳定性(GS)、投资环境(IP)、腐败控制(COR)、军人的政治地位(MP)、民主问责(DA)和官僚体系质量(BQ)6个变量对中国OFDI具有显著影响,其中,腐败控制(COR)、军人的政治地位(MP)、民主问责(DA)和官僚体系质量(BQ)4个变量对中国OFDI具有正向效应,符合预期,而政府稳定性(GS)和投资环境(IP)2个变量对中国OFDI具有负向效应,其原因与全部国家模型类似。控制变量中的伙伴关系、资源禀赋、劳动力、GDP和贸易依存度对中国OFDI具有正向效应,符合预期,而固定资产投资和失业率对中国OFDI存在负向效应,笔者认为主要原因是发达国家固定资产投资对中国OFDI产生了"挤出效应",失业率的负向影响符合预期。

3. 发展中国家模型分析

由表3-4可以看出,投资环境(IP)、宗教冲突(RT)、法律制度(LO)和民主问责(DA)4个指标对中国OFDI具有显著影响,其中,宗教冲突(RT)和民主问责(DA)对中国OFDI具有正向效应,而投资环境(IP)和法律制度(LO)对中国OFDI存在负向效应,其原因与全部国家模型类似。控制变量中的FTA、伙伴关系、资源禀赋、劳动力和中国对其出口等指标对中国OFDI具有正向效应,而失业率对中国OFDI具有负向效应,控制变量的影响符合预期。

(二) 按资源丰裕程度分类分析

随着中国经济的快速发展,其对资源的需要越来越多,资源寻求可能是中国进行对外直接投资的重要动因萨利贾诺娃(Salidjanova,2011),在实证分析中,本章按资源丰裕程度不同划分为资源丰裕国家和资源一般国家①,资源丰裕国家包括科威特、沙特阿拉伯和立陶宛等21个国家,资源一般国家包括波兰、捷克和斯里兰卡等33个国家。

1. 资源丰裕国家模型分析

由前面的模型结果可以看出,政府稳定性(GS)、社会经济状况(SC)、法律制度(LO)和官僚体系质量(BQ)4个变量对中国OFDI具有显著影响,其中,社会经济状况(SC)和官僚体系质量(BQ)对中国OFDI存在正向效应,而政府稳定性(GS)和法律制度(LO)对中国OFDI存在负向效应,其原因与全部国家模型类似。控制变量中的FTA、伙伴关系、劳动力、失业率和国内生产总值等指标均对中国在"一带一路"沿线国家的直接投资具有正向促进效应,其中失业率的影响与预期不符,笔者认为主要原因是对资源丰裕国家投资时,其资源获取动机明显,失业率的影响在其中所起的作用较小,其余控制变量的影响符合预期。

2. 资源一般国家模型分析

由表3-4可以看出,社会经济状况(SC)、投资环境(IP)、宗教冲突(RT)、法律制度(LO)和民主问责(DA)等指标对中国OFDI具有显著影响,其中,宗教冲突(RT)和民主问责(DA)对中国OFDI具有正向效应,而社会经济状况(SC)、投资环境(IP)和法律制度(LO)等指标对中国OFDI存在负向效应,其原因同上。控制变量中的FTA、劳动力、GDP和中国对其出口等指标对中国OFDI具有正向效应,符合预期。但固定资产投资、失业率和贸易依存度对中国OFDI存在负向效应,与预期不符,笔者认为可能是中国投资面临激烈竞争所导致的逆向选择引起的。

---

① 资源禀赋计算公式为:资源禀赋=(矿石和金属出口+能源出口)/总出口,具体划分标准为:若资源禀赋指标平均值≥20%,即为资源丰裕国家,将其值设为1;资源禀赋指标平均值<20%,即为资源一般国家,将其值设为0。

(三) 按地理位置分类分析结果

按沿线各国所属的地理位置不同，将其区分为"丝绸之路经济带"沿线国家和"21世纪海上丝绸之路"沿线国家，因为所属地理位置的不同，将关系到与中国主要通过陆路还是海路联系，不但涉及运输成本的问题，而且关系到内陆经济与海洋经济的异同，因此本章将沿线国家区分为"一带"沿线国家和"一路"沿线国家进行分类建模并分析其异同点，以便提出有针对性的意见和建议。

1."一带"沿线国家模型分析

由表 3-4 可以看出，政府稳定性（GS）、社会经济状况（SC）、投资环境（IP）、国外冲突（EC）、腐败控制（COR）、军人的政治地位（MP）、法律制度（LO）、种族冲突（ET）和民主问责（DA）9 个变量对中国 OFDI 具有显著影响，其中腐败控制（COR）、种族冲突（ET）和民主问责（DA）对中国 OFDI 存在正向效应，而政府稳定性（GS）、社会经济状况（SC）、投资环境（IP）、国外冲突（EC）、军人的政治地位（MP）和法律制度（LO）对中国 OFDI 存在负向效应，说明"一带"沿线国家的政治经济形势比较复杂，并且政治风险因素对中国 OFDI 的影响存在更多的不确定性。控制变量中的劳动力和中国对其出口等指标均对中国 OFDI 存在正向效应，符合预期，而 GDP 和贸易依存度等指标对中国 OFDI 存在负向效应，与预期不符。

2."一路"沿线国家模型分析

由表 3-4 可以看出，政府稳定性（GS）、投资环境（IP）和官僚体系质量（BQ）3 个指标对中国在"一带一路"沿线国家的直接投资具有显著影响，其中，官僚体系质量（BQ）对中国 OFDI 具有正向促进效应，这与预期比较吻合，而政府稳定性（GS）和投资环境（IP）等指标对中国 OFDI 存在负向效应，其原因与全部国家模型类似。控制变量中的 FTA、伙伴关系、资源禀赋、GDP、贸易依存度和人口等指标对中国在"一带一路"沿线国家直接投资均存在正向促进效应，与预期一致。

四、模型稳健性检验

在建模过程中，本章直接将国家政治风险因素纳入面板数据模型中，可能会存在内生性问题，需要构建相应的工具变量进行稳健性检验，利用控制变量中的固定资产投资、劳动力人数和国内生产总值的滞后一期分别作为工具变量进行估计,结果如表 3-5 所示。从工具变量估计结果看,经检验后与之前模型相比,国家政治风险因素变量系数没有明显变化,表明互为因果的内生性问题影响不明显,因而之前采用固定效应模型进行估计是比较稳健的。

表 3-5　　　　　　　　　国家政治风险工具变量估计

变量	全部国家模型	发达国家模型	发展中国家模型	资源丰裕国家模型	资源一般国家模型	"一带"国家模型	"一路"国家模型
C	-44.514*** (-3.633)	-393.218*** (-9.486)	-39.688*** (-3.082)	-65.182*** (-3.945)	-170.539*** (-7.481)	19.268 (1.132)	-153.809*** (-8.171)
IP	-0.561*** (-9.020)	-0.388*** (-3.278)	-0.266*** (-3.383)	0.083 (-0.797)	-0.608*** (-8.159)	-0.418*** (-2.904)	-0.505*** (-7.241)
GS	-0.121** (-2.234)	-0.302*** (-2.711)	-0.073 (-1.224)	-0.228*** (-2.774)	-0.025 (-0.391)	-0.243* (-1.891)	-0.098 (-1.590)
LO	-0.983*** (-3.809)	-1.486* (-1.769)	-0.991*** (-3.886)	-1.208*** (-3.323)	-1.295*** (-3.618)	-0.966 (-1.633)	-0.711** (-2.386)
DA	0.576*** (3.934)	3.046*** (3.713)	0.469*** (3.315)	0.077 (0.361)	0.426** (2.139)	0.335 (0.732)	0.007 (0.043)
BQ	3.583*** (2.868)	7.806** (2.393)	3.870*** (3.000)	5.367*** (3.847)	0.123 (0.065)	5.936** (2.199)	3.465** (2.335)
COR	0.548*** (3.372)	0.965*** (2.715)	0.179 (0.947)	0.073 (0.278)	-0.082 (-0.405)	1.677** (2.076)	0.277* (1.707)
RT	0.045 (0.255)	0.311 (0.968)	0.096 (0.508)	0.042 (0.182)	0.401 (1.628)	-1.654* (-1.709)	-0.088 (-0.493)
SC	-0.072 (-0.696)	-0.186 (-1.121)	0.191 (1.586)	0.197 (1.358)	-0.164 (-1.334)	-0.371 (-1.414)	-0.001 (-0.014)
MP	-0.198 (-0.905)	3.458** (2.314)	-0.277 (-1.321)	0.261 (0.908)	-0.212 (-0.764)	-1.730** (-2.553)	-0.033 (-0.148)
IC	-0.099 (-0.966)	0.559** (2.472)	-0.267** (-2.454)	-0.141 (-0.913)	0.186 (1.524)	-0.922*** (-2.851)	0.022 (0.212)
EC	-0.098 (-0.838)	-0.303 (-1.325)	-0.143 (-1.067)	-0.253* (-1.661)	0.194 (1.265)	-0.445 (-1.567)	0.269** (2.031)

续表

变量	全部国家模型	发达国家模型	发展中国家模型	资源丰裕国家模型	资源一般国家模型	"一带"国家模型	"一路"国家模型
ET	0.156 (0.836)	1.758* (1.780)	0.09 (0.499)	0.729* (1.703)	0.095 (0.501)	1.232* (1.782)	−0.228 (−1.196)
lnl	2.392*** (3.267)	22.222*** (8.087)	2.207*** (3.132)	3.498*** (3.847)	7.479*** (5.897)		
FTA	1.241*** (6.412)		1.423*** (6.306)	1.354*** (4.032)	1.111*** (5.092)	1.007** (2.257)	0.966*** (4.477)
RELATIONSHIP	0.285*** (3.674)	0.223** (2.236)	0.440*** (3.930)	0.764*** (3.507)			0.344*** (3.583)
RE	0.038*** (3.980)	0.067** (2.313)	0.014 (1.497)				0.042*** (3.653)
lnex			0.416** (2.313)		2.957*** (7.014)	5.407*** (5.336)	
lnk	0.506** (2.198)	1.988 (0.476)			−2.726*** (−3.816)	6.271*** (3.480)	
UR	−0.027 (−0.908)	0.016 (0.129)	−0.083** (−2.344)	0.224*** (5.157)	−0.180*** (−4.690)	0.019 (0.225)	
lngdp		−2.453 (−0.531)		0.263 (0.932)	2.330** (2.185)	−10.832*** (−4.131)	2.082*** (5.109)
DOF		0.042*** (5.734)			−0.009*** (−4.839)	−0.005** (−1.964)	0.013** (2.413)
lnpop							6.052*** (5.996)
N	702	234	468	258	416	182	520

注：* 表示 $p<0.1$；** 表示 $p<0.05$；*** 表示 $p<0.01$。

第五节 实证研究结论与相关政策启示

一、实证研究结论

由前面的实证分析结果可看出,国家政治风险因素对中国在沿线国家的OFDI具有显著影响,但各个指标的影响程度和影响方式在不同模型之间存在较大差异。总体来说,"一带一路"沿线国家的政治风险因素对来自中国的直接投资的影响存在以下几个特点。

(一)投资环境(IP)、政府稳定性(GS)和法律制度(LO)对中国OFDI具有显著负向影响

在12个国家政治风险影响因素中,IP的影响最为明显,在所构建的7个面板回归分析模型中,除资源丰裕国家模型不显著外,IP在其余的6个模型中均存在显著的负向效应,表明投资回报是我国对外直接投资重要的关注因素,同时我国对沿线国家投资的逆向选择现象明显。另外,GS和LO也对我国OFDI具有负向效应,2个指标在所建立的7个模型中,两者均在5个模型中影响显著,其中GS在发展中国家模型和资源一般国家模型中不显著,而LO在发达国家模型和"一路"沿线国家模型中不显著,表明政府稳定性和法律法规健全程度是中国OFDI的重要关注点。同时,表明中国对"一带一路"沿线国家直接投资中的"逆向选择现象"仍比较突出,主要是因为我国企业近年来虽然取得了长足进步,但与欧美发达国家的跨国企业相比,很多方面仍然还比较弱小,与欧美企业的竞争中处于劣势,只能投资于政府稳定性差、法律法规相对不健全、投资回报率相对较低的国家和地区。

(二)民主问责(DA)、官僚体系质量(BQ)、腐败控制(COR)和宗教冲突(RT)对中国OFDI具有显著正向影响

DA在建立的5个模型中对中国OFDI具有正向显著影响,影响不显著的模型是资源丰裕国家模型和"一路"沿线国家模型;BQ在建立的4个模型中对中国OFDI具有显著正向影响,4个模型分别为全部国家模型、发达国家模型、资源丰裕国家模型和"一路"沿线国家模型;COR在建立的3个模型中对中国OFDI具有显著正向影响,3个模型分别为全部国家模型、发达国家模型和"一带"沿线国家模型。RT在2个模型中对中国OFDI具有显著正向影响,2个模

型分别为发展中国家模型和资源一般国家模型。这表明民主、政府管理质量、腐败控制是中国投资关注的重要指标，对中国 OFDI 具有正向影响，符合预期，宗教冲突对中国 OFDI 具有正向影响，笔者认为主要是沿线不少资源大国存在比较严重的宗教问题，但其对中国的资源需求非常重要，因此不得不进行逆向选择。

（三）社会经济状况（SC）和军人的政治地位（MP）在不同模型间存在差异

SC 和 MP 对中国 OFDI 存在显著影响，但在不同模型间存在显著差异，其中，SC 在资源丰裕国家模型对中国 OFDI 存在显著正向影响，在资源一般国家模型和"一带"沿线国家模型对中国 OFDI 存在显著负向效应；MP 在发达国家模型对中国 OFDI 存在显著正向效应，在"一带"沿线国家模型对中国 OFDI 存在负向效应。笔者认为主要是"一带一路"沿线涵盖的国家数量较多，导致两个变量对不同类型国家的影响不同所致。

（四）国内冲突（IC）、国外冲突（EC）和种族冲突（ET）3 个变量的影响相对较小

3 个变量均在 1 个模型中对中国 OFDI 存在显著影响，其中，IC 和 EC 分别在发展中国家模型和"一带"沿线国家模型中对中国 OFDI 存在负向影响，而 ET 在"一带"沿线国家模型中对中国 OFDI 存在正向影响。尽管 3 个变量的影响不大，但在进行投资决策时也要适当考虑，尽量做到防患于未然。

（五）控制变量中劳动力、FTA、伙伴关系、资源禀赋和中国对其出口对中国 OFDI 具有显著正向效应

首先，劳动力在除"一路"沿线国家模型的 6 个模型中均对中国 OFDI 存在显著正向效应，随着中国"人口红利"逐渐丧失，中国劳动力成本不断上升，是中国企业"走出去"的重要动因。其次，FTA 和伙伴关系在 5 个模型中对中国 OFDI 有显著促进作用，可见加大与沿线国家的 FTA 谈判力度和加强与沿线国家的双边关系应成为促进中国 OFDI 的重要落脚点。最后，资源禀赋和中国对其出口分别在 4 个模型和 3 个模型中对中国 OFDI 存在正向效应。

二、政策启示

由前面分析不难发现，国家政治风险因素对中国 OFDI 具有显著影响，为有效防范中国对外直接投资过程中面临的风险和挑战，维护我国跨国投资企业

的合法利益，保证"一带一路"建设顺利推进，增进"一带一路"沿线各国的共同福祉，应该采取以下几个方面的措施：

（一）各部委应加强协作，构建对外投资风险预警机制

目前，涉及中国企业对外直接投资的政策政出多门，各部委之间协作程度比较低，并且时不时出现不同部委间政策不协调现象，一旦东道国风险暴露将给中国投资企业带来不可估量的损失，比如前几年在利比亚就发生过类似情况，尽管撤侨及时避免了重大人员伤亡，但中国对利比亚的投资无疑损失惨重。在"一带一路"沿线国家地缘政治经济纷繁复杂的形势下，各部委之间通力协作，增强各部委之间的政策协调，构建对外投资风险预警机制显得尤为重要，防患于未然远优于风险暴露时止损。

（二）增强我国企业的政治风险防控能力

"一带一路"沿线国家地缘政治经济复杂，沿线各国存在诸如政府更迭、国有化、地区冲突等一系列政治风险，我国企业必须增强政治风险防控能力，才能在决策和风险暴露时审时度势，做出正确的投资决策，避免或降低投资损失。首先，要借鉴欧美企业风险防控经验，并与中国企业有效结合，开发适合中国企业的风险防控模型，提高中国企业的风险应对能力；其次，各大相关的国家部委要组织对相关跨国企业进行跨国风险的防范和控制培训，提升企业的风险防范意识，增强风险应对水平；最后，我国企业要加强合规建设，在东道国企业的投资操作要遵守东道国法律法规和风俗习惯，加强本土化建设。

（三）加强与沿线国家的多双边合作机制建设

前面的实证分析发现，FTA 和双边关系等控制变量对中国 OFDI 具有显著促进作用，这些多双边合作机制是对冲跨国投资时面临风险的重要手段。首先，要不断发展与"一带一路"沿线国家的双边关系，加强与沿线国家的领导互访，发挥首脑外交对双边关系的推动作用；其次，加强与沿线国家的 FTA 谈判，经验表明，FTA 对双边经贸往来促进作用显著，目前与中国签订 FTA 协议的沿线国家数量仅有 10 余个，还有很大的潜力可挖；再次，加强与沿线国家的互联互通建设，这是"一带一路"建设的要义所在，关乎沿线国家的共同福祉，应在风险可控的前提下加强与沿线国家的互联互通建设，与沿线国家逐渐形成利益共同体和命运共同体；最后，在亚投行、丝路基金、上海合作组织等多边机制中加强与沿线国家的协作与配合。

参考文献

[1] 高建刚. 经济一体化、政治风险和第三国效应对中国 OFDI 的影响 [J]. 财贸研究, 2011, 22 (5): 57-64.

[2] 明秀南, 阎虹戎, 冼国明. 中国 OFDI 的 Linder 假说: 基于二元边际的视角 [J]. 世界经济研究, 2019 (1): 70-80.

[3] 王海军. 政治风险与中国企业对外直接投资——基于东道国与母国两个维度的实证分析 [J]. 财贸研究, 2012, 23 (1): 110-116.

[4] 项本武. 东道国特征与中国对外直接投资的实证研究 [J]. 数量经济技术经济研究, 2009, 26 (7): 33-46.

[5] 协天紫光, 张亚斌, 赵景峰. 政治风险、投资者保护与中国 OFDI 选择——基于"一带一路"沿线国家数据的实证研究 [J]. 经济问题探索, 2017 (7): 103-115.

[6] 徐国伟, 刘一江. "一带一路"对我国企业 OFDI 区位选择的影响研究——以能源企业为例 [J]. 中国物价, 2018 (5): 17-19.

[7] 宗芳宇, 路江涌, 武常岐. 双边投资协定、制度环境和企业对外直接投资区位选择 [J]. 经济研究, 2012, 47 (5): 71-82.

[8] Aizenman J, Jinjarak Y, Zheng H. Chinese outwards mercantilism - the art and practice of bundling [J]. Journal of International Money and Finance, 2018 (86): 31-49.

[9] Blonigen B A, Piger J. Determinants of foreign direct investment [J]. The Canadian Journal of Economics, 2014, 47 (3): 775-812.

[10] Bénassy - Quéré A, Coupet M, Mayer T. Institutional determinants of foreign direct investment [J]. The World Economy, 2007, 30 (5): 764-782.

[11] Brewer, Thomas L. Government policies, market imperfections, and foreign direct investment [J]. Journal of International Business Studies, 1993, 24 (1): 101-120.

[12] Buckley P J, Clegg L J, Cross A R, et al. The determinants of Chinese outward foreign direct investment [J]. Journal of International Business Studies,

2009, 40 (2): 353-354.

[13] Chakrabarti A. The Determinants of Foreign Direct Investments: Sensitivity Analyses of Cross-Country Regressions [J]. Kyklos, 2001, 54 (1): 89-114.

[14] Dunning J H. Location and the multinational enterprise: A neglected factor? [J]. Journal of International Business Studies, 1998, 29 (1): 45-66.

[15] Dutta N, Roy S. Foreign direct investment, financial development and political risks [J]. The Journal of Developing Areas, 2011, 44 (2): 303-327.

[16] Fajgelbaum P D, Grossman G M, Helpman E. A Linder hypothesis for foreign direct investment [J]. Review of Economic Studies. 2015, 82 (1): 83-121.

[17] Lane P, Milesiferretti G M. International investment patterns [J]. The Review of Economics and Statistics, 2008 (3): 538-549.

[18] Root F R. The expropriation experience of American companies: What happened to 38 companies [J]. Business Horizons, 1968, 11 (2): 69-74.

[19] Salidjanova, Nargiza. Going out: An overview of China's outward foreign direct investment [R]. US-China Economic and Security Review Commission, 2011.

[20] Usher D. Political risk [J]. Economic Development and Cultural Change, 1965, 13 (4): 453-462.

[21] Wang F, Liu J, Cong S. Outward foreign direct investment and export performance in China [J]. Canadian Public Policy, 2017, 43 (S2): S72-S87.

[22] Wheeler D, Mody A. International investment location decisions: The case of U. S. firms [J]. Journal of International Economics, 1992, 33 (1-2): 57-76.

第四章

国际金融风险对中国 OFDI 影响研究——基于"一带一路"沿线 56 国实证分析*

第一节 引 言

自"一带一路"倡议提出以来,我国与沿线国家的经贸合作取得了重大进展,2013~2018 年,我国与沿线国家货物贸易进出口总额超过 6 万亿美元,占全部贸易总额的 27.4%,年均增长率超过了全部货物贸易增速,我国对沿线国家直接投资达 986.2 亿美元,年均增长率为 5.2%,在沿线国家完成对外承包工程营业额超过 4000 亿美元,吸引来自沿线国家的直接投资超过 400 亿美元[①]。据《2018 年度中国对外直接投资统计公报》统计,截至 2018 年末,中国在沿线国家投资企业超过 10000 家,2018 年我国对"一带一路"沿线国家实现直接投资 178.9 亿美元,同比下降 11.3%,占全部对外直接投资额的 12.5%,我国对外直接投资主要行业流向构成是:制造业 58.8 亿美元,批发和零售业 37.1 亿美元,电力生产和供应业 16.8 亿美元,科学研究和技术服务业 6 亿美元。国别直接投资排名前五位的国家分别为新加坡、印度尼西亚、马来西亚、老挝和越南。我国对外直接投资方式涉及新建投资、跨国并购和股权与非股权参与等多种方式。

---

* 本章的部分内容发表于《国际商务财会》2021 年第 3 期(与陈思佳合作)。

① 新华网.中国发表《共建"一带一路"倡议:进展、贡献与展望》报告[EB/OL]. http://www.xinhuanet.com/world/2019-04/22/c_1124399473.htm.

"一带一路"沿线涵盖的国家数量众多，并且大都是发展中国家，经济发展水平较低，对抗国际金融风险的能力较弱，而且其中的部分国家本身可能是国际金融风险的爆发点，东南亚金融危机便是很好的明证。国际金融风险离我们并不遥远，2008年发源于美国的全球金融危机席卷全球，至今仍有部分国家经济尚未完全复苏，2009年爆发的欧洲债务危机使部分欧洲国家和亚洲国家受到不同程度的波及。2020年新年伊始，美国发动了对伊拉克、叙利亚和黎巴嫩三国的空袭，中东地区笼罩在战争阴云之下，国际资本市场风声鹤唳，全球经济不确定性急剧上升，我国对上述三国及周边国家投资面临严重的政治风险与国际金融风险。受国内外政治经济形势的影响，部分沿线国家的经济发展存在较大波动，经济不确定性不断上升，部分国家还存在着较高的通货膨胀，如埃及、乌克兰、阿塞拜疆和土耳其等国，其中，2018年埃及的消费者价格指数环比增长高达29%以上，其他三国的消费者价格指数环比增长率也超过10%。这使得在沿线国家投资的中国企业可能暴露于国际金融风险之下。

"一带一路"沿线各国之间的民族文化纷繁复杂，不同国家间的经济发展阶段差异明显，沿线国家还存在诸如"不稳定之弧"以及"三股势力"的冲击，导致沿线各国地缘政治经济冲突不断，中国企业面临的投资风险形势也愈发严峻。为保证我跨国投资企业的合法利益，促进"一带一路"倡议的顺利实施，增进沿线国家人民的共同福祉，加强对"一带一路"沿线国家投资风险尤其是国际金融风险的防控势在必行。本章采用PRS发布的国家金融风险指标，探讨国际金融风险对中国跨国投资的影响，在此基础上提出切实可行的风险防范建议，以求为中国继续深化改革开放政策制定提供参考。

第二节　文献评述

随着"一带一路"倡议的顺利实施，"走出去"的中国企业数量逐年增长，面临的国际政治经济形势复杂多样。由于东道国或国际金融市场发生变化，使得中国企业暴露于国际金融风险之下，如果企业的风险意识不强或自身管理不善，可能招致对外投资损失。相对于政治风险、经济风险和社会风险而言，广大学者专门针对国际金融风险的研究相对较少，不少学者在研究国家经济风险时顺便涉及到国际金融风险，但随着全球经济和金融形势的复杂性增强，由国际金融风险发生所造成的破坏性也越来越大，国际金融风险开始引起广大学者和企业管理者的高度重视。

关于国际金融风险的度量方式，目前仍缺乏统一的标准和范式。不少研究文献从利率、汇率、外债、通胀率、经常账户余额等角度对国际金融风险进行度量和分析。有一部分学者构造了国际金融风险测度指标，一部分学者采用美国 PRS 集团发布的金融风险指数、欧洲货币指数、经济学家情报单位（EIU）风险指标、环球透视（GI）的国家营商风险指标、三大评级公司发布的评级报告、中国社科院发布的国别风险报告以及中国出口信用保险公司发布的国别风险报告等数据进行理论和实证研究，目前应用较多的是美国 PRS 发布的金融风险指数和经济学家情报单位（EIU）风险指标，本章也采用了美国 PRS 发布的金融风险指数。

关于国际金融风险对外商直接投资的影响，广大学者的观点主要分为两大类。

第一种观点认为，国际金融风险对外商直接投资具有显著影响，包括显著正向效应和显著负向效应，以哈里·拉姆查兰（Harri Ramcharran，1999）、尤新·金雅拉克（Yothin Jinjarak，2007）、穆罕默德·阿里等（Muhammad Ali, etc., 2014）、纳巴米塔·杜塔和圣朱克塔·罗伊（Nabamita Dutta & Sanjukta Roy，2014）、拉希姆·伊斯梅尔（Ibrahim Ismail，2017）、王海军和齐兰（2011）、王贞力和林建宇（2019）、方慧和宋玉洁（2019）、王永中和赵奇锋（2013）以及沈军和包小玲（2013）等为代表。哈里·拉姆查兰（Harri Ramcharran，1999）采用欧洲货币指数进行实证研究，探讨政治风险和经济风险与外商直接投资的关系，发现外商直接投资与这些风险之间存在显著相关关系，其中，政治风险表现为显著负相关，而经济风险表现为显著正相关。尤新·金雅拉克（2007）对美国跨国公司进行了研究，发现东道国宏观经济风险对跨国投资存在显著影响，其中对垂直投资比重较高行业的投资影响更为明显。穆罕默德·阿里等（2014）研究了金融风险对巴基斯坦吸引外资的影响，他们利用外债服务、汇率、外债和经常项目衡量金融风险，发现有效利用外债可以更好地吸引外资，而汇率和经常账户余额对外商直接投资存在负向效应。纳巴米塔·杜塔和圣朱克塔·罗伊（Nabamita Dutta & Sanjukta Roy，2014）认为，外商直接投资与东道国金融发展存在非线性关系，并且存在一定的阈值，只有金融发展超过阈值水平才会对外商直接投资产生正向效应，而金融发展水平达到阈值水平之前，会对外商直接投资产生负向效应，政治风险通过改变金融发展门槛水平对外商直接投资产生影响。拉希姆·伊斯梅尔（Ibrahim Ismail, 2017）通过对流向中东和北非的外商直接投资研究，发现政治风险、金融风险和经济风险对外商直接投资具有显著的重大影响，企业应该增强风险意识，并制定企业风险防范管理计划。

王海军和齐兰（2011）从宏观经济和金融风险角度分析了国家经济风险对中国 OFDI 的影响，发现经济风险对中国 OFDI 存在显著的负向影响，并提出构建风险评估预警系统和多双边保护体系的建议。王海军和高明（2012）分析了经济风险和金融风险对中国 OFDI 的影响，发现经济风险和金融风险都对中国 OFDI 存在负影响，其中，经济风险的负向影响更为显著。杨娇辉等（2015）引入 EIU 风险指标，考察系统性银行风险、经济结构风险、汇率风险和主权债务风险等金融风险和政治风险对中国 OFDI 的影响，发现中国大量投资于风险较高的国家或地区，主要是基于资源需求和自身比较优势所致，所谓的风险偏好悖论并不存在，中国对外直接投资仍表现为风险规避性。方慧和宋玉洁（2019）研究了"一带一路"沿线 43 国的综合及政治军事风险、经济金融风险和社会文化风险对中国 OFDI 的影响，发现综合及政治军事风险和社会文化风险是其主要的影响因素，中国投资存在明显的风险偏好特征。王永中和赵奇锋（2013）分析了中国对 115 国的投资数据，发现中国对外直接投资存在风险偏好特征，中国投资整体上偏好于政治风险、经济风险和金融风险较高的国家，但分发展阶段分组看，中国倾向于投资政治风险和经济风险高的发达国家及发展中国家，而对金融风险的偏好不明显。沈军和包小玲（2013）利用 PRS 集团数据，研究了国家风险对中国在非洲直接投资的影响，发现中国对非洲投资具有显著的风险偏好特征，尤其对股票市场发达的国家具有很强的金融风险偏好性。

第二种观点认为，国际金融风险对外商直接投资的影响不显著或不具有显著统计学意义，以早川和信等（Kazunobu Hayakawa etc., 2013）、梅赫迈特·哈内菲·托帕拉和兹勒姆（Mehmet Hanefi Topala & Özlem S. GÜL, 2016）及王贞力和林建宇（2019）等为代表。早川和信等（2013）分析了 89 国 1985 ~ 2007 年数据，探讨政治风险和金融风险对外商直接投资的影响，发现政治风险对外商直接投资具有负向影响，但较低的金融风险并不能吸引更多的外资进入，对于发展中国家尤其如此。梅赫迈特·哈内菲·托帕拉和兹勒姆（2016）构建了三个模型分析 49 个发展中国家数据，发现国家风险降低增加了外商直接投资的流入，按风险类型分组看，政治风险和经济风险降低对外商直接投资具有正向影响，但金融风险的影响不具有统计意义。王贞力和林建宇（2019）从汇率、利率、通胀率和金融基础设施角度分析了金融风险与中国在东盟投资的关系，发现汇率、利率和通胀率与中国投资负相关，而金融基础设施的影响不确定，认为应该继续推进人民币国际化。

近年来，东道国和全球经济金融形势不断变幻，加上中美贸易摩擦也仍存在很多不确定性，"走出去"的中国企业面临的国际金融风险不断增加，为有效防控对外直接投资金融风险，维护我国企业的正当合法经济权益，本章将在以往研究的基础上，构建中国对外直接投资区位选择实证模型，探讨国际金融风险对中国 OFDI 的影响，以求提出切实有效的金融风险防控建议，为中国对外投资政策制定和金融开放提供决策参考。

第三节　实证分析模型构建

一、计量经济模型

为考察国际金融风险对中国 OFDI 的影响，依据"一带一路"沿线国家的数据质量和数据可得性，本章选择其中的 56 国作为研究样本，选择的因变量为中国对外直接投资存量，核心自变量为 PRS 集团发布的国际金融风险指标，构建了区位选择实证分析模型，以求提出国际金融风险防控建议。构建的计量经济模型如下所示：

$$\ln OFDI = \beta_0 + \sum_{i=1}^{5} \beta_i \times Ifr_i + \sum_{j=6}^{16} \beta_j \times Control_j + \varepsilon$$
$$i = 1,2,\cdots,5, j = 6,7,\cdots,16 \tag{4-1}$$

式中，Ifr_i 为国际金融风险指标，包括外债的本金和利息偿还额占出口额的比例（Debtserv）、经常账户余额占总出口百分比（Caxgs）、汇率稳定度（Xrstab）、净国外流动性资产与月度进口额的比率（Intliq）5 项指标，5 项指标由美国 PRS（Political Risk Services Group）集团构建，具体取值范围如表 4-1 所示；式中的 $Control_j$ 变量为模型的控制变量，具体包括国内生产总值（GDP）、人口（POP）、劳动力（L）、贸易依存度（DOF）、"一带"还是"一路"（YDYL）、是否是发达国家（SFFDGJ）、资源禀赋（RE）、中国与各国贸易额（Ctrade）、是否与中国签订自贸协定（FTA）、是否与中国接壤（SFJR）和是否与中国签订双边投资协定（BIT）等。

二、变量选择

本章所涉及的国际金融风险指标来自美国 PRS 集团，其他指标分别来自世界银行的世界发展指标、中国对外直接投资统计公报（2003～2017）和 IMF 数据库，本研究所涉及的变量和处理方式如表 4-1 所示。鉴于中国对外直接投资国别统计数据从 2003 年开始，并考虑到其他指标的可得性与数据质量，样本区间选择 2003～2017 年。为消除价格影响，对其中的价值指标采用 CPI 进行价格平减，为在一定程度上消除异方差的影响，对部分总量指标取了对数。

表 4-1　　　　　　　　变量名称、代码和相关处理

变量类型	变量名	预期符号	备注	变量来源
因变量	中国对外直接投资存量（OFDI）		利用 CPI 平减	中国对外直接投资统计公报
核心自变量	外债占 GDP 的比例（Fordebt）		取值范围 0~10	PRS 集团
	外债的本金和利息偿还额占出口额的比例（Debtserv）		取值范围 0~10	
	经常账户余额占总出口百分比（Caxgs）		取值范围 0~15	
	汇率稳定度（Xrstab）		取值范围 0~10	
	净国外流动性资产与月度进口额的比率（Intliq）		取值范围 0~5	
控制变量	国内生产总值（GDP）	+	利用 CPI 进行价格平减	世界发展指标
	人口（POP）	+		
	劳动力（L）	+		
	贸易依存度（DOF）	+	进出口总额/GDP	
	"一带"还是"一路"（YDYL）	+		
	是否是发达国家（SFFDGJ）	+	1=发达国家，0=发展中国家	
	资源禀赋（RE）	+		
	中国与各国贸易额（Ctrade）	+	利用 CPI 进行价格平减	
	是否与中国签订自贸协定（FTA）	+	0=没有，1=正在谈判，2=签订并实施	
	是否与中国接壤（SFJR）	+	1=与中国接壤，0=与中国不接壤	
	是否与中国签订双边投资协定（BIT）	+		

(一) 因变量——中国对"一带一路"沿线国家直接投资存量

中国对"一带一路"沿线国家直接投资是分析的因变量,但对外直接投资流量数据中有相当多的数据为负值,直接处理可能使得模型估计的不确定性增加,因而选择了统计较为齐全的对外直接投资存量数据作为因变量,但仍有少数取值为 0,若直接取对数会产生数据缺失,且样本的自选择问题也需要考虑,本章借鉴贝纳西·奎雷(Bénassy - Quéré,2007)以及莱恩和米莱西·费雷蒂(Lane & Milesi - Ferretti,2008)的做法,将原始变量求平方加 1 后再开方,然后取对数,即 $\ln OFDI^* = \ln \sqrt{(OFDI^2 + 1)}$,本章借鉴这种方式对存量指标进行处理。

(二) 核心解释变量——国际金融风险指标

为分析国际金融风险对中国投资的影响,选择的核心解释变量是国际金融风险指标,指标取自 PRS 集团编制的国家风险国际指南(ICRG),具体包括外债占 GDP 的比例(Fordebt)、外债的本金和利息偿还额占出口额的比例(Debtserv)、经常账户余额占总出口百分比(Caxgs)、汇率稳定度(Xrstab)和净国外流动性资产与月度进口额的比率(Intliq)5 个风险分数指标。这 5 个风险分数指标均为正指标,即风险分数越高,所面临的国际金融风险越小。外债占 GDP 的比例(Fordebt)指标用来衡量国家的外债负债率,为外债年末余额占 GDP 比值,该指标所对应风险分数取值范围为 0~10;外债的本金和利息偿还额占出口额的比例(Debtserv)指标衡量国家的外债偿还能力,用外债还本付息额占货物和服务总出口比值表示,该指标所对应风险分数取值范围为 0~10;经常账户余额占总出口百分比(Caxgs)指标,对应的风险分数取值范围为 0~15;汇率稳定度(Xrstab)指标用来衡量一国汇率的波动情况,对应的风险分数取值范围为 0~10;净国外流动性资产与月度进口额的比率(Intliq)指标用来衡量一个国家的国际流动性水平,对应的风险分数取值范围为 0~5。

(三) 重要的控制变量

本章主要是为考察国际金融风险因素对中国 OFDI 的影响,为使模型的估计更加稳健和可靠,我们控制了具有重要影响的指标,具体包括以下几个。

(1) 反映东道国经济社会发展情况的指标:国内生产总值(GDP)、人口(POP)、劳动力(L)、贸易依存度(DOF)、资源禀赋(RE)、是否是发达国家(SFFDGJ)和"一带"还是"一路"(YDYL)。其中,对国内生产总值(GDP)采用 CPI 进行价格平减,为在一定程度上消除异方差性,对其中的总量指标进行对数变换,分别用 lnGDP、lnPOP 和 lnL 表示。贸易依存度(DOF)是进出口贸易与 GDP 的比值，用以反映各国的对外开放程度；资源禀赋（RE）用以反映资源的丰裕程度，为矿石和金属出口和能源出口总额占总出口的比重；另外，根据国际货币基金组织的标准对各东道国的发展阶段进行区分，分别为发展中国家和发达国家进行了分组建模；按照各国地理位置不同进行分类，即"丝绸之路经济带"沿线国家和"21 世纪海上丝绸之路"沿线国家进行分组建模。这些指标都可能促进中国对外直接投资的发展，因此预期他们对中国 OFDI 的影响为正。

（2）反映各国与中国经贸和地缘关系的变量：中国与各国贸易额（Ctrade）、是否与中国签订自贸协定（FTA）、是否与中国接壤（SFJR）和是否与中国签订双边投资协定（BIT）。为消除价格影响，利用 CPI 对中国与各国贸易额（Ctrade）进行价格平减，并对其取对数为 lnCtrade。对外直接投资是更深层次的合作，需要对东道国的情况加深了解，发展双边经贸关系是熟悉东道国经济社会发展的重要手段之一。根据国际投资理论，进行对外直接投资往往按照先近后远、依次推进的方式进行，因此，预期各变量对中国 OFDI 均具有正向影响。

为考察各变量的基本情况，首先进行描述统计分析（见表 4 - 2）。不难发现，中国对外直接投资存量有部分取值为 0，并且中国对各国直接投资存在很大差异。GDP、POP、L、Ctrade 等指标在不同东道国之间差异比较明显。贸易依存度（DOF）在不同国家之间存在很大差异，最小值仅为 0.167%，最大值高达 437.327%。资源禀赋在不同国家之间的差异也很明显，最小值仅为 0.347%，而最高值高达 97.371%。

表 4 - 2　　　　　　　　　　主要变量描述统计分析

变量	样本量	均值	标准差	最小值	中位数	最大值
OFDI	840	123643	347627	0	10057	4.46E+06
BIT	838	1.797	0.592	0	2	2
Debtserv	837	8.997	1.317	1	9.5	10
Fordebt	840	5.925	2.28	0	6	10
Gaxgs	840	11.96	1.466	5.417	12	15
Intliq	840	2.322	1.39	0	2.292	5

续表

变量	样本量	均值	标准差	最小值	中位数	最大值
Xrstab	840	9.407	1.056	1.667	9.792	10
FTA	840	0.358	0.638	0	0	2
GDP	840	5.36E+11	9.55E+11	1.60E+09	1.66E+11	6.20E+12
L	840	2.53E+07	6.36E+07	1.95E+05	5.42E+06	5.05E+08
DOF	825	99.82	64.39	0.167%	86.56	437.3%
POP	840	5.99E+07	1.66E+08	4.52E+05	1.31E+07	1.34E+09
Ctrade	840	2.61E+06	4.94E+06	6.49E+02	6.89E+05	3.43E+07
SFFDGJ	840	0.357	0.479	0	0	1
SFJR	840	0.125	0.331	0	0	1
RE	839	26.9	30.37	0.347%	11.64	97.37%
YDYL	840	1.714	0.452	1	2	2

资料来源：利用统计软件 Stata 15.1 计算得出。

第四节 实证分析结果

一、实证分析模型选择

自由度不足是实证分析中经常面临的问题，而面板数据模型可以有效解决这一问题，故应用越来越广泛。固定效应模型和随机效应模型是经常采用的面板数据模型。一般采用豪斯曼检验判断采用哪种模型更为合适，其检验的原假设 H_0 为应该采用随机效应模型，构建卡方统计量进行豪斯曼检验，如下：

$$H = (\hat{\theta} - \tilde{\theta})'[Var(\hat{\theta}) - Var(\hat{\theta})]^{-1}(\hat{\theta} - \tilde{\theta}) \sim \chi^2(k) \quad (4-2)$$

式中，$\hat{\theta}$ 为约束模型估计，$\tilde{\theta}$ 为非约束模型估计。若 $H > \chi^2_\alpha(k)$，拒绝原假设，即应该采用固定效应模型；反之，若 $H < \chi^2_\alpha(k)$，则不能拒绝原假设，即应该采用随机效应模型。

利用统计软件 Stata 15.1 进行豪斯曼检验（见表 4-3），不难发现，所建立的 7 个模型的豪斯曼检验的卡方统计量都比较大，其中，卡方统计量最小的是资源一般国家模型（$\chi^2 = 37.970$），相应 P 值为 0.003，其他模型豪斯曼检验的 p 值均小于 0.001，因此，当显著性水平为 $\alpha = 0.01$ 时，应该拒绝原假设，即应该采用固定效应模型进行实证研究。

表 4-3　　　　　　　　　　　豪斯曼检验

统计量	全部国家模型	发达国家模型	发展中国家模型	资源丰裕国家模型	资源一般国家模型	"一带"国家模型	"一路"国家模型
卡方统计量	67.950	41.500	52.390	46.160	37.970	112.760	78.370
p 值	0.000	0.000	0.000	0.000	0.003	0.000	0.000

资料来源：利用统计软件 Stata 15.1 计算得出。

二、固定效应模型估计结果

根据豪斯曼检验结果，构建固定效应模型进行实证检验，首先构建全部国家固定效应模型。由于"一带一路"沿线包含的国家数量众多，既包括数量较多的发展中国家，同时包括部分发达国家。中国对发展中国家和发达国家的投资动机存在明显差异，因此在对全部国家分析的基础上，又按经济发展阶段进行了分类建模，分别构建了发达国家模型和发展中国家模型。"一带一路"沿线国家中有部分国家属于资源丰裕国家，如科威特、伊拉克、伊朗等，但大部分国家属于资源一般国家，因此，又按资源丰裕程度进行了分类建模，分别构建了资源丰裕国家模型和资源一般国家模型。"一带一路"是"丝绸之路经济带"和"21世纪海上丝绸之路"的合称，其中"丝绸之路经济带"沿线大都是内陆国家，而"21世纪海上丝绸之路"沿线大多是海洋国家，这两种类型国家的经济发展方式存在着明显差异。中国对这两类国家的直接投资也可能存在明显差异，因此，根据国家所处的地理位置进行了分类建模，分别构建了"一带"沿线国家模型和"一路"沿线国家模型。本章采用统计软件 Stata 15.1 进行固定效应模型估计，具体估计结果如表 4-4 所示。

表 4-4　　固定效应模型估计结果

变量	全部国家模型	发达国家模型	发展中国家模型	资源丰裕国家模型	资源一般国家模型	"一带"国家模型	"一路"国家模型
C	-47.565*** (-6.229)	-68.676*** (-3.524)	-8.258*** (-5.695)	-6.939*** (-3.682)	-90.176*** (-5.735)	-224.861*** (-9.073)	-41.883*** (-6.923)
Debtserv	0.115** (2.577)	-0.008 (-0.062)	0.129*** (2.960)	0.034 (0.458)	0.155*** (2.833)	0.403*** (3.324)	0.137*** (2.985)
Fordebt	0.01 (0.294)	-0.091 (-1.238)	-0.009 (-0.255)	-0.004 (-0.096)	-0.026 (-0.563)	-0.623*** (-6.986)	-0.068** (-2.066)
Gaxgs	0.025 (0.513)	0.075 (0.475)	0.051 (1.158)	0.124** (2.109)	0.004 (0.050)	0.398*** (3.653)	-0.104* (-1.919)
Intliq	0.053 (0.904)	0.079 (0.560)	0.057 (1.011)	-0.06 (-0.809)	0.160** (2.032)	0.036 (0.254)	0.143** (2.365)
Xrstab	-0.124*** (-2.940)	-0.163 (-1.295)	-0.076* (-1.942)	-0.016 (-0.300)	-0.177*** (-2.979)	-0.345*** (-3.689)	-0.136*** (-2.927)
lnCtrade	0.516*** (3.215)	0.975*** (3.184)	0.937*** (8.331)	0.934*** (6.238)	0.721*** (3.557)		1.530*** (13.343)
BIT	0.667** (2.538)		0.722*** (2.968)		0.726** (2.162)	1.315* (1.897)	1.058*** (3.825)
ydyl	0.098*** (9.690)	0.158*** (8.369)	0.107*** (12.007)	0.128*** (10.079)	0.063*** (5.111)		
lngdp	0.705** (2.551)	2.359*** (2.941)			0.865** (2.075)	3.080*** (6.624)	
lnl	1.626*** (3.730)				3.863*** (4.111)		1.775*** (4.467)
sffdgj	0.188*** (8.983)			0.262** (2.146)	0.185*** (7.617)		0.225*** (11.292)
RE	0.024*** (3.129)		0.019*** (2.671)				
DOF	0.015*** (5.016)				0.021*** (5.807)	0.048*** (8.968)	

续表

变量	全部国家模型	发达国家模型	发展中国家模型	资源丰裕国家模型	资源一般国家模型	"一带"国家模型	"一路"国家模型
FTA			0.487*** (2.651)	0.784*** (2.650)			0.570*** (3.421)
sfjr				0.073** (2.294)			
lnpop						9.283*** (5.281)	
N	819	300	534	257	580	235	600
R^2	0.692	0.642	0.689	0.733	0.693	0.620	0.691
$\bar{R}^2$	0.665	0.607	0.660	0.696	0.661	0.577	0.664

注：①括号里面的数字为 t 统计量，星号标注的含义为：* 表示 $p<0.1$；** 表示 $p<0.05$；*** 表示 $p<0.01$。②为在固定效应模型中加入 SFFDGJ、SFJR 和 YDYL 等不随时间变化的指标，将其与时间 t 进行了交乘处理，模型中采用小写字母来进行表示。

三、固定效应模型结果分析

（一）全部国家模型分析

为分析国际金融风险对中国对"一带一路"沿线国家直接投资的影响，本章对"一带一路"沿线的全部国家数据进行研究。由于数据可得性和各国的数据质量，剔除了部分数据不全或数据质量较差的部分国家，本章构建的全部国家模型包括了 56 个"一带一路"沿线国家。

由表 4-4 中第一列的全部国家模型结果可以看出，外债的本金和利息偿还额占出口额的比例（Debtserv）和汇率稳定度（Xrstab）2 个国际金融风险变量对中国 OFDI 具有显著影响。其中，外债的本金和利息偿还额占出口额的比例（Debtserv）对中国 OFDI 具有正向效应，表明中国进行对外直接投资时比较看重东道国的外债偿还能力，偏好投资于国际金融风险较小的国家，与预期相符。而汇率稳定度（Xrstab）对中国 OFDI 存在负向效应，与预期相悖，笔者认为与欧美老牌跨国投资企业相比，中国跨国企业的国际竞争力相对较弱，中国对外直接投资存在"逆向选择"现象，并且部分国有企业可能出于国家战略目的而投资若干汇率波动频繁的国家，比如伊拉克、伊朗等资源丰裕国家。控制变量中的中国与各国贸易额对数值（lnCtrade）、是否与中国签订双边投资协定（BIT）、"一带"还是"一路"（ydyl）、国内生产总值对数值（lngdp）、劳动力对数值（lnl）、是否是发达国家（sffdgj）、资源禀赋（RE）和贸易依存度（DOF）对中国在"一带一路"沿线国家的直接投资均存在正向促进效应，与预期相符。

（二）按国家发展程度分组分析结果

中国进行对外直接投资主要基于市场寻求动机、资源寻求动机、技术寻求动机和劳动力寻求动机4种投资动因（邓宁（Dunning, 1998）），一般对发达国家的投资可能主要基于市场寻求动机和技术寻求动机，而对发展中国家的投资可能主要基于市场寻求动机、资源寻求动机和劳动力寻求动机。因此，按照经济发展程度不同（IMF划分标准），本章分别构建了发达国家模型和发展中国家模型进行分组研究，其中，发达国家包括比利时、德国、法国和英国等20个国家，发展中国家包括阿尔巴尼亚、埃及、蒙古国和土耳其等36个国家。

1. 发达国家模型分析

由表4-4中第2列中发达国家模型的实证结果可以看出，国际金融风险指标对中国在"一带一路"沿线国家直接投资的影响均不显著，笔者认为主要是因与发展中国家相比，发达国家经济实力较强，技术比较先进，金融市场和金融系统相对比较先进，金融监管比较严格。尽管进入21世纪以来，欧美发达国家已经发生过几次金融危机，如2008年发源于美国的全球金融危机以及2009年爆发的欧债危机等，但与广大发展中国家相比发达国家的金融风险相对较小，中国对其投资可能主要基于技术寻求动机和市场需求动机，对其国际金融风险的关注较少。控制变量中的中国与各国贸易额对数值（lnCtrade）、"一带"还是"一路"（ydyl）和国内生产总值对数值（lngdp）对中国在"一带一路"沿线国家的直接投资均存在正向促进效应，与预期相符。

2. 发展中国家模型分析

由实证分析结果可以看出，外债的本金和利息偿还额占出口额的比例（Debtserv）和汇率稳定度（Xrstab）2个国际金融风险指标对中国OFDI具有显著影响，其中，Debtserv对中国OFDI具有正向效应，表明中国对外直接投资比较关注东道国的外债偿还能力，与预期相符，而汇率稳定度（Xrstab）对中国OFDI存在负向效应，其原因同全部国家模型。控制变量中的中国与各国贸易额对数值（lnCtrade）、是否与中国签订双边投资协定（BIT）、"一带"还是"一路"（ydyl）、资源禀赋（RE）和是否与中国签订自贸协定（FTA）对中国在"一带一路"沿线国家的直接投资均存在正向促进效应，与预期相符。

（三）按资源丰裕程度分组分析结果

伴随中国经济的快速发展，中国需要的能源和资源也逐年增长，国内资源已经远远不能满足需求，资源寻求开始变成我国进行对外投资的重要动机之一。但沿线各国资源的丰富程度存在很大差异，中国对资源丰裕国家投资的资源寻求动机明显，而对于资源一般国家投资的动机可能主要是寻求先进技术、扩大商品市场或者是利用其丰富的劳动力。我国对这两类国家的投资关注点存在很大不同，因此为了区分两类国家的投资差异性，本章按资源丰裕程度不同将其划分为资源丰裕国家和资源一般国家，分组构建了实证分析模型。

1. 资源丰裕国家模型分析

由前面的模型结果可以看出，国际金融风险指标中的经常账户余额占总出口百分比（Caxgs）对中国OFDI具有显著正向效应，与预期相符。控制变量中的中国与各国贸易额对数值（lnCtrade）、"一带"还是"一路"（ydyl）、是否是发达国家（sffdgj）、是否与中国签订自贸协定（FTA）和是否与中国接壤（sfjr）对中国在"一带一路"沿线国家的直接投资均存在正向促进效应，与预期相符。

2. 资源一般国家模型分析

由前面的模型结果不难发现，国际金融风险变量中的外债的本金和利息偿还额占出口额的比例（Debtserv）、外债占GDP的比例（Fordebt）和汇率稳定度（Xrstab）对中国OFDI具有显著影响，其中，Debtserv对中国OFDI具有正向效应，表明中国企业比较关注国际金融风险的防范，与预期相符。而外债占GDP的比例（Fordebt）和汇率稳定度（Xrstab）对中国OFDI具有负向效应，表明资源一般国家较高的债务水平会对中国OFDI产生阻碍作用，汇率稳定度（Xrstab）对中国OFDI作用方向与预期相悖，其原因同全部国家模型。控制变量中的中国与各国贸易额对数值（lnCtrade）、是否与中国签订双边投资协定（BIT）、"一带"还是"一路"（ydyl）、国内生产总值对数值（lngdp）、劳动力对数值（lnl）、是否是发达国家（sffdgj）和贸易依存度（DOF）对中国在"一带一路"沿线国家的直接投资均存在正向促进效应，与预期相符。

（四）按地理位置分组分析结果

内陆经济和海洋经济两种经济发展模式存在较大差异，中国与"丝绸之路经济带"沿线国家主要通过陆路联系，而与"21世纪海上丝绸之路"沿线国家主要通过海路联系，陆路运输和海路运输的时效和成本存在较大差异。中国对这两类国家的投资关注点也有很大不同，因此区分为"一带"沿线国家和"一路"沿线国家进行分组建模，以便提出更有针对性的意见和建议。

1. "一带"沿线国家模型分析

由前面的模型结果可以看出，国际金融风险变量中的外债的本金和利息偿还额占出口额的比例（Debtserv）、外债占GDP的比例（Fordebt）、经常账户余额占总出口百分比（Caxgs）和汇率稳定度（Xrstab）对中国OFDI具有显著影响，其中，外债的本金和利息偿还额占出口额的比例（Debtserv）和经常账户余额占总出口百分比（Caxgs）对中国OFDI具有正向效应，与预期相符，而外债占GDP的比例（Fordebt）和汇率稳定度（Xrstab）对中国OFDI存在负向效应，与预期不一致，其原因与全部国家模型类似，表明中国对"一带"沿线国家投资存在着明显的"逆向选择"现象，这与"一带"沿线国家的发展程度较低，金融风险防范能力较弱有很大关系。控制变量中的是否与中国签订双边投资协定（BIT）、国内生产总值对数值（lngdp）、贸易依存度（DOF）和人口对数值（lnpop）对中国在"一带一路"沿线国家的直接投资均存在正向促进效应，与预期相符。

2. "一路"沿线国家模型分析

由前面的模型结果可以看出，国际金融风险变量中的外债的本金和利息偿还额占出口额的比例（Debtserv）、外债占GDP的比例（Fordebt）、经常账户余额占总出口百分比（Caxgs）、净国外流动性资产与月度进口额的比率（Intliq）、汇率稳定度（Xrstab）对中国在沿线国家投资具有显著影响，其中，外债的本金和利息偿还额占出口额的比例（Debtserv）和净国外流动性资产与月度进口额的比率（Intliq）对中国OFDI具有正向效应，与预期相符，而外债占GDP的比例（Fordebt）、经常账户余额占总出口百分比（Caxgs）和汇率稳定度（Xrstab）对中国OFDI存在负向效应，与预期不一致，其原因与全部国家模型类似，我国对"一路"沿线国家投资存在"逆向选择"。控制变量中的中国与各国贸易额对数值（lnCtrade）、是否与中国签订双边投资协定（BIT）、劳动力对数值（lnl）、是否是发达国家（sffdgj）和是否与中国签订自贸协定（FTA）对中国在"一带一路"沿线国家的直接投资均存在正向促进效应，与预期相符。

四、模型的稳健性检验

在建模过程中,由于遗漏变量偏差、经典测量误差和联立性(反向因果)等原因导致解释变量存在内生性,可能会使得 OLS(或 MLE)估计结果有偏,经验结果存在多种解释而不是"因果"推断,内生性问题已经成为困扰经济研究的重要问题。在实证分析过程中,本章直接将国家金融风险指标纳入了面板数据模型中,可能会导致内生性问题。选择合适工具变量进行稳健性检验是经常采用的方式,利用控制变量中的中国与各国贸易量的滞后一期分别作为工具变量进行估计,得表 4-5 所示结果。可以看出,经检验后与前面建立的固定效应模型相比国际金融风险指标的系数没有明显变化,表明互为因果的内生性问题影响并不明显,因而前文分析中采用固定效应模型进行估计是比较稳健的。

表 4-5　　　　　　　　　　国际金融风险工具变量估计

变量	全部国家模型	发达国家模型	发展中国家模型	资源丰裕国家模型	资源一般国家模型	"一带"国家模型	"一路"国家模型
C	-32.356*** (-3.619)	-42.974* (-1.915)	-7.646*** (-4.324)	-8.899*** (-4.213)	-99.945*** (-5.477)	-181.395*** (-6.123)	-41.054*** (-6.681)
lnCtrade	1.069*** (4.396)	1.902*** (4.645)	0.959*** (6.826)	1.196*** (6.728)	1.331*** (4.299)	1.945*** (4.848)	1.591*** (11.004)
Debtserv	0.105** (2.367)	-0.004 (-0.035)	0.109*** (2.626)	0.082 (1.223)	0.120** (2.100)	0.174 (1.290)	0.118*** (2.731)
Fordebt	0.007 (0.194)	-0.058 (-0.705)	-0.013 (-0.386)	-0.034 (-0.837)	-0.023 (-0.452)	-0.336*** (-2.906)	-0.057* (-1.742)
Gaxgs	0.010 (0.210)	-0.049 (-0.295)	0.040 (0.953)	0.052 (0.959)	-0.011 (-0.134)	0.386*** (3.327)	-0.100* (-1.939)
Intliq	0.092 (1.560)	0.243* (1.657)	0.056 (1.029)	-0.066 (-0.951)	0.183** (2.194)	0.062 (0.411)	0.141** (2.422)
Xrstab	-0.102** (-2.374)	-0.132 (-1.048)	-0.073* (-1.901)	-0.045 (-0.888)	-0.149** (-2.398)	-0.276*** (-2.813)	-0.144*** (-3.221)

续表

变量	全部国家模型	发达国家模型	发展中国家模型	资源丰裕国家模型	资源一般国家模型	"一带"国家模型	"一路"国家模型
BIT	0.557* (1.826)		0.695** (2.472)		0.558 (1.228)	0.982 (0.919)	0.887*** (3.027)
ydyl	0.071*** (6.026)	0.136*** (6.465)	0.097*** (10.736)	0.111*** (8.964)	0.038** (2.554)		
lngdp	−0.203 (−0.576)	0.947 (1.008)			−0.118 (−0.221)	−0.021 (−0.026)	
lnl	1.764*** (3.772)				5.646*** (5.174)		1.707*** (4.113)
sffdgj	0.208*** (9.409)			0.366*** (3.672)	0.184*** (6.638)		0.228*** (11.205)
DOF	0.009** (2.552)				0.017*** (4.081)	0.038*** (6.004)	
RE	0.013* (1.683)		0.010 (1.518)				
FTA			0.394** (2.144)	0.320 (1.057)			0.433** (2.671)
sfjr				0.050 (1.605)			
lnpop						9.980*** (5.170)	
N	765	280	499	261	495	220	560

注：括号里面的数字为 t 统计量，星号标注的含义为：* 表示 $p<0.1$；** 表示 $p<0.05$；*** 表示 $p<0.01$。

第五节　研究结论与相关政策启示

一、实证研究结论

通过实证分析结果可以看出，国际金融风险因素对中国在"一带一路"沿线国家的直接投资存在显著影响，但不同的国际金融风险指标的影响在不同模型中存在较大差异。总体而言，国际金融风险指标对来自中国的直接投资的影响存在以下几个特点。

（一）东道国债务偿还能力对中国在沿线国家直接投资具有显著的正向效应

在5个国际金融风险指标中，外债的本金和利息偿还额占出口额的比例（Debtserv）以及净国外流动性资产与月度进口额的比率（Intliq）的系数为正值。其中，外债的本金和利息偿还额占出口额的比例（Debtserv）指标在所建立的7个模型中除发达国家模型和资源丰裕国家模型外的5个模型中显著为正值，净国外流动性资产与月度进口额的比率（Intliq）指标在资源一般国家模型和"一路"国家模型中显著，表明东道国的债务偿还能力对来自中国的直接投资具有显著促进作用。随着对外开放的不断发展，我国企业在"走出去"的过程中，在对外投资时开始重视东道国的债务偿还能力，风险防范意识不断增强，重视对金融风险的防控。

（二）汇率稳定度（Xrstab）和外债占GDP的比例（Fordebt）对中国在沿线国家直接投资具有显著负向效应

其中，汇率稳定度（Xrstab）在5个模型中对中国在沿线国家直接投资具有显著负向影响，仅在发达国家模型和资源丰裕国家模型中影响不显著。外债占GDP的比例（Fordebt）在2个模型中对中国投资具有负向显著影响，两个模型分别为"一带"国家模型和"一路"国家模型。笔者认为主要由于"一带一路"沿线国家数量众多，有相当数量的发展中国家的汇率波动比较频繁，甚至发生过较大的汇率波动，如土耳其、俄罗斯、伊朗、乌克兰等，但这些国家在中国对外直接投资中又占据了比较重要的地位。沿线国家中相当数量的国家存在外债占GDP百分比较高问题，但他们又是最缺乏国际融资能力的国家，很难得到欧美发达国家和世界银行、IMF等国际组织的投资，这对于中国企业而言，风险与收益并存，中国对沿线国家的投资存在明显的"逆向选择"问题，需要重点关注防控其所面临的金融风险。

（三）经常账户余额占总出口百分比（Caxgs）在不同模型间存在显著差异

其中，经常账户余额占总出口百分比（Caxgs）在资源丰裕国家模型和"一带"国家模型中对中国OFDI存在正向促进作用，表明中国对资源丰裕国家和"一带"国家的投资更倾向于风险较小的国家，而其在"一路"国家模型中对中国OFDI存在负向效应。笔者认为，主要是"一带一路"沿线国家数量众多，从而导致其在不同类型国家中所起的作用存在明显差异。

（四）控制变量中的中国与各国贸易、BIT、"一带"国家还是"一路"国家、GDP、劳动力、是否发达国家、资源禀赋、贸易依存度、FTA、是否接壤、人口对中国在"一带一路"沿线国家直接投资具有显著正向效应

首先，中国与各国贸易在除"一带"沿线国家模型外的其余模型中均对中国OFDI存在正向效应。BIT和"一带"国家还是"一路"国家分别在5个模型中存在正向效应。是否是发达国家和GDP分别在4个模型中对中国OFDI的影响为正。其次，劳动力、贸易依存度和FTA在3个模型中对中国OFDI的影响为正。最后，资源禀赋在2个模型中存在正向效应，是否接壤和人口对中国OFDI的影响为正。

二、政策启示

实证分析结果可以看出，国际金融风险对中国在"一带一路"沿线国家的直接投资存在显著影响，为有效防控中国对外直接投资风险，维护我国企业的合法权益，提高沿线国家人民的共同福祉，应该采取以下几方面措施。

（一）继续深化国内金融改革开放，不断增强国际金融风险应对能力

相对于西方发达国家，我国的金融发展程度比较低，与全球第二大经济体的地位不相匹配。我国的金融市场深度远远不够，还缺乏稳定、有效的投资工具和高效的交易市场，资本账户尚未完全开放，尽管人民币在周边国家的应用越来越频繁，但仍未发展成为国际货币，相关金融法律法规不太健全，我国应对国际金融风险的能力还比较弱。因此，应该在有效防范风险的基础上，继续深化金融改革开放，构建长期、稳定、有效的证券和债券投资工具，提高国内金融市场深度，并逐渐建立起人民币的投资回流通道，提高人民币的国际化程度。在合乎国际规范的情况下，国内金融机构要不断强化对跨国投资企业的支持力度，增强我国企业的国际金融风险应对能力。

（二）加强事前、事中和事后投资监管，提升跨国企业金融风险防控水平

相对于国内投资而言，东道国的经济社会形势更加复杂，跨国投资还面临诸如汇率、利率、外债占比、国际流动性等一系列国际金融风险。我国企业必须加强事前、事中和事后投资监管：跨国投资的事前应详细考察投资东道国的政治、经济、金融、社会和法律等各方面情况，参考三大评级机构和现有的国别风险监测数据，谨慎选择投资目的国；跨国投资的事中应该做好尽职调查，对投资目的企业进行多方面考察，签订投资合同时要全面考虑，有效减少海外

投资的盲目性和不确定性风险；跨国投资的事后要继续做好风险监管工作，定期发布国别投资风险预警信息。在进行跨国投资时要综合权衡收益和风险，理性推动对沿线国家的直接投资。我国企业应不断加强企业"合规"建设，进行国际金融风险防控培训，不断提升跨国企业金融风险的识别、预警和处置能力。

（三）积极推动区域金融合作，共同应对国际金融风险冲击

为有效应对国际金融风险带来的不确定性风险，我们应该积极推动与沿线国家的区域金融合作。

（1）适当加快与"一带一路"沿线国家的双边BIT和FTA商签步伐，对于已经签订的FTA，要不断深化升级目前的FTA条款，强化与沿线国家的区域金融合作。我国与沿线国家签订的FTA仅有10余个，仍有很大的潜力可挖。

（2）在丝路基金、亚投行和金砖国家银行等中国主导或倡议发起的多双边金融合作平台上加强与沿线国家的区域金融合作，加强与沿线国家金融基础设施的互联互通建设，不断提升与沿线国家的区域金融合作水平。

（3）与沿线国家建立国际金融风险共同预警应对协调机制，与合作国家携手应对国际金融风险带来的冲击。

参考文献

［1］方慧，宋玉洁. 东道国风险与中国对外直接投资［J］. 上海财经大学学报，2019（10）：33－52.

［2］沈军，包小玲. 中国对非洲直接投资的影响因素——基于金融发展与国家风险因素的实证研究［J］. 国际金融研究，2013（9）：64－74.

［3］王海军，高明. 国家经济风险与中国企业对外直接投资：基于结构效应的实证分析［J］. 经济体制改革，2012（2）：113－117.

［4］王海军，齐兰. 国家经济风险与FDI——基于中国的经验研究［J］. 财经研究，2011（10）：70－80.

［5］王永中，赵奇锋. 风险偏好、投资动机与中国对外直接投资：基于面板数据的分析［J］. 金融评论，2016（4）：1－17，124.

［6］王贞力，林建宇. 国际金融风险因素与中国对东盟直接投资的区位选择［J］. 南京审计大学学报，2019，16（1）：102－111.

[7] 杨娇辉,王伟,王曦. 我国对外直接投资区位分布的风险偏好:悖论还是假象 [J]. 国际贸易问题,2015 (5):133-144.

[8] Bénassy-Quéré A, Coupet M, Mayer T. Institutional determinants of foreign direct investment [J]. The World Economy, 2007, 30 (5):764-782.

[9] Harri Ramcharran. Foreign direct investment and country risk: Further empirical evidence [R]. Global Economic Review, 1999 (3):49-59.

[10] Ibrahim Ismail. An Empirical Study on Country Risk as A Predictor of Market Entry Decisions-Impact of Political, Economic and Financial Risks on FDI Inflows of Horn of Africa and Middle East North Africa Region (MENA) [J]. Journal of International Business Research and Marketing, 2017 (7):24-32.

[11] Kazunobu Hayakawa, etc. How Does Country Risk Matter For Foreign Direct Investment? [J]. The Developing Economies, 2013 (3):60-78.

[12] Mehmet Hanefi Topala, Özlem S. GÜL. The Effect of Country Risk on Foreign Direct Investment: A Dynamic Panel Data Analysis for Developing Countries [J]. Journal of Economics Library, 2016 (3):141-155.

[13] Muhammad Ali, etc. Financial Risk and Foreign Direct Investment: Evidence from Pakistan Economy [J]. International Journal of Business Management and Economic Studies, 2014 (12):52-68.

[14] Nabamita Dutta, Sanjukta Roy. Foreign Direct Investment, Financial Development and Political Risks [J]. The Journal of Developing Areas, 2008 (6):1-32.

[15] Yothin Jinjarak. Foreign direct investment and macroeconomic risk [J]. Journal of Comparative Economics, 2007 (5):509-519.

金融篇

第五章

"一带一路"背景下人民币国际化对中国 OFDI 的影响研究——基于 SVAR 模型的实证检验[*]

第一节 引 言

随着世界经济的发展，我国与世界各国的经贸往来不断加强，成为世界第一贸易大国，世界第三对外投资大国，对世界各国经济的影响越来越大。亚洲地区及"一带一路"沿线国家大多是发展中国家，具有进行基础设施建设的强烈意愿，具有数量庞大的融资需求，但受自身经济实力不足的制约，大多希望通过国际金融机构获取基础设施建设融资，但来自原有国际金融机构，如世界银行、IMF 和亚开行的融资杯水车薪，远远不能满足各国的资金需求。而且，相当一部分融资还附加了若干政治条件，很多来自"一带一路"沿线的发展中国家达不到这些国际金融机构的要求，获得这些金融机构的融资困难重重，存在较强的融资约束问题。亚洲地区及"一带一路"沿线国家仍存在着货币原罪（曹远征，2016），存在诸如货币错配、期限错配以及结构错配三个方面的错配问题，加上近年美元、欧元和日元等国际货币的表现欠佳，人民币的国际需求与日俱增，对人民币国际化的呼声越来越强烈，但人民币仍未实现资本项目完全可兑换，继续推进人民币国际化具有重要的国际和国内需求。

自 2009 年 7 月 2 日公布《跨境人民币贸易结算条例》以来，人民币国际化进程不断迈上新台阶。目前，人民币经常项目已实现完全可兑换，人民币资本

---

[*] 本章的部分内容发表于《工业技术经济》2018 年第 12 期。

项目可兑换也取得了明显进展。从 IMF 资本和金融项目交易分类标准下的 40 个子项看，目前中国达到可兑换和部分可兑换的项目已有 37 项①，人民币国际化程度不断提高，人民币国际化指数呈现波动中增长态势（见图 5-1），不论是中国银行人民币跨境指数（CRI），还是渣打人民币环球指数（RGI），均在 2015 年第三季度达到历史高位，之后由于受世界经济形势放缓的影响，人民币国际化指数有所下降，但人民币国际化进程仍在快速推进之中。2016 年 10 月 1 日，人民币正式入篮 SDR，更是人民币国际化的里程碑，自此人民币开始承担国际货币的所有三种职能：计价和结算工具、投融资工具和储备货币，驶入人民币国际化的"快车道"，但与美元、欧元和日元等国际货币相比，人民币仍存在不小的差距，人民币国际化仍有很长的路要走。

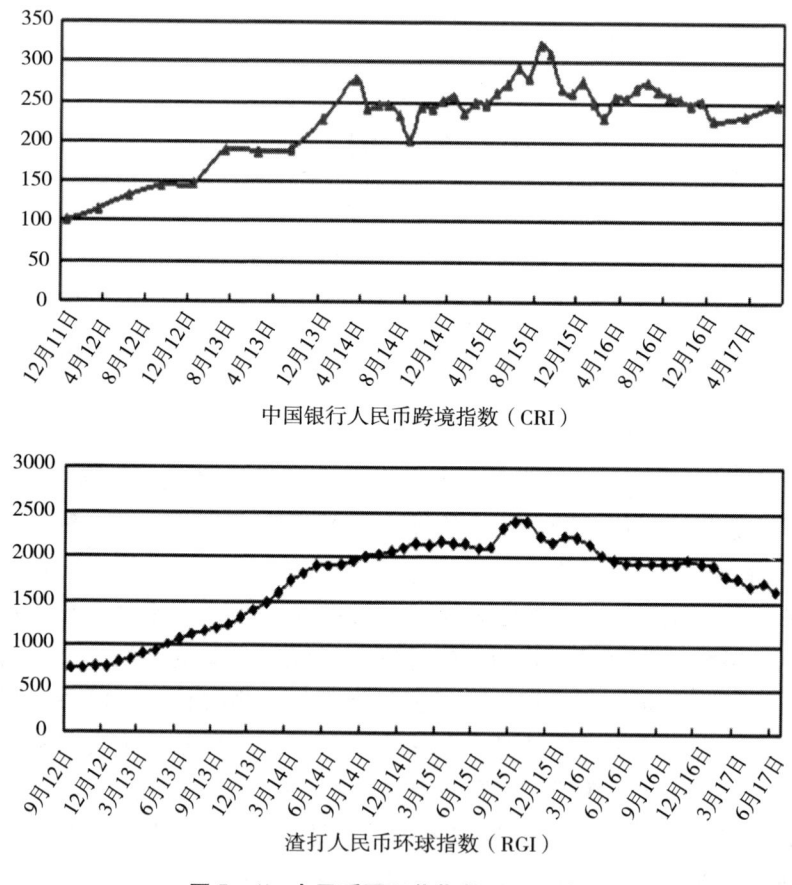

图 5-1 人民币国际化指数（2015 年）

---

① 中国人民银行.2016 年人民币国际化报告［R］.2016.

第五章 "一带一路"背景下人民币国际化对中国 OFDI 的影响研究——基于 SVAR 模型的实证检验

随着人民币国际化程度不断提高，人民币国际使用越来越频繁，这对我国企业在跨国经营过程中有效规避汇率波动风险大有裨益，可以为双边经贸往来和对外直接投资创造便利条件，更多跨国企业采用人民币计价、结算，越来越多的企业采用人民币安排进行对外投资，促进了对外贸易和对外投资的快速发展。近年来，我国对外直接投资实现了跨越式发展，从 2011 年的 746.5 亿美元增长到 2016 年的 1700.1 亿美元，年均增长 17.81%。更多的对外直接投资采用了人民币安排，据统计，2014 年中国对外投资总额中 76.7% 是采用人民币安排，2015 年更是达到了 140%[①]。截至 2017 年 7 月底，中国人民银行与 36 个国家或地区中央银行或货币当局签署了双边货币互换协议，协议总金额超过 3.34 万亿元。跨境人民币收付金额和占比也达到了较高的水平。据统计，2015 年跨境人民币收付金额达 12.10 万亿元，占同期本外币跨境收付总额的比重为 28.7%[②]，其中，跨境贸易人民币结算量达到 7.23 万亿元。人民币国际化对中国 OFDI 的影响程度如何？有没有对中国企业"走出去"产生显著促进作用？这需要引起我们高度关注和进行重点研究，不但关系到"走出去"企业的切身利益，而且是"一带一路"倡议中资金融通的内在需求，关乎"一带一路"建设的顺利推进。因此，在"一带一路"建设背景下，探讨人民币国际化对中国 OFDI 的影响，以求为中国企业"走出去"以及中国金融政策制定提供佐证和决策参考，具有重要的理论和现实意义。

第二节 文献评述与假设命题

一、文献评述

一国货币的国际化是指该国的主权货币可以在国际上流通和使用，在国际市场上履行价值储藏、交易媒介和记账单位等货币的一般职能，成为国际上通用的国际货币[③]。人民币国际化开始于国际贸易对人民币国际使用的迫切需求，之后逐渐扩展到投资领域。随着中国经济的快速发展，与世界各国的经济联系越来越紧密，人民币的国际需求日益增长，人民币国际化取得了很大进展，但

[①] 曹远征. 人民币国际化的源起与发展 [J]. 新金融，2016 (6)：4-9.
[②] 中国人民银行. 2016 年人民币国际化报告 [R]. 2016.
[③] 成思危. 人民币国际化之路 [M]. 北京：中信出版社，2014.

与美元、欧元和日元相比，仍存在不少不足。关于人民币国际化的缘起、进程、利弊及影响因素，不少学者进行了相关探讨和研究。

关于人民币国际化可能会带来的利益，在人民币国际化起步阶段不少学者进行了相关研究，如陈雨露等（2005）、李稻葵和刘霖林（2008）、高海红和余永定（2010）、余永定（2010，2011）、彭红枫和谭小玉（2017）等，他们大多认为人民币国际化有利于我国经济的发展，应该采取有效措施促进人民币国际化的顺利进行。陈雨露等（2005）以美元为例论证了货币国际化可能带来的各种利益，包括国际金融体系话语权、国际铸币税收益、境外储备投资的金融业收益等都是货币国际化带来的收益，我们应该坚持推进人民币国际化，并预测如果人民币实现区域国际化，10年内将获得7500亿元的货币国际化收益。李稻葵和刘霖林（2008）基于金和弗兰克尔（Chinn & Frankel，2005）模型对人民币国际化水平的内在影响因素进行了计量分析和政策研究，认为经济总量、通胀率、真实利率、汇率波动幅度等因素对人民币国际化具有重要影响，提出应该采用双轨制方式推进人民币国际化。高海红和余永定（2010）对人民币国际化可能带来的利益进行了系统阐释，分析了影响人民币国际化的关键环节，认为人民币的区域使用程度、可兑换性、资本管制情况、汇率、利率以及金融自由化程度均对人民币国际化具有重要影响。余永定（2010，2011）分析了人民币国际化取得的进展、带来的利益，以及人民币国际化过程中存在的问题，提出应该方向明确、规划细致地逐步推进人民币国际化。彭红枫和谭小玉（2017）测算了人民币国际化程度，认为人民币国际化使用份额仍然较低，但呈逐渐上升趋势，经济实力、贸易规模、币值稳定性、资本账户开放度、金融市场发展程度、政治稳定性和军事实力等因素均对人民币国际化具有重要影响，因此，完善制度体系和金融市场对人民币国际化至关重要。

2013年，习近平主席提出"一带一路"倡议，得到了沿线国家的积极响应，我国与沿线国家的经贸合作进展顺利，与多个沿线国家签订了货币互换协议，国际金融合作如火如荼，人民币在部分沿线国家实现了"无障碍"流通，人民币离岸市场快速发展，人民币国际化取得了重要进展。新形势下，建立新的国际金融合作机制势在必行，我国先后发起成立了丝路基金、亚洲基础设施投资银行和金砖国家新开发银行，为"一带一路"建设顺利推进增添了新的金融利器。不少学者研究了"一带一路"倡议下的人民币国际化问题，如林乐芬和张少楠（2015，2016）、张帆等（2016）、韩玉军和王丽（2015）等。林乐芬和张少楠（2015，2016）采用 GMM 模型，探讨"一带一路"建设对人民币国际化的影响，发现经济规模、货币惯性、对外投资、贸易出口和币值稳定性是人民国际化的重要影响因素，并在此基础上提出促进人民币国际化的新途径。张帆等（2016）估算了"一带一路"对人民币国际化的中期影响，并采用引力模型探讨了货币互换协议对双边贸易的影响，发现货币互换协议促进了双边贸易的发展。韩玉军和王丽（2015）探讨了"一带一路"建设对人民币国际化进程的推动作用，提出"一带一路"建设为人民币国际化带来了新的机遇，扩大了人民币的使用范围，加快了产业结构转型升级，创造了新的投融资机遇，优化了人民币国际化的国际环境，在此基础上提出相应的金融合作建议。

关于人民币国际化与中国 OFDI 的关系，也有一些学者进行了相关研究和探讨，但这些文献大都偏重于研究中国 OFDI 对人民币国际化的影响，认为中国 OFDI 是推动人民币国际化的重要影响因素，如张晓涛等（2016）、姚山等（2016）、倪亚芬和李子联（2016）等。张晓涛等（2016）采用广义矩估计方法（GMM），分析了对外直接投资对人民币国际化的影响，发现 OFDI 是人民币输出的重要渠道，促进了人民币国际化的顺利推进，是人民币国际化的重要驱动力之一。姚山等（2016）采用协整模型和 Granger 因果关系检验，探讨了人民币国际化与中国对外直接投资的双边关系，揭示了 OFDI 促进人民币国际化的内在机理，在此基础上探讨人民币国际化的优化路径。倪亚芬和李子联（2016）采用协整模型和误差修正模型分析了人民币国际化与对外直接投资的互动关系，发现 OFDI 是人民币国际化的重要推进因素，同时人民币国际化也促进了 OFDI 的深入发展。以往的研究主要偏重于分析 OFDI 对人民币国际化的影响，鲜有学者专门探讨人民币国际化对中国 OFDI 的影响，这正是本章要解决的核心问题。从人民币国际化和中国 OFDI 的数据表现看，两者之间存在紧密的联系，本章将在以往研究的基础上，试图构建 SVAR 模型进行实证研究，分析人民币国际化对中国 OFDI 的影响。

二、假设命题

人民币国际化是否对中国 OFDI 产生了显著促进作用是本章研究的核心问题。关于货币国际化现有多种度量维度，不少学者进行人民币国际化的量化研究，如李稻葵和刘霖林（2008）等，也有一些金融研究机构构建了人民币国际化指数，如中国银行人民币跨境指数（CRI）、渣打人民币环球指数（RGI）、中国人民大学国际货币研究所发布的人民币国际化指数等，但这些指数的构造大都需要大量的微观数据做支撑，需要得到各大部委和银行的大力支持才能实现。基于数据的可得性，鉴于货币互换规模与境外人民币存款是人民币国际化的重要指标，其中中国香港人民币占据了境外人民币存款的绝大部分份额，因此本章采用货币互换规模与中国香港人民币存款规模联合构成的综合变量反映人民币国际化程度。采用中国对外直接投资流量度量中国对外直接投资规模，以出口和进口反映进出口贸易因素，以社会融资规模反映中国对外直接投资的融资能力，以外商直接投资流量反映外商投资因素。同时，本章提出了4个特定的假说。

假说1：人民币国际化为对外直接投资创造便利条件，推动中国对外直接投资的快速发展，预期为正向影响。首先，人民币国际化可以减少跨国投资的汇率风险（约瑟夫·里奇·赫尔宾（Joseph Ritchey Helbing，2013）），中国可以更多地采用人民币安排的对外投资，有利于降低汇率波动带来的风险；其次，人民币国际化将使得跨国企业在国内融资更为便利，人民币国际使用的增加，越来越多的国家接受人民币投资，可以拓宽跨国企业国内融资渠道，增强中国跨国企业的资金实力；再次，人民币国际化会对国内金融深化改革形成"倒逼"机制，有利于国内建立现代金融市场和监管机制，进而增强我国企业对外投资的实力；最后，随着人民币国际化的不断推进，将不断有产油国接受人民币进行石油定价和结算（如俄罗斯、伊朗和委内瑞拉等），有助于中国对石油资源的投资，提高我国能源供给的安全系数。

假说2：出口是我国获得外汇储备的重要手段，增强了中国对外直接投资的资本实力，预期为正向影响。

假说3：进口是消耗外汇储备的重要方式，对中国OFDI会产生"挤出效应"，预期为负向影响。

假说4：社会融资规模是融资能力的重要体现，但应用方向不确定，是否对中国OFDI产生积极影响有待检验，预期影响的方向不明确。

第三节 变量选择及数据处理

一、变量选择

本章采用的数据为宏观月度数据，基于数据的可得性，选择的样本区间为

2010年4月至2017年6月，共87个月的宏观月度数据。本章采用的变量来自Wind资讯和中国香港货币管理局，其中，对外直接投资、中国出口额、中国进口额和外商直接投资等变量均为美元计价变量，因此对上述变量采用美元月度平均汇率将其换算为人民币计价的变量。为了消除通货膨胀因素的影响，采用定基月度CPI进行了价格平减。同时，为在一定程度上避免异方差对参数估计和假设检验带来不利影响，对各变量进行了对数化处理，如表5-1所示。

表5-1　　　　　　　　　　变量名称及处理

变量类型	变量名称	代码	处理说明
因变量	对外直接投资	OFDI	采用美元平均汇率将其换算为人民币，采用定基CPI进行价格平减
核心解释变量	中国香港人民币存款	RMBDH	采用定基CPI进行价格平减
核心解释变量	人民币货币互换	RMBCS	采用定基CPI进行价格平减
控制变量	社会融资规模	SFS	采用定基CPI进行价格平减
控制变量	中国出口额	EX	采用美元平均汇率将其换算为人民币，采用定基CPI进行价格平减
控制变量	中国进口额	IM	采用美元平均汇率将其换算为人民币，采用定基CPI进行价格平减
控制变量	外商直接投资	FDI	采用美元平均汇率将其换算为人民币，采用定基CPI进行价格平减

资料来源：Wind资讯、中国香港货币管理局。

二、描述统计分析

对收集的数据进行描述统计分析（见表5-2），本章中共包含87个月的宏观月度数据，其中，对外直接投资均值为82.92亿元，不同月份间波动较为剧烈，最小值只有25.34亿元，而最大值却高达199.90亿元。近年来，尤其是2013年"一带一路"倡议提出以来，人民币国际化取得了很大进展，人民币货币互换的月度均值为22291.90亿元，各月份间也存在不小的波动，从6500.00亿元增长到33437.00亿元；中国香港人民币月度存款余额的均值为6601.41亿元，从808.94亿元增长到10035.57亿元。对各对数化变量做趋势图（见图5-2），不难发现各变量间尽管存在一定的差异，但各变量间的变动趋势比较相近。因此，本章将尝试构建结构化VAR模型，分析人民币国际化对OFDI的影响。

表 5-2　描述统计分析

变量	样本量	均值	标准差	最小值	最大值
OFDI	87	82.92 亿元	38.89	25.34 亿元	199.90 亿元
RMBDH	87	6601.41 亿元	2394.60	808.94 亿元	10035.57 亿元
RMBCS	87	22291.90 亿元	9812.54	6500.00 亿元	33437.00 亿元
SFS	87	13355.43	5987.99	2737.00	37202.00
EX	87	1744.66	264.21	966.81	2274.30
IM	87	1459.20	189.19	935.58	1830.08
FDI	87	99.44	21.60	69.24	152.30

资料来源：利用统计软件 Stata 15.1 计算得出。

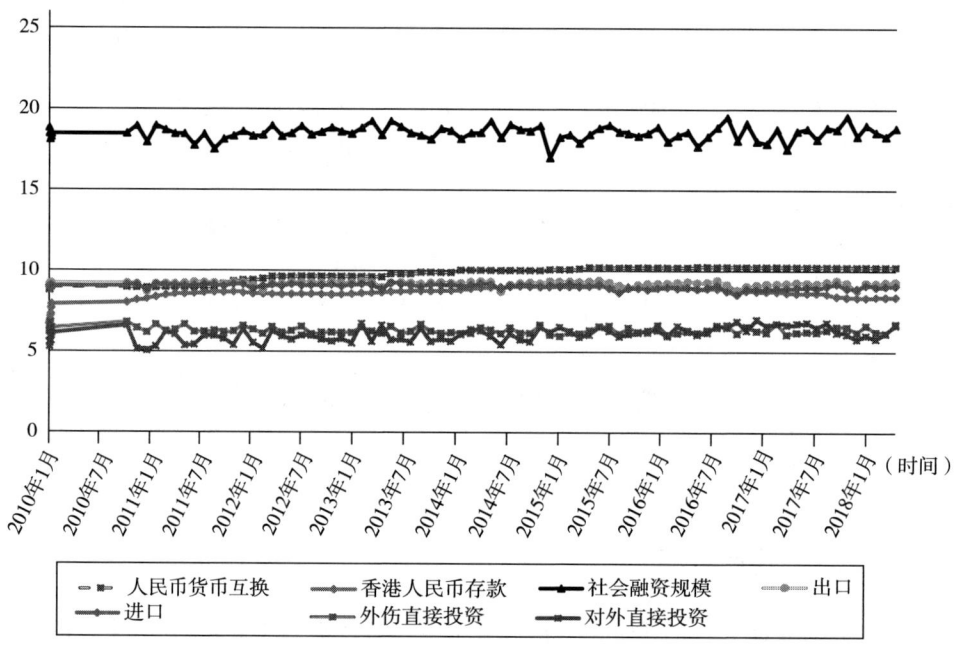

图 5-2　各变量对数值趋势

第四节　实证分析结果

在进行 SVAR 模型分析前，首先分析各变量之间的相关程度，计算各变量之间的相关系数（见表 5-3）。不难看出，出口、进口、人民币国际化等变量均与对外直接投资存在较强的相关性，但社会融资规模与中国 OFDI 间的相关性不显著。另外，外商直接投资与社会融资规模、进口与出口、出口与人民币国际化间也存在较强的相关性。

表 5-3　　　　　　　　　　　各变量相关系数

变量	lnSFS	lnEX	lnIM	lnFDI	lnRMBI	lnOFDI
lnSFS	1					
lnEX	0.143	1				
lnIM	0.1886	0.5769**	1			
lnFDI	0.5339**	0.1367	0.1389	1		
lnRMBI	0.0691	0.2483*	-0.1777	-0.0715	1	
lnOFDI*	0.0179	0.2997**	-0.2261*	0.1741	0.5246**	1

注：* 表示 $\alpha=0.05$ 时显著，** 表示 $\alpha=0.01$ 时显著。

资料来源：利用统计软件 Stata 15.1 计算得出。

相关性只说明各变量之间存在较强的数量关系，不能反映各变量之间是否存在因果关系。为检验各变量对 OFDI 的影响程度，本章采用基于 VAR 模型的 Granger 因果关系检验，首先估计了 VAR 模型，滞后信息由 HQIC 和 SBIC 信息准则确定。鉴于我们的目的是估计结构参数，并且 VAR 模型的估计参数没有明确的经济学意义，因此为节省篇幅，不予报告 VAR 模型的估计结果。在 VAR 模型的基础上，估计各变量是否对 OFDI 存在因果关系（见表 5-4），可以看出在 $\alpha=0.05$ 水平上，出口、进口和人民币国际化是对外直接投资的 Granger 原因，而社会融资规模和外商直接投资不是对外直接投资的 Granger 原因。

表 5-4　　　　　　　　　Var Granger 因果关系检验

因变量	外生变量	卡方统计量	自由度	P 值
lnOFDI*	lnSFS	0.439	2	0.803
lnOFDI*	lnEX	10.198	2	0.006
lnOFDI*	lnIM	25.703	2	0.000
lnOFDI*	lnFDI	2.178	2	0.337
lnOFDI*	lnRMBI	7.996	2	0.018
lnOFDI*	ALL	50.170	10	0.000

注：以其他变量为因变量部分略。* 表示 $\alpha=0.05$ 时显著。

VAR模型的预测效果比较好，在时间序列分析中得到了广泛应用，但其缺点也相对较为明显，经常受到批评，如新息之间存在较强的相关性，实际的经济含义不明确，VAR模型将当期关系隐含到随机扰动项中等。变量之间如果同时存在滞后影响和同期影响，建立无约束VAR模型会产生一些弊端。为克服VAR模型的这些缺点，布兰查德和夸（Blanchard & Quah，1989）提出了基于经济理论对无约束VAR模型施加长期约束的结构化方法，构建了结构化VAR模型，即SVAR模型，并将其用于分析产出和CPI之间的关系，得出了较为合理的结论。SVAR模型要求各变量为平稳性变量，因而先对各变量进行稳定性检验，采用应用较多的ADF单位根检验（见表5-5）。不难发现，各变量的ADF统计量均小于1%临界值，表明各变量都不存在单位根，均为稳定性变量，满足建立SVAR模型的条件。接下来我们尝试构建SVAR模型，用于分析人民币国际化对中国OFDI的影响。

表5-5 单位根检验

变量	ADF统计量	1%临界值	5%临界值	10%临界值	检验模式（C, T, L）	结论
lnSFS	-9.849	-4.071	-3.464	-3.158	(1, 1, 1)	稳定
lnEX	-7.017	-4.071	-3.464	-3.158	(1, 1, 1)	稳定
lnIM	-6.794	-4.071	-3.464	-3.158	(1, 1, 1)	稳定
lnFDI	-10.355	-4.071	-3.464	-3.158	(1, 1, 1)	稳定
lnRMBI	-4.577	-3.530	-2.901	-2.586	(1, 0, 1)	稳定
lnOFDI	-8.254	-4.071	-3.464	-3.158	(1, 1, 1)	稳定

注：各变量ADF检验的P值均小于0.01。

资料来源：利用统计软件Stata 15.1计算得出。

在估计SVAR模型时，设定合适的结构参数可识别约束条件至关重要。综合以往的研究文献，根据相关经济学理论，并结合中国经济发展的实际，设定如下约束条件：社会融资规模是一国资金筹措能力的重要体现，将对出口、进口、外商直接投资、人民币国际化以及对外直接投资产生影响；随着中国经济的发展，我国发展成为世界工厂，出口将对进口、外商直接投资、人民币国际化和对外直接投资产生影响；要实现可持续发展，在大力促进出口的同时，也要适当扩大对商品的进口，不仅可以互通有无、丰富人民的生产生活，也是保持国际收支平衡的重要措施，进口将对外商直接投资、人民币国际化和对外直接投资产生重要影响;外商直接投资促进了我国经济的快速发展,实现了生产技术的快速突破,外商直接投资将对人民币国际化和对外直接投资产生重要影响;"一带一路"倡议的实施,人民币国际化推进速度不断加快,将促进对外直接投资的快速发展。表 5-6 的 Granger 因果关系检验结果,一定程度上支持了本章的分析逻辑。基于上述分析逻辑,设定的变量顺序如下:lnSFS、lnEX、lnIM、lnFDI、lnRMBI、lnOFDI*。为识别 SVAR 模型的结构参数,设定如下结构矩阵约束条件:

$$\begin{bmatrix} 1 & 0 & 0 & 0 & 0 & 0 \\ \gamma_{21} & 1 & 0 & 0 & 0 & 0 \\ \gamma_{31} & \gamma_{32} & 1 & 0 & 0 & 0 \\ \gamma_{41} & \gamma_{42} & \gamma_{43} & 1 & 0 & 0 \\ \gamma_{51} & \gamma_{52} & \gamma_{53} & \gamma_{54} & 1 & 0 \\ \gamma_{61} & \gamma_{62} & \gamma_{63} & \gamma_{64} & \gamma_{65} & 1 \end{bmatrix} \begin{bmatrix} u_t^{\ln SFS} \\ u_t^{\ln EX} \\ u_t^{\ln IM} \\ u_t^{\ln FDI} \\ u_t^{\ln RMBI} \\ u_t^{\ln OFDI^*} \end{bmatrix} = \begin{bmatrix} b_1 & 0 & 0 & 0 & 0 & 0 \\ 0 & b_2 & 0 & 0 & 0 & 0 \\ 0 & 0 & b_3 & 0 & 0 & 0 \\ 0 & 0 & 0 & b_4 & 0 & 0 \\ 0 & 0 & 0 & 0 & b_5 & 0 \\ 0 & 0 & 0 & 0 & 0 & b_6 \end{bmatrix} \begin{bmatrix} \varepsilon_t^{\ln SFS} \\ \varepsilon_t^{\ln EX} \\ \varepsilon_t^{\ln IM} \\ \varepsilon_t^{\ln FDI} \\ \varepsilon_t^{\ln RMBI} \\ \varepsilon_t^{\ln OFDI^*} \end{bmatrix}$$

采用极大似然估计方法,利用统计软件 Stata 15.1 进行估计,根据设定的约束条件,估计结果如下:

$$\begin{bmatrix} 1 & 0 & 0 & 0 & 0 & 0 \\ -0.0248 & 1 & 0 & 0 & 0 & 0 \\ -0.0160 & -0.5515 & 1 & 0 & 0 & 0 \\ -0.2642 & 0.0346 & 0.0778 & 1 & 0 & 0 \\ 0.0024 & 0.0448 & -0.0039 & 0.0296 & 1 & 0 \\ 0.1106 & -1.0717 & 1.3020 & -0.4775 & -1.3328 & 1 \end{bmatrix} \begin{bmatrix} u_t^{\ln SFS} \\ u_t^{\ln EX} \\ u_t^{\ln IM} \\ u_t^{\ln FDI} \\ u_t^{\ln RMBI} \\ u_t^{\ln OFDI^*} \end{bmatrix}$$

$$= \begin{bmatrix} -0.4090 & & & & & \\ & -0.0851 & & & & \\ & & -0.0724 & & & \\ & & & -0.1509 & & \\ & & & & -0.0304 & \\ & & & & & 1 \end{bmatrix} \begin{bmatrix} \varepsilon_t^{\ln SFS} \\ \varepsilon_t^{\ln EX} \\ \varepsilon_t^{\ln IM} \\ \varepsilon_t^{\ln FDI} \\ \varepsilon_t^{\ln RMBI} \\ \varepsilon_t^{\ln OFDI^*} \end{bmatrix}$$

在建立 SVAR 模型的基础上,进一步进行脉冲响应分析,得向量间冲击反应函数图(见图 5-3),从中可以看到各相关变量之间的互动关系与 36 个月滞后期冲击的响应变化。当对人民币国际化（lnRMBI）施加一个标准差的冲击时，对 lnOFDI 产生正向影响［见图 5-3（d）］，之后不断减弱，说明人民币国际化对中国对外直接投资产生促进作用，推动对外直接投资的发展；当对出口（lnEX）施加一个标准差的冲击，对 lnOFDI 产生正向影响，在第二期达到高峰，之后呈波动中不断减弱趋势，笔者认为出口是我国获得外汇储备的主要手段，增强了我国企业的对外投资的经济实力［见图 5-3（a）］；当对社会融资规模（lnSFS）施加一个标准差的冲击，对 lnOFDI 产生负向影响，之后出现反转，到第三期开始变为正向影响，笔者认为主要是社会融资能力首先增强对本国的投资能力，之后才会逐渐扩展到对外投资领域［见图 5-3（e）］；当对外商直接投资（lnFDI）施加一个标准差的冲击，将对 lnOFDI 产生正向影响，变动趋势为先下降后上升，再下降再上升，即呈波动中不断衰减，表明"引进来"与"走出去"相辅相成，虽然都变现为资本流动，资本的"一进一出"更加有利于产业结构转型升级［见图 5-3（b）］；当对进口（lnIM）施加一个标准差的冲击，对 lnOFDI 产生负向影响，变动趋势为先上升后下降，再逐渐上升趋近于 0，笔者认为主要是进口消耗外汇储备，对中国 OFDI 产生一定程度的"挤出效应"［见图 5-3（c）］。

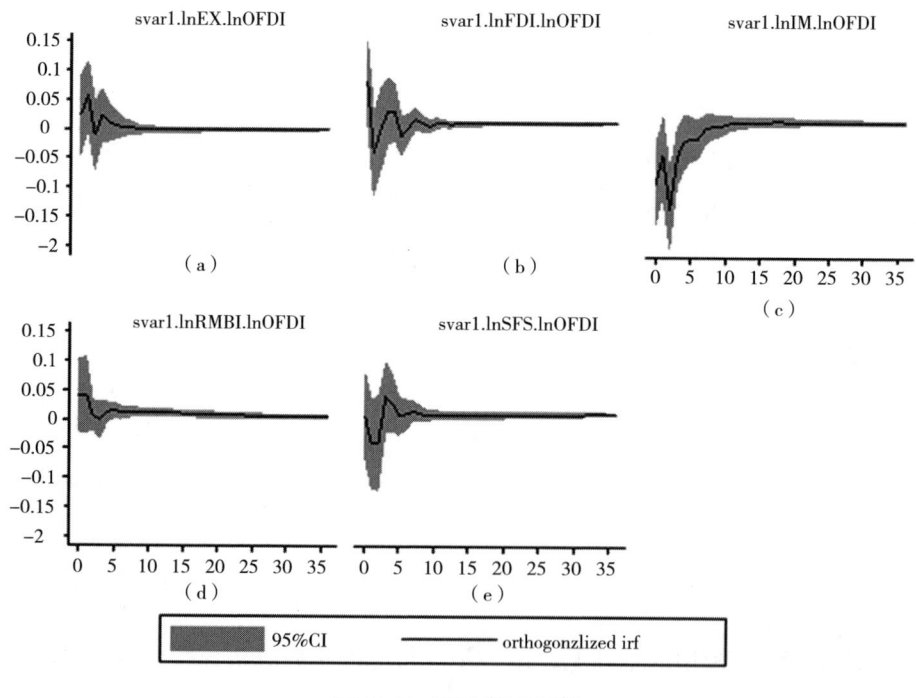

图 5-3 脉冲响应函数

第五节 结论及政策启示

通过前面的分析发现,人民币国际化对中国 OFDI 具有正向促进作用,人民币国际化推动了对外直接投资的快速发展。出口和外商直接投资对中国 OFDI 具有正向促进作用。但由于社会融资能力主要应用方向在国内,没有对中国 OFDI 产生促进作用,短期内甚至产生了一定的"挤出效应"。进口对中国 OFDI 产生了"挤出效应",短期内对中国 OFDI 具有阻碍作用。为促进人民币国际化的顺利推进和中国资本"走出去",应该采取如下措施:

一、抓住"一带一路"建设的良好契机,积极稳健推进人民币国际化

2013 年,"一带一路"倡议得到了沿线国家的积极响应。"一带一路"沿线包含 60 多国家和地区,且大多为发展中国家,各国的资金实力相对偏弱,但具有强烈的基础设施建设需求。根据亚洲开发银行测算,未来 8~10 年,亚洲每年的基础设施资金需求将到 7300 亿美元,世界银行的测算是 8000 亿美元左右,但世界银行、IMF 和亚开行能提供的融资远远不足。这为人民币国际化和中国企业走出去提供了宝贵契机。中国应该抓住这千载难逢的大好时机,加强与"一带一路"沿线国家的经贸合作,与更多沿线国家签订货币互换协议,在此基础上建立沿线国家金融合作机制,推进人民币跨境业务的健康发展。落实"五通"之一——资金融通建设,增强沿线国家的资金筹措能力。但需要注意的是,必须在有效防范金融风险的基础上,逐步扩大对沿线国家的人民币投资和贷款,待时机成熟时积极推动能源以人民币计价结算。

二、充分发挥丝路基金、亚投行和金砖国家银行的作用,积极推动优先使用人民币进行投融资

从美元、德国马克和日元以往的国际化经验看,货币惯性的作用非常重要,如果不加以重视,将在很长一个时期内迟滞货币国际化的实现,但若应用的好,会加速货币国际化的实现。在"一带一路"建设的背景下,为顺利推进人民币国际化,中国政府应该起关键主导作用,逐步培养各国的人民币使用惯性,促进人民币国际化顺利进行。丝路基金、亚投行和金砖国家银行是由中国发起设

立、并起主导作用的重要金融平台。中国应该充分发挥丝路基金、亚投行和金砖国家银行的作用，积极推动人民币安排的融资计划，逐步提高"一带一路"建设中的人民币支付结算比例，逐步培养沿线各国的人民币使用惯性，促进人民币国际化的稳步发展。

三、鼓励中国企业采用人民币安排进行对外直接投资，有效防范汇率波动风险

汇率波动风险是对外直接投资过程中的主要风险之一，"走出去"的中国企业必须采取有效措施加以防范。采用人民币安排进行对外直接投资，是有效防范汇率波动风险的重要手段。开展人民币对外直接投资有利于将人民币输出到境外，有利于境外国家增强采用人民币投资境内市场的能力，促进境内供给侧结构性改革的顺利实施，加速国内产业结构转型升级，改变高度依赖出口的不利局面，形成出口与对外直接投资并重的新局面，逐步建立起以我国本土企业为核心价值链的外向型经济体制。采用差异化对外投资策略，针对不同类型国家采用不同投资方式，综合运用跨国并购、增资入股、合资开发以及绿地投资等措施，逐步增加人民币结算的话语权。

四、继续推进国内金融深化改革，不断完善和发展金融市场

与 GDP 相比，发达国家与发展中国家在金融发展方面的差距更为明显，金融发达程度是判断国家是否发达的重要标准之一。金融市场是否深化、金融基础设施是否成熟以及是否具有较强的金融监管能力，是判断金融发达程度的几个重要标准。人民币国际化要想达到预期目标，避免出现类似日元国际化不彻底的不利局面，必须继续推进国内金融深化改革，不断完善和发展金融市场，建立有深度的金融市场，逐步建立起长期、稳定、安全的固定收益市场，以便央行可以采用公开市场业务进行货币政策操作。尽快建立与经济规模相匹配、促进经济增长、金融监管措施完善的现代金融市场。与此同时，要保持人民币利率和汇率的适度稳定，避免利率和汇率出现剧烈波动，以提升人民币的国际信誉，增强世界各国对人民币的信心。

参考文献

[1] 保建云.论"一带一路"建设给人民币国际化创造的投融资机遇、市场条件及风险分布[J].天府新论,2015(1):112-116.

[2] 曹远征.人民币国际化的源起与发展[J].新金融,2016(6):4-9.

[3] 陈雨露,王芳,杨明.作为国家竞争战略的货币国际化:美元的经验证据——兼论人民币的国际化问题[J].经济研究,2005(2):35-44.

[4] 成思危.人民币国际化之路[M].北京:中信出版社,2014.

[5] 高海红,余永定.人民币国际化的含义与条件[J].国际经济评论,2010(1):46-64.

[6] 顾海峰,王倩.人民币国际化的制约条件及其实现路径研究[J].金融理论与实践,2012(11):97-102.

[7] 韩玉军,王丽."一带一路"推动人民币国际化进程[J].国际贸易,2015(6):42-47.

[8] 何平,钟红.人民币国际化的经济发展效应及其存在的问题[J].国际经济评论,2014(5):89-102.

[9] 李稻葵,刘霖林.人民币国际化:计量研究及政策分析[J].金融研究,2008(11):1-16.

[10] 林乐芬,王少楠."一带一路"建设与人民币国际化[J].世界经济与政治,2015(11):72-90.

[11] 林乐芬,王少楠."一带一路"进程中人民币国际化影响因素的实证分析[J].国际金融研究,2016(2):75-83.

[12] 倪亚芬,李子联.人民币国际化与对外直接投资的互动分析[J].金融与经济,2016(2):45-49.

[13] 彭红枫,谭小玉.人民币国际化研究:程度测算与影响因素分析[J].经济研究,2017(2):125-139.

[14] 魏昊,戴金平,靳晓婷.货币国际化测度、决定因素与人民币国际化对策[J].贵州社会科学,2010(9):95-100.

[15] 姚山,古广东,杨继瑞.对外直接投资:促进人民币国际化机理与优

化路径探讨［J］．西南民族大学学报，2016（12）：142－147．

［16］余永定．从当前的人民币汇率波动看人民币国际化［J］．国际经济评论，2012（1）：18－25．

［17］余永定．再论人民币国际化［J］．国际经济评论，2011（5）：7－13．

［18］张帆，余淼杰，俞建拖．"一带一路"与人民币国际化［R］．北京大学中国经济研究中心 Working Paper NO. C2016003．

［19］张晓涛，杜萌，杜广哲．中国对外直接投资（OFDI）对人民币国际化影响的实证研究［J］．投资研究，2016（10）：54－67．

［20］中国人民大学国际货币研究所．2016 人民币国际化报告——货币国际化与宏观金融风险管理［M］．北京：中国人民大学出版社，2016．

［21］中国人民银行．2016 年人民币国际化报告［M］．北京：中国金融出版社，2016．

［22］Blanchard, O. and Quah, D. The Dynamic Effects of Aggregate Supply and Demand Disturbances［J］．American Economic Review，1989（79）：655－673．

第六章

人民币国际化对中国 OFDI 的影响研究——基于"一带一路"沿线 37 国实证检验[*]

第一节 引 言

2008 年,金融危机爆发使国际货币体系弊端显露无遗,世界各国都开始反思现有以美元为主导的国际货币体系的不足和缺陷,我国审时度势将人民币国际化提上新日程。2009 年,我国开始跨境贸易人民币结算试点和一系列货币互换协议签订,人民币国际化程度不断提升。2013 年,我国提出的"一带一路"倡议已成为多领域、强有力、高效率的新型国际平台。人民币国际化借助"一带一路"建设实现了新突破,尤其是"一带一路"贸易投资网络的逐渐成型,对人民币国际化产生新的助力。2016 年 10 月 1 日,人民币正式入篮 SDR,是人民币国际化的里程碑,但人民币与美元、欧元相比还有不小的差距。按照国际货币基金组织(IMF)资本项目交易分类标准下的 40 个子项看,目前我国可兑换和部分可兑换的项目 37 项,占全部子项目的 92.5%。

近年来,世界经济发展下行趋势明显,全球经济增长乏力,主要经济体经济复苏仍比较缓慢。亚洲地区及"一带一路"沿线国家大都是发展中国家,进行基础设施建设投资的意愿强烈,具有数量庞大的融资需求,据亚洲开发银行发布的

---

[*] 本章的部分内容发表于《兰州学刊》2020 年第 5 期,同时被人大复印报刊资料《金融与保险》2020 年第 9 期全文转载(与邢玉临合作)。

《满足亚洲基础设施建设需求》报告,亚太地区到 2030 年基础设施建设需求总计将超过 22.6 万亿美元(平均每年高达 1.5 万亿美元),但在旧有国际货币体系下很难得到满足,并且亚洲地区还存在诸如货币错配、期限错配以及结构错配等方面的货币原罪(曹远征,2006),这为人民币国际化创造了良好契机。

随着人民币国际需求的日益增长,人民币在国际易和跨国投资中的使用越来越频繁。截至 2017 年末,我国已与 22 个"一带一路"沿线国家签署了本币互换协议,授予 5 个沿线国家人民币合格境外机构投资者额度,同时在沿线 7 个国家设立了人民币清算安排①,这些措施的实施为中国向"一带一路"沿线国家直接投资创造了便利条件。近年来,中国对沿线国家的直接投资快速攀升。据中国商务部统计,2018 年,我国企业对"一带一路"沿线的 56 个国家进行非金融类直接投资额达 156.4 亿美元,同比增长 8.9%,占同期总额的 13%。我国企业在"一带一路"沿线的 63 个国家对外承包工程完成营业额 893.3 亿美元,占同期总额的 52%②,我国与"一带一路"沿线国家的投资合作稳步推进。但人民币国际化究竟对中国 OFDI 有没有推动作用?若存在推动作用,其强度如何?人民币国际化对中国 OFDI 的作用机制如何?这是值得我们深入探讨的重要问题。

第二节 文献评述

货币国际化是指一国货币跨越国境界限,作为交易媒介、价值尺度、贮藏手段在世界范围内被广泛使用。2008 年,美国次贷危机引发了全球金融危机,使国际货币体系的弊端暴露无遗,人民币国际化提上了新的日程,关于人民币国际化的研究文献也日益丰富。本节主要研究人民币国际化对中国 OFDI 的作用机制,对以往相关的文献资料进行梳理,相关研究大致可以归纳为三个方面。

一、关于人民币国际化程度衡量的研究

货币国际化是一种货币使用超出了国界范围,凯南(Kenen,1983)最早给

---

① 中国人民银行.2018 年人民币国际化报告[M].北京:中国金融出版社,2018.
② 王俊岭.中国去年对外投资呈七亮点[N].人民日报海外版,2019-01-18(4).

出了货币国际化的使用范围定义，即在发行国境外可同时由本国居民或非居民使用和持有。随着时代的发展，这种定义的局限性开始凸显，国际货币除超出国界使用外，还需满足更多条件。钦恩和弗兰克尔（Chinn & Frankel，2005）从国际货币的职能出发，提出国际货币是能够承担记账单位、交易媒介和价值储备的货币。关于人民币国际化程度的衡量，学术界主要从两个方面进行测度：①国际货币主要职能；②构建加权人民币国际化指数。

第一方面研究大多基于钦恩和弗兰克尔（2005）分析框架，如李稻葵和刘霖林（2008）从国际货币的三大职能出发，测算国际储备、贸易结算和国际债券中各国货币比重，测度人民币国际化程度。李建军、甄峰和崔西强（2013）从跨境贸易结算、外汇市场交易和储备货币的占比三方面测度人民币国际化程度。沙文兵和刘红忠（2014）采用境外人民币存款规模作为人民币国际化程度的衡量指标。上述研究从国际货币职能出发进行测度，未构建综合指标体系，存在一定的局限性。

为解决这个问题，部分金融机构和学者构建了人民币国际化指数，如李瑶（2003）根据一国货币境外流通范围、数量以及货币储备比重指数等指标，采用相同权重构建了人民币国际化指数。中国人民大学国际货币金融研究所在2012年采用相同权重（1/3），选取贸易、金融和官方外汇储备等指标，构建了人民币国际化指数 RII。中国银行为跟踪跨境流出、境外流转和跨境回流过程中人民币的使用水平，于2013年开始编制并发布"中国银行跨境人民币指数"（CRI）。以上指数编制均采用了主观权重或相同权重的方法，存在较大的局限性。为实现指数权重的客观化，桐，王和黄（Tung, Wang & Yeh，2012）采用主成分法构建了基于储备货币、外汇交易、国际债券、银行外币资产、银行外币负债、盯住货币和贸易计价货币等一系列占比数据的货币国际化程度指数。彭红枫和谭小玉（2017）借鉴桐，王和黄（2012）提出的方法，采用主成分法构建了基于交易媒介、记账单位和价值储藏三大职能的人民币国际化指数。

二、关于"一带一路"倡议与人民币国际化

自2009年开始跨境贸易人民币结算试点工作以来，人民币跨境贸易结算额迅速增长。2013年，"一带一路"的倡议更是为人民币国际化提供了新的发展机遇。不少学者开始研究"一带一路"倡议与人民币国际化之间的互动关系，探讨"一带一路"进程中人民币国际化的实现路径。学者大多认为"一带一

路"建设会对人民币国际化产生积极作用。保建云（2015）认为，"一带一路"建设将为人民币国际化创造投融资机遇、国际分工环境和市场条件，同时面临一系列风险。林乐芬和王少楠（2015）构建GMM模型研究，发现"一带一路"建设将推动人民币国际化。黄卫平和黄剑（2015）认为，"一带一路"倡议有助于人民币走出去，从而形成周边化、区域化和国际化。宗良（2017）认为，"一带一路"建设与人民币国际化存在协同效应，"一带一路"建设与人民币国际化相互促进。张帆、余淼杰和俞建拖（2017）认为，"一带一路"建设为人民币国际化提供了历史机遇，人民币国际化为"一带一路"建设提供了流动性支持。上述研究大都对"一带一路"建设与人民币国际化进行了定性研究，比较有分量的量化研究文献相对较少。

三、关于人民币国际化与中国OFDI的关系研究

关于人民币国际化与中国OFDI的关系，也有一些学者进行了相关研究和探讨，但这些文献大都偏重于研究中国OFDI对人民币国际化的影响，认为中国OFDI是推动人民币国际化的重要影响因素，如张敬之（2014）、张晓涛等（2016）、姚山等（2016）和倪亚芬和李子联（2016）等。张敬之（2014）尝试探讨人民币国际化与中国对外直接投资的相关性，发现尽管人民币国际化进程稳步推进，但采用人民币标的直接投资的意愿不高，其占比相对较低。张晓涛等（2016）构建了广义矩估计模型（GMM），探讨中国OFDI对人民币国际化的影响，发现对外直接投资是人民币输出的重要渠道之一，是人民币国际化的重要驱动力。姚山等（2016）构建了协整模型和格兰杰因果关系检验，分析人民币国际化与中国OFDI的双边关系，探讨OFDI促进人民币国际化的内在机理以及人民币国际化的优化路径。倪亚芬和李子联（2016）采用协整模型和误差修正模型分析了人民币国际化与对外直接投资的互动关系，发现OFDI是人民币国际化的重要推进因素，同时人民币国际化也促进了OFDI的深入发展，在二者的互动机制中，OFDI对人民币国际化的影响更加显著。专门探讨人民币国际化对中国OFDI的影响文献相对较少，如付韶军（2018）构建SVAR模型从总体上研究人民币国际化对中国OFDI的影响，发现人民币国际化对中国OFDI具有正向促进作用，是中国OFDI快速发展的重要驱动力。

针对目前很少有研究人民币国际化对中国OFDI影响的现状，本章在以往研究的基础上，首先构建人民币国际化加权测度指数，测度人民币国际化水平；

其次构建面板数据模型中的固定效应模型，测度人民币国际化水平对中国 OFDI 的影响；最后，提出有针对性并切实可行的政策建议，为金融开放和跨国投资提供决策参考。

第三节　人民币国际化对中国 OFDI 的影响机理

人民币国际化水平的提升，有助于中国货币走出国门，中国跨国投资企业可以更多进行人民币为标的直接投资，便于中国企业筹措资本，并且可以防范由于汇率剧烈波动导致的汇率风险，对中国 OFDI 产生深远的影响。但具体而言，人民币国际化对中国 OFDI 的影响机理如何？是需要我们深入探讨的重要问题，笔者认为人民币国际对中国 OFDI 的作用机制存在三种效应，即直接效应、间接效应和预期效应（见图 6-1），在此基础上提出三个研究假说。

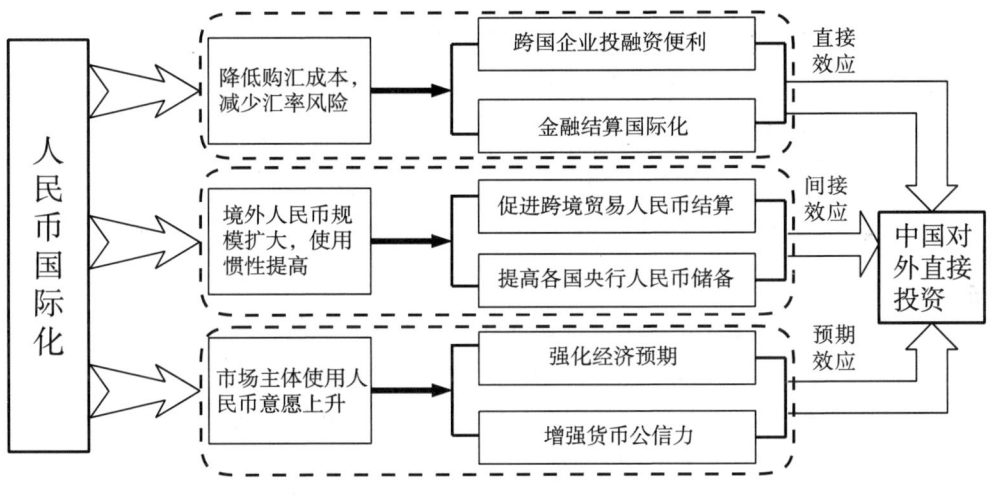

图 6-1　人民币国际化的三种效应路径

一、人民币国际化对中国 OFDI 的直接效应路径

我国资本账户尚未完全开放，人民币尚未实现完全自由可兑换，人民币在世界各国的接受度还有待提高，目前中国的跨国投资绝大部分是美元投资，稳定的资金来源和货币兑换成为困扰跨国投资企业的重要问题。并且，由于投资

标的不是人民币，我国企业需先将人民币资产兑换为美元或东道国货币，使得我国跨国投资企业面临较为严峻的汇率风险和较高的购汇成本，再加上外汇市场的波动性，大大增加了跨国企业运营过程的财务成本和管理成本。随着人民币国际化水平的不断提升，人民币在东道国的接受度将大幅提升，我国企业将可以更多进行人民币标的投资，大大降低海外投资的汇率风险。另外，人民币使用范围和规模的逐步扩大也会对国内金融机构产生"倒逼效应"，促使国内金融机构深化改革，推进结算方式现代化，促使国内金融机构实现国际化运作，从而便利中国企业开始对外直接投资活动。

为此本章提出假说1：人民币国际化对中国OFDI存在直接效应，主要表现为便利跨国企业投融资，防范海外投资汇率风险，进而"倒逼"国内金融机构加快融资结算国际化改革，对中国OFDI产生直接推动作用。

二、人民币国际化对中国OFDI的间接效应路径

人民币要发展成为国际货币，首先是实现经常项目可兑换，并且在资本项目方面不断扩大开放的力度，逐渐实现周边化 - 区域化 - 国际化的路径。即境外人民币流通范围不断扩大，受世界各国认可和接受程度逐年提升，逐渐发展成为国际贸易中重要计价和结算手段。据环球同业银行金融电信协会（SWIFT）统计，2018年9月，人民币在国际支付货币中排名第五位，占机构和商业支付总额的1.89%[1]。跨国贸易使用人民币进行计价结算，将进一步便利中国与各国的经贸往来。从长远看，国际贸易与国际投资存在一定的"互补效应"，深化与其他国家的双边经济合作，将使人民币的认可与接受度进一步提升，进而扩大各国央行的人民币储备规模，增强人民币标的生产要素国际流通性，为人民币资本在各国之间的顺利流动创造条件，促进中国的人民币跨国投资发展。

为此本章提出假说2：人民币国际化对中国OFDI存在间接效应，主要表现为通过促进与各国国际贸易而间接带动对外投资，同时国际贸易的人民币计价结算逐年增长也将扩大人民币在各国央行中的储备规模，进一步便利中国进行人民币跨国投资。

---

[1] 第一财经. 人民币为全球第五大支付货币，悉尼成第八大离岸中心 [EB/OL]. https://www.yicai.com/news/100044537.html.

三、人民币国际化对中国 OFDI 的预期效应路径

一种货币能否在国际市场占据重要地位，各国人民对这种货币的预期起着关键作用，如果对这种货币的前景看好，将大大增加使用这种货币的意愿。随着人民币国际化程度不断提高，世界各国使用人民币作为计价和结算货币的意愿逐渐增强，尤其是中国经济增长速度居于世界前列，对中国经济发展良好预期，必将带动世界各国增持人民币作为储备货币的意愿，人民币的接受程度也将得到大大提升。从人民币国际化的实践过程看，人民币逐渐从不可兑换货币发展成为区域货币的过程中，世界各国企业和消费使用人民币的意愿不断上升，增强了人民币的货币公信力，也必将推动中国企业的跨国投资发展。

在此基础上本章提出假说 3：人民币国际化对中国 OFDI 存在预期效应，主要表现为通过影响市场主体对人民币和中国经济未来预期而增强投资信心，进而促进中国对外投资的顺利进行。

第四节　计量模型与数据处理

一、模型构建

自 2009 年中国开始首批跨境贸易人民币结算试点以来，人民币国际化进程不断推进，尤其是 2013 年提出"一带一路"倡议以后，更是得到沿线国家的积极响应，我国与沿线国家开展货币互换业务不断增长，丝路基金、金砖国家银行和亚投行的发起设立，也对人民币国际化进程产生推动作用。人民币国际化程度的提高，在一定程度上便利了中国资本"走出去"。据中国商务部统计，2018 年我国对"一带一路"沿线 56 个国家进行非金融类直接投资 156.4 亿美元，相比 2017 年增长 8.9% ［高于全部投资总额增长速度（4.2%）］[①]。

本章在前人研究的基础上，构建人民币国际化加权指数，测度人民币国际化水平，进一步考察人民币国际化对中国在"一带一路"沿线国家直接投资的

---

① 中国新闻网．商务部：2018 年中国全行业对外直接投资 1298.3 亿美元［EB/OL］．http：//www.chinanews.com.cn．

影响。分析样本国家选择 2009~2017 年中国对其直接投资存量排名较为靠前的 37 个沿线国家。选择的因变量为中国对外直接投资存量，构建了面板数据模型，实证分析人民币国际化对中国 OFDI 的影响，在此基础上提出相应的人民币国际化及跨国投资建议。具体选用的计量模型如下：

$$\ln OFDI_{it} = \beta_0 + \beta_1 \times RMB_t + \sum_{i=2}^{9} \beta_i \times Control_{it} + \varepsilon \quad i = 2,3,\cdots,9 \quad (6-1)$$

式中，$OFDI_{it}$ 表示中国第 t 年对东道国 i 的直接投资存量，RMB_t 表示构建的人民币国际化指数在第 t 年数值。$Control_{it}$ 表示控制变量，包括中国对东道国出口额（EX）、中国从东道国进口额（IM）、东道国人口数量（POP）、中国与东道国经济距离（DIST）、东道国汇率波动度（EXCH）、东道国 GDP 发展速度（RGDP）、东道国经济自由度（ECOFREE）以及是否与中国签订自贸协议（FTA）。

二、变量选择与数据处理

本章所涉及的各个指标主要来源于国际清算银行、世界银行 WDI 数据库、IMF 数据库、Wind 数据库以及历年中国对外直接投资统计公报等。2008 年，美国"次贷危机"引发了全球性金融危机，各国央行纷纷采取措施防范金融危机的冲击，我国自 2009 年开始了首批跨境贸易人民币结算试点工作，与各国的货币互换也不断开展，之后人民币国际化开始进入了新的阶段。综合考虑数据的可得性，本章选择的时间范围为 2009~2017 年。为在一定程度上消除异方差影响，对因变量及控制变量里面的数值指标（EX、IM、POP、DIST、ECOFREE）进行对数化处理，如表 6-1 所示。

表 6-1　　　　　　　　　　　变量名称及处理说明

变量类型	变量名称	处理说明	数据来源
因变量	中国对外直接投资存量（OFDI）	以 2009 年为基年，采用定基 CPI 进行价格平减后取自然对数	中国对外直接投资统计公报
核心解释变量	人民币国际化指数（RMB）	按照本文中构建的人民币国际化指标体系计算得出	自行计算

续表

变量类型	变量名称	处理说明	数据来源
控制变量	中国对东道国出口额（EX）	以2009年为基年，采用定基CPI进行价格平减后取自然对数	国家统计局
	中国从东道国进口额（IM）		
	东道国人口数量（POP）	取自然对数	世界银行WDI数据库
	中国与东道国经济距离（DIST）	经济距离＝中国与东道国的物理距离＊国际原油（WTI）年均价，再取自然对数	CEPII数据库；Wind数据库
	东道国汇率波动度（EXCH）	以2009－2017每年各国货币兑SDR的年平均汇率求变异系数（标准差/均值）	国际货币基金组织
	东道国GDP发展速度（RGDP）	以年百分比表示	世界银行WDI数据库
	东道国经济自由度（ECOFREE）	取自然对数	The Heritage Foundation
	是否与中国签订自贸协议（FTA）	0＝非自贸区；1＝谈判中自贸区；2＝实施中自贸区	中国商务部网站

（一）因变量选择—中国对外直接投资存量

为探讨人民币国际化对中国OFDI的影响，本章选择中国对"一带一路"沿线国家的直接投资存量作为因变量。之所以没有选择中国对外直接投资流量数据，是因为流量数据存在为数不少的负值，无形中增大数据处理与模型分析的误差，因而选择数据质量较好的中国对"一带一路"沿线国家的直接投资存量为因变量，并且存量相比流量更能反映长期变动趋势。数据来源于2003～2017年的中国对外直接投资统计公报。为消除异方差性带来的不利影响，对中国OFDI存量指标进行了对数化处理（lnOFDI）。

（二）核心解释变量—人民币国际化指数

本章主要考察人民币国际化水平对中国OFDI的影响，需要构建人民币国际化的测度指标。关于人民币国际化水平的测度，部分学者根据国际货币主要职能进行测度，如钦恩和弗兰克尔（Chinn & Frankel，2005）、李稻葵和刘霖林（2008）、李建军、甄峰和崔西强（2013）和沙文兵和刘红忠（2014）等，这种方法从国际货币职能出发进行测度，未构建综合指标体系，存在一定的局限性。还有部分学者和研究部门构建了加权人民币国际化指数进行测度，如李瑶（2003）、中国人民大学国际货币金融研究所（2012），中国银行（2013），桐、王和黄（Tung, Wang & Yeh, 2012）和彭红枫和谭小玉（2017）等。

本章主要借鉴中国人民大学国际货币研究所编制的人民币国际化指数（RII），同时鉴于金融"脱实向虚"可能会对国家经济发展产生严重不利影响，因此在构建人民币国际化测度指标体系时，一方面立足于国际货币的三大核心职能，另一方面突出人民币在实体经济发挥的重要作用。由于国际货币基金组织（IMF）的数据库中只包含全球官方外汇储备中比重大于1%的货币（包括美元、欧元、日元、英镑、瑞士法郎），从2016年起才开始统计人民币份额，故本章无法采用官方外汇储备比重这一国际通用指标，转而聚焦于人民币的国际计价支付功能，进一步将其细分为贸易与金融两大方面。同时考虑到数据的可得性，本章构建的人民币国际化测度指数最终落脚在人民币跨境结算、对外信贷、债券票据三方面。具体的指标体系及计算方式如表6-2所示。

表6-2　　　　　　　　　　人民币国际化指数指标体系

一级指标	二级指标
贸易	世界贸易总额中人民币结算比重
金融	全球对外信贷总额中人民币对外信贷比重
	全球国际债券和票据余额中人民币债券和票据比重

注：世界贸易总额中人民币结算比重 = 人民币跨境贸易金额/世界贸易进出口总额

全球对外信贷总额中人民币信贷比重 = 人民币境外信贷金额/全球对外信贷总额

全球国际债券和票据余额中人民币债券和票据比重 = 人民币国际债券和票据余额/全球国际债券和票据余额

构建人民币国际化测度指数时采用的数据来源于Wind数据库、联合国贸易和发展会议、国际清算银行、中国人民银行、国际货币基金组织以及中国香港金融管理局等。关于数据区间的选择，由于2009年4月国务院决定在上海、广州、深圳、珠海、东莞率先开展跨境贸易人民币结算试点工作，2009年7月正式启动，这可以视为人民币国际化进入新阶段，考虑到数据的可获得性，本章选取的研究区间为2009~2017年数据。另外，鉴于存量是流量的累积形成的，相比流量而言存量更能体现人民币在国际债券交易中的现实地位，因而选择人民币债券和票据余额表示人民币债券和票据这一比重。

在人民币国际化指数构建过程中，考虑到计价结算、对外信贷、债券票据三种功能是并行不悖的，其精准的权重分配是学术界的难题，至今尚未形成权重分配的共识,因此本章借鉴李瑶(2003)和中国人民大学国际货币研究所编制的人民币国际化指数(RII)的做法,并考虑到人民币在国际贸易和金融中实际使用状况,采用相同权重的做法,即赋予每个三级指标各 1/3 的权重,由此构造的人民币国际化测度指数如下:

$$RMB_t = \sum_{i=1}^{3} b_{it} w_i (t = 1, 2, \cdots, 9) \quad (6-2)$$

式中,RMB_t 表示第 t 期的人民币国际化指数,b_{it} 表示第 i 个变量在第 t 期的数值,w_i 表示变量 b_i 的权重,由于采用相同权重,因此 w_i 的取值均为 1/3。

人民币国际化指数取值越大,表示人民币国际化程度越高,即人民币在国际经济活动中发挥的作用越重要。通过具体计算,得到 2009~2017 年的人民币国际化指数如图 6-2 所示。可以看到,人民币国际化水平 2009~2015 年逐年上升,并在 2015 年达到最高位,之后受全球经济增长速度变缓的影响,在 2016 年和 2017 年出现了回落现象。人民币要在世界货币之林占据重要地位还有很长的路要走,目前人民币仍处于国际化初级阶段,但未来发展前景看好,具有很大的发展潜力。

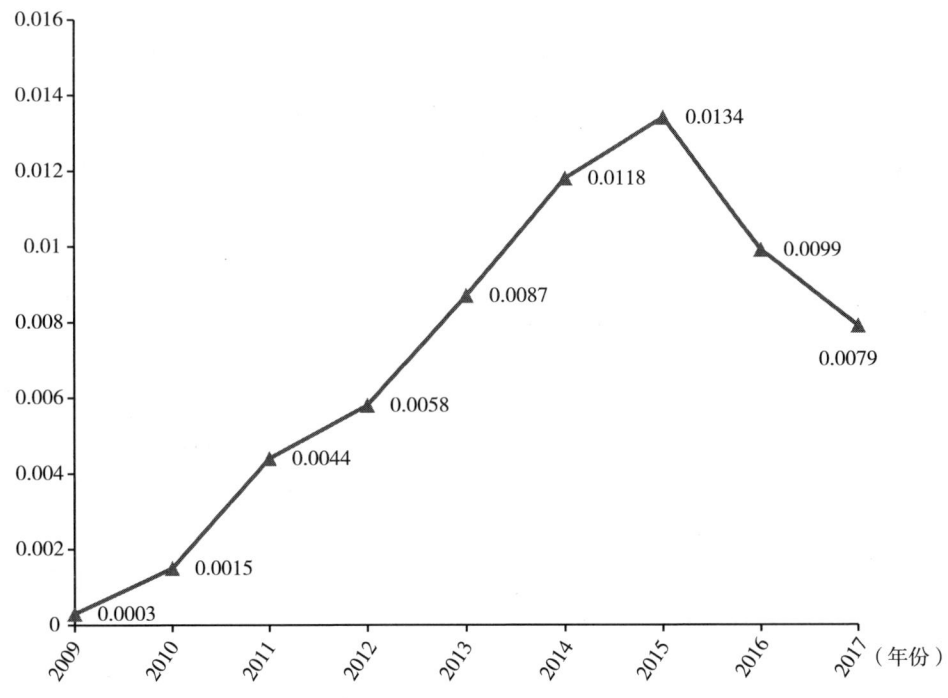

图 6-2 2009~2017 年人民币国际化指数

(三)重要控制变量

(1)反映各国市场规模和劳动力资源的指标:各国人口数量(POP),数据来源于世界银行WDI数据库。中国对沿线国家的投资的重要动机之一便是市场寻求。另外,随着中国人力资本的不断上升,"人口红利"逐渐消失,对外投资以便利用东道国丰富且相对廉价的劳动力也是重要的考量指标。一般而言,东道国市场规模越大,劳动力资源越丰富,将有助于吸引中国资本进入投资,因此预期东道国人口数量(POP)对中国OFDI的作用为正,为消除异方差的不利影响,将其进行对数化处理(lnPOP)。

(2)反映各国经济发展前景的指标:各国GDP发展速度(RGDP)和东道国汇率波动度(EXCH)。其中,RGDP数据来源于世界银行WDI数据库,$RGDP=(GDP增长率+100)/100$,RGDP可以体现一国经济未来发展前景,因此预期对中国OFDI产生促进作用;东道国汇率波动度(EXCH),数据来源于国际货币基金组织(IMF)的IFS数据库,用来反映各国货币汇率相对于其均值的波动程度。币值是否稳定将会影响跨国投资企业的预期,如果一国汇率出现剧烈波动,将会使跨国投资企业暴露在汇率风险之下,因此预期EXCH会对中国OFDI产生阻碍作用。

(3)反映双边经贸往来的指标:中国对各国出口额(EX)和中国从各国进口额(IM),数据来源于中国国家统计局。为使得不同年份数据可比,采用基期为2009年的定基消费价格指数进行平减。一般而言,进出口贸易的进行有利于加深对东道国的了解,从而有利于跨国投资进行,但中国对各国的出口短期内也可能会对中国OFDI产生替代效应,因而我们预期出口和进口会对中国OFDI产生促进作用。为消除异方差的不利影响,进行对数化处理得lnEX和lnIM。

(4)反映双边深度经济合作指标:是否与中国签订自贸协议(FTA),数据来源于商务部网站,若中国与其没有签订自贸协议也没有开始自贸谈判,将其定义为0;若中国已经与其开始了自贸谈判但尚未正式实施,将其定义为1;若中国与其已经签订自贸协议并且已经实施,将其定义为2。自贸协议的签订,标志着两国的双边经济合作已经进入新的阶段,将大大便利双边的经贸往来,也将对中国OFDI产生重要推动作用,并且在沿线国家投资风险不断的情况下,自贸协议更是保护中国跨国投资的重要屏障,因此预期FTA的作用为正。

(5)反映东道国经济开放程度与市场化水平的指标:东道国经济自由度

（ECOFREE），数据来源于美国传统基金会（The Heritage Foundation）发布的年度统计报告，该指标综合考虑了各东道国的营商环境与经营成本，可以反映一国的经济制度质量。康等（Kang etc.，2012）认为，跨国投资企业更倾向于投资政治稳定、经济自由的国家或地区。经济自由度越高，政府对价格、工资、资本流动等的干涉程度越低，则跨国公司对东道国投资的便利程度便会提升，因此预期 ECOFREE 将对中国 OFDI 产生积极效应，为在一定程度上消除异方差的影响，进行对数化处理（lnECOFREE）。

（6）反映双边运输成本的变量：中国与东道国之间的经济距离（DIST），数据来源于 CEPII 数据库和 Wind 数据库，自布雷纳德（Brainard，1997）将距离引入国际投资影响因素研究后，两国首都之间的物理距离便成为研究者经常采用的指标，但由于不同年份间的取值相同，在构建固定效应模型时便会失效，无法进入固定效应模型，并且运输成本除受距离影响外，国际油价的变动也是运输成本的重要影响因素。因此，鉴于物理距离的局限性，将原来的物理距离乘上 WTI 原油年度均价，用来反映中国与东道国之间的经济距离，能更好地代表中国对沿线各国投资的经济成本（主要是运输成本）。从中国对外投资的发展轨迹来，是由近及远、逐步推进，因此预期 DIST 的影响为负，为消除异方差的影响，将其对数化处理为 lnDIST。

为了更好地观察各项指标的基本特征，首先对上述变量进行描述性统计分析，利用统计软件 Stata 15.1 计算描述统计（见表 6-3）。可以看出，中国对"一带一路"沿线各国 2009~2017 年的直接投资存量存在较大的国别差异，最少的国家仅为 155 万美元，而最高的国家达 3826771 万美元。各国的 GDP 发展速度、市场规模以及与中国的进出口贸易额等变量也存在较大差距。经济自由度方面，最小值为 36.70，最高值达 89.40，表明在不同东道国进行投资活动的经济成本与投资风险存在明显差异。

表 6-3　　　　　　　　　　各变量的描述性统计

变量	最小值	最大值	均值	标准差	样本量
RMB	0.000323	0.01343	0.007099	0.004222	333
OFDI	1.55 亿美元	38267.71 亿美元	2513.79	4312.01	333
RGDP	-7.82	17.29	3.43	3.51	333

续表

变量	最小值	最大值	均值	标准差	样本量
EX	140.44	89590.07	18464.06	19225.02	333
IM	5.29	169343	16224.79	27522.09	333
ECOFREE	36.70	89.40	63.71	9.58	333
DIST	40815.86	946760.39	401287.48	216299.60	333
POP	383772.00	1339180127.00	82517988.90	207300054.50	333
RGDP	-7.82	17.29	3.43	3.51	333
lnOFDI	0.44	10.55	6.71	1.71	333
lnEX	4.94	11.40	9.11	1.39	333
lnIM	1.67	12.04	8.29	2.11	333
lnECOFREE	3.60	4.49	4.14	0.15	333
lnDIST	10.62	13.76	12.73	0.63	333
EXCH	0.0008	0.59	0.03	0.04	333
lnPOP	12.86	21.02	17.07	1.58	333
FTA	0	2	0.74	0.88	333
RGDP	0.92	1.17	1.03	0.04	333

资料来源：采用统计软件 Stata 15.1 计算得出。

第五节　实证分析结果

在进行实证模型选择时，固定效应模型和随机效应模型是经常采用的面板数据模型，但鉴于随机效应模型在可解释性方面存在一定不足之处，广大计量经济学家更倾向于采用固定效应模型进行实证研究。因此本章也选用固定效应模型进行实证检验。

首先，构建了全部国家模型，分析人民币国际化对中国在"一带一路"沿线国家直接投资的影响。在此基础上，根据地理位置不同，将沿线国家划分为丝绸之路经济带沿线国家和"21世纪海上丝绸之路"沿线国家,并分别构建模型进行检验。鉴于中国对发达国家投资和对发展中国家的动机可能存在差异,因此对沿线国家按照经济发展程度进行分类,分别构建发达国家模型和发展中国家模型,采用统计软件 Stata 15.1 进行实证检验,模型估计结果如表6-4所示。

表6-4　　　　　　　　　　　模型估计结果

变量	全部国家模型	"一带"沿线国家模型	"一路"沿线国家模型	发达国家模型	发展中国家模型
C	-53.488** (-2.334)	-101.630*** (-4.955)	5.974** (2.436)	-105.720* (-1.889)	-87.954*** (-4.830)
RMB	98.117*** (9.386)	79.900*** (7.747)	120.723*** (10.575)	107.209*** (5.038)	61.847*** (6.958)
lnPOP	3.479*** (2.641)	6.538*** (5.375)		6.502* (1.957)	5.147*** (5.005)
lnIM	0.244*** (2.663)	0.347*** (3.255)	0.229* (1.923)	1.271*** (4.046)	
lnDIST	-0.373*** (-3.328)		-0.513*** (-3.875)	-0.630*** (-2.804)	-0.089 (-0.983)
FTA	0.238* (1.757)	-1.221*** (-4.812)	0.334** (2.110)		0.411*** (3.594)
RGDP	2.600* (1.903)		4.112** (2.061)		
lnEX		-0.485*** (-2.937)			
EXCH		-2.321** (-2.133)			
lnECOFREE					1.428** (2.165)
F 统计量	67.06	39.11	58.46	45.72	83.89
R^2	0.5812	0.7603	0.5808	0.6287	0.7009

注:* 表示 $p<0.1$;** 表示 $p<0.05$;*** 表示 $p<0.01$。

资料来源:利用统计软件 Stata 15.1 计算得出。

一、全部国家模型分析结果

为了分析人民币国际化对中国 OFDI 的影响，首先构建全部国家模型，由表 6-4 可以看出，在 0.05 的显著性水平下，人民币国际化水平（RMB）对中国 OFDI 具有显著影响，促进了中国在沿线国家的直接投资，与预期相符。控制变量中东道国人口数量（lnPOP）、中国从东道国进口（lnIM）、中国与东道国之间的经济距离（lnDIST）对中国 OFDI 具有显著影响，其中，lnPOP 和 lnIM 指标对中国 OFDI 具有正向效应，符合预期，说明东道国市场规模对中国 OFDI 具有正向效应，市场寻求是中国对沿线国家投资的动机之一，而距离对直接投资则有负面影响，因为距离越远将导致运输成本增加，也符合经济理论和预期。若取显著性水平为 0.1，则 GDP 发展速度和是否与中国签订自贸协议也将对中国 OFDI 产生促进作用。

二、按地理位置差异分类分析结果

"一带一路"是丝绸之路经济带和"21 世纪海上丝绸之路"的合称，其中丝绸之路经济带沿线大都是内陆国家，而"21 世纪海上丝绸之路"沿线都是海洋国家，其经济发展模式存在明显差异，中国对其投资相应也具有了明显不同的特征。为了区分地理位置差异所带来的投资差异性，本章分别构建了"一带"沿线国家模型和"一路"沿线国家模型，其中"一带"沿线包括了俄罗斯、蒙古、哈萨克斯坦等 10 个国家，而"一路"沿线包括了巴基斯坦、马来西亚、柬埔寨等 27 个国家。

（一）"一带"沿线国家模型分析

由表 6-4 可以看出，人民币国际化水平（RMB）对中国在沿线国家的直接投资具有显著促进作用，符合预期。控制变量中的东道国人口数量（lnPOP）、中国从东道国进口（lnIM）、中国对东道国出口（lnEX）、东道国货币汇率波动度（EXCH）和是否与中国签订自贸协议（FTA）对中国 OFDI 具有显著影响，其中，东道国人口数量（lnPOP）以及中国从东道国进口（lnIM）对中国 OFDI 有显著的促进作用，这与预期相符。但中国对东道国出口（lnEX）、东道国货币汇率波动度（EXCH）和是否与中国签订自贸协议（FTA）对中国 OFDI 产生了负面效应。笔者认为其原因是部分东道国汇率波动剧烈，使得中国投资面临较大汇率风险，从而使得中国企业减少了投资，自贸协议的签订短期内会对双边贸易产生较大促进作用，使得中国对东道国的出口大幅增加，这将会对中国投资产生一定的"挤出效应"，从长期来看，这种"挤出效应"将会逐渐消失。

（二）"一路"沿线国家模型分析

与丝绸之路经济沿线这些内陆国家相比，"21世纪海上丝绸之路"沿线的海洋国家的经济发展更好，与中国签订自贸协议的国家也相对较多。由表6－4可以看出，人民币国际化水平（RMB）对中国OFDI产生促进作用，符合预期。控制变量中的是否与中国签订自贸协议（FTA）、GDP发展速度（RGDP）、中国从"一路"国家进口（lnIM）和距离对中国OFDI具有显著影响，其中，是否与中国签订自贸协议（FTA）和GDP发展速度（RGDP）对中国向"一路"国家的直接投资也具有显著正向影响，与预期相符，而中国从"一路"国家进口（lnIM）的促进作用相对微弱，两国之间的经济距离（lnDIST）对中国OFDI则具有负向效应，主要是运输成本与距离直接负相关所导致，符合预期。

三、按国家发展程度分类分析结果

中国对发达国家和发展中国家的投资具有不同的动机和利益诉求，其中，对发达国家的投资主要基于技术需求驱动，而发展中国家可能基于市场寻求驱动或资源寻求驱动。为了区分国家发展程度差异导致中国OFDI的差异性，本章分别构建了发达国家模型和发展中国家模型，分类标准采用IMF关于发达国家和发展中国家判断标准。构建的发达国家模型中包括卢森堡和比利时等14个国家，发展中国家包括老挝和印度尼西亚等23个国家。

（一）发达国家模型分析

发达国家经济发展水平高，金融基础设施完善，相关金融法律法规比较健全，生产技术比较发达，中国对发达国家的投资相当一部分是基于技术寻求动机，人民币国际化程度的提高将会对中国投资产生助力。由表6－4可以得到，人民币国际化水平（RMB）对中国OFDI具有显著促进作用，与预期一致。控制变量中的中国从东道国进口（lnIM）、东道国人口数量（lnPOP）和距离对中国OFDI具有显著影响，其中，中国从东道国进口（lnIM）和东道国人口（lnPOP）对中国OFDI具有显著促进作用，由此可见，中国对发达国家的投资也具有一定的市场寻求动机，中国从东道国进口（lnIM）可以在一定程度上改善与东道国的经贸关系，尤其是中美贸易摩擦仍在持续的情况下更是如此。中国与东道国之间的经济距离（lnDIST）会显著抑制中国的直接投资，这与预期相一致。

（二）发展中国家模型分析

"一带一路"沿线大部分国家都属于发展中国家，经济发展程度相对较低，与中国经济的互补性强。中国产品具有较强的竞争力，市场寻求是中国对其进行直接投资的重要动机。由表 6-4 可以看出，人民币国际化水平（RMB）对中国在沿线国家的投资具有显著促进作用，符合预期。控制变量中的东道国人口（lnPOP）、是否与中国签订自贸协议（FTA）、东道国的经济自由度（ECO-FREE）和经济距离（DIST）对中国 OFDI 具有显著影响，其中，东道国人口数量（lnPOP），是否与中国签订自贸协议（FTA）和东道国的经济自由度（ECO-FREE）对中国直接投资产生了显著促进作用，中国对其投资的市场寻求动机明显。发展中国家的法律法规相对滞后，自贸协议（FTA）的签订，可以在一定程度上对冲东道国法律法规不健全的风险，为中国投资起到保驾护航作用。东道国的市场开放程度提升也对中国投资的进入具有促进作用。两国之间的经济距离（lnDIST）对中国 OFDI 具有负向效应，这与预期一致。

四、模型稳健性检验 - IV 估计

本章在人民币国际化对中国 OFDI 影响研究的建模过程中，直接将人民币国际化指数纳入固定效应模型中，可能会产生变量内生性问题，需要构建相应的工具变量进行模型的稳健性检验。利用控制变量中的中国从沿线国家进口以及东道国人口数量的滞后一期作为工具变量进行 IV 估计，得到如表 6-5 所示结果。从工具变量估计结果看，经检验后与之前模型相比，除"一路"沿线国家模型中东道国 GDP 发展速度（RGDP）的系数发生显著变化外，人民币国际化以及其他重要控制变量的系数均没有明显变化，表明互为因果的内生性问题影响并不明显，因而之前采用固定效应模型进行估计是比较稳健的。

表 6-5　　人民币国际化对中国 OFDI 影响的工具变量估计结果

变量	全部国家模型	"一带"沿线国家模型	"一路"沿线国家模型	发达国家模型	发展中国家模型
C	-79.752*** (-2.965)	-172.004*** (-5.684)	14.676*** (4.324)	-126.440** (-1.961)	-109.569*** (-5.521)
RMB	71.583*** (6.584)	57.755*** (4.693)	90.206*** (7.134)	74.878*** (3.013)	46.535*** (5.595)

续表

变量	全部国家模型	"一带"沿线国家模型	"一路"沿线国家模型	发达国家模型	发展中国家模型
lnPOP	5.158*** (3.428)	10.703*** (6.006)		7.442* (1.951)	6.555*** (5.866)
lnIM	0.323** (2.272)	0.801*** (3.266)	0.231 (1.296)	2.053*** (2.964)	
lnDIST	−0.439*** (−3.686)		−0.697*** (−5.263)	−0.774*** (−3.193)	−0.146 (−1.583)
FTA	0.261 (1.533)	−1.508*** (−5.057)	0.418** (2.072)		0.008 (0.050)
RGDP	0.663 (0.357)		−1.844 (−0.725)		
lnEX		−0.769*** (−3.214)			
EXCH		−1.119 (−0.885)			
lnECOFREE					1.059* −1.679
R^2	0.5173	0.7007	0.5124	0.5392	0.6633
F 统计量	47.48	79.11	46.84	51.75	112.83

注：* 表示 $p<0.1$；** 表示 $p<0.05$；*** 表示 $p<0.01$。

资料来源：利用统计软件 Stata 15.1 计算得出。

第六节 结论与政策建议

一、结论

通过前面的实证分析发现，无论是全部国家模型还是分类国家模型，人民币国际化水平（RMB）均对中国在"一带一路"沿线国家的投资具有显著影响，促进了中国 OFDI 的发展，但各个控制变量在不同模型间存在较大差异，总体来说存在以下几个特点。

（一）人民币国际化对中国 OFDI 具有显著促进作用

在所构建的 5 个模型中，无论是全部国家模型还是分类国家模型，人民币国际化均对中国 OFDI 具有显著促进作用，人民币国际化会通过直接效应、间接效应和预期效应对中国 OFDI 产生促进作用。从全部国家模型看，人民币国际化每提高 1 个单位，中国对"一带一路"沿线国家的投资将增长 98 个单位。5 个模型中，人民币国际化水平影响最大的是"一路"沿线国家模型，影响最小的是发展中国家模型，这也与现实相符。"一路"沿线国家的经济外向性明显，人民币更容易在东道国占据重要地位，相应对中国 OFDI 的促进作用更明显，而发展中国家经济发展滞后，金融基础设施比较欠缺，经济相对更加封闭，不利于人民币国际化发展。

（二）市场寻求是中国对沿线国家投资的重要动机

邓宁（Dunning，1988）指出，市场寻求、技术寻求、资源寻求和劳动力寻求是进行对外投资的重要动机，从实证分析的结果看，我国对"一带一路"沿线国家的直接投资具有明显的市场寻求动机。反映东道国市场规模的东道国人口（POP）指标在 4 个模型中（除"一路"沿线国家模型外）对中国 OFDI 具有显著促进作用。东道国广阔的市场规模是吸引我国投资进入的重要驱动力，与预期相符。其中，发达国家模型中，只有取 $\alpha = 0.1$ 时表现显著，说明我国在发达国家的投资首要关注指标除拓展市场外，还有更加重要的考量指标，即技术寻求在其中所起的作用更为突出。

（三）经济发展前景是影响中国投资的重要因素

相比较国内投资，跨国投资面临的不确定性更大，因此东道国具有良好的经济发展前景，不存在剧烈的经济波动对 OFDI 显得尤为重要。对外直接投资一旦出现偏差将产生较大沉没成本，在进行投资决策时除了考虑短期利益之外，更为看重长期发展前景。从实证模型结果看，GDP 发展速度（RGDP）在全部国家模型和"一路"沿线国家模型中对中国 OFDI 具有促进作用。由于部分"一带"沿线国家的汇率波动比较剧烈，导致在"一带"沿线国家模型中，东道国货币汇率波动度（EXCH）对中国 OFDI 产生了负向效应。

（四）双边关系紧密程度对中国 OFDI 具有显著影响

国际贸易往往先于国际投资开始，双边国际贸易的开展，有助于加深对东道国经济发展状况的了解，为进一步跨国投资的开展奠定基础。从实证分析结果看，中国从东道国进口（IM）在 4 个模型中（除发展中国家模型外）对中国 OFDI 具有促进作用，与预期相符，笔者认为中国从东道国进口，有助于增强东道国经济实力，进而对中国 OFDI 进入产生促进作用。另外，中国从东道国进口更是加深双边关系的重要手段，在中美贸易摩擦仍旧持续的情况下更是如此，中国进口贸易博览会的召开正应其时。但中国对东道国出口（EX）对中国OFDI具有负向效应，笔者认为主要是短期内中国出口对中国OFDI产生了明显的"替代效应"。是否与中国签订自贸协议（FTA）对中国OFDI影响显著，在东道国法律法规不太健全的情况下，与东道国签订互惠互利的自贸协议会对我国跨国投资起到很好的权益保护作用。

二、政策启示

由前面分析不难发现，人民币国际化对中国OFDI具有显著影响，对中国在"一带一路"沿线国家的直接投资产生了促进作用。为进一步推动人民币国际化进程，增强我国人民币的国际影响力，顺利推进"一带一路"建设，增进沿线各国人民的共同福祉，应该采取以下几个方面的措施。

（一）积极稳妥推进人民币国际化进程

鉴于目前国际货币体系的局限性，应该抓住"一带一路"建设的时机，积极稳妥推进人民币国际化进程，促使人民币国际化和中国对沿线国家的投融资相互协调、相互促进。推进人民币国际化要循序渐进的观点得到大多数学者认同，李稻葵和刘霖林（2008）提出，人民币国际化应该采用双轨制模式，王元龙（2009）提出，要实现两个"三步走"，即周边化—区域化—国际化的地域层面"三步走"，以及结算货币—投资货币—储备货币的货币职能"三步走"。陈雨露（2013）也提出利用30年来实现两个"三步走"。曹远征、陈世波和林辉（2018）认为，人民币国际化起步于双边贸易结算，回流机制采用"离岸市场加清算行"模式。笔者认为在人民币国际化推进过程中，既要积极进取有所作为，又要建好金融风险"防波堤"。抓住"一带一路"建设的有利时机，努力提升人民币在沿线国家的接受和认可度，积极推动货币互换，大力发展离岸市场，在充分防控金融风险的前提下，根据中国经济发展的需要，逐步扩大资本账户的开放力度。

（二）继续深化国内金融市场改革，有效利用"深港通"和"沪港通"促进人民币国际化

目前，我国已经发展成为全球第二大经济体，但我国金融发展程度却与之严重不匹配，金融市场发展还远落后于欧美发达国家，深度还远远不够，缺乏长期、稳定、安全的固定收益投资工具和交易市场，资本账户完全开放的条件

尚不具备，相关法律法规还不太健全，人民币发展成为全球完全可兑换货币仍有很长的路要走。"深港通"和"沪港通"在人民币资本账户尚未完全开放的情况下，为国内外资金的顺利流通提供了可行的通道，应该在有效防范金融风险的前提下，利用"深港通"和"沪港通"，推进人民币国际化进程。同时加强国内金融市场与国际市场的互动协调，积极发展人民币离岸市场，在一定程度上也会对国内金融市场改革产生"倒逼效应"。

(三) 加强与"一带一路"沿线国家的投融资机制合作

"一带一路"沿线国家大多是发展中国家，相应法律法规相对滞后，我国在沿线国家的投融资面临一系列风险，加强与沿线国家的投融资机制合作非常必要。

首先，应该积极推动与沿线国家的双边 FTA 谈判，与更多沿线国家签订双边自贸协议，推动双边经贸发展。

其次，应该积极加强与区域组织的合作，防止被孤立于部分"朋友圈"之外，比如目前日本领衔 CPTPP 已经生效，尽管目前尚未对我国经贸发展构成严重冲击，但从长远来看，中国应该趁美国尚未加入的契机，在不付出很多代价的前提下寻求加入。

再次，加强与发达国家的 BIT 谈判，近几年针对中国投资的审查越来越严格，欧盟开始步美国后尘加强对中国投资的安全审查，有些国家开始戴上"有色眼镜"看待中国投资，因此，加强与发达国家的 BIT 谈判势在必行。

最后，加强海外投资合作园区建设，海外投资合作园区内会建立起相对独立的规章制度，对海外情况不是很熟悉的情况下，选择在海外投资合作园区投资是比较稳妥的选择。

参考文献

[1] 保建云. 论"一带一路"给人民币国际化创造的投融资机遇、市场条件及风险分布 [J]. 天府新论, 2015 (1): 112-116.

[2] 曹远征, 陈世波, 林辉. 三元悖论非角点解与人民币国际化路径选择 [J]. 国际金融研究, 2018 (3): 1006-1029.

[3] 曹远征. 人民币国际化的源起与发展 [J]. 新金融, 2016 (6): 4-9.

[4] 陈雨露. 人民币国际化要分三步走 [N]. 人民日报海外版, 2013-04-18 (4).

[5] 黄卫平, 黄剑. "一带一路"战略下人民币如何"走出去" [J]. 人民论坛, 2015 (3): 30-39.

[6] 李稻葵, 刘霖林. 人民币国际化: 计量研究及政策分析 [J]. 金融研究, 2008 (11): 1-16.

[7] 李建军, 甄峰, 崔西强. 人民币国际化发展现状、程度测度及展望评估 [J]. 国际金融研究, 2013 (10): 58-65.

[8] 李瑶. 非国际货币、货币国际化与资本项目可兑换 [J]. 金融研究, 2003 (8): 104-111.

[9] 林乐芬, 王少楠. "一带一路"进程中人民币国际化影响因素的实证分析 [J]. 国际金融研究, 2016 (2): 75-83.

[10] 倪亚芬, 李子联. 人民币国际化与对外直接投资的互动分析 [J]. 金融与经济, 2016 (2): 45-49.

[11] 彭红枫, 谭小玉. 人民币国际化研究: 程度测算与影响因素分析 [J]. 经济研究, 2017 (2): 125-139.

[12] 沙文兵, 刘红忠. 人民币国际化、汇率变动与汇率预期 [J]. 国际金融研究, 2014 (8): 10-18.

[13] 王俊岭. 中国去年对外投资呈七亮点 [N]. 人民日报海外版, 2019-01-18 (4).

[14] 王元龙. 关于人民币国际化的若干问题研究 [J]. 财贸经济, 2009 (7): 16-22.

[15] 姚山, 古广东, 杨继瑞. 对外直接投资: 促进人民币国际化机理与优化路径探讨 [J]. 西南民族大学学报, 2016 (12): 142-147.

[16] 张帆, 余淼杰, 俞建拖. "一带一路"与人民币国际化的未来 [J]. 人民论坛·学术前沿, 2017 (9): 28-45.

[17] 张敬之. 人民币国际化与人民币对外直接投资的相关性研究 [J]. 上海金融, 2014 (11): 24-26.

[18] 张晓涛, 杜萌, 杜广哲. 中国对外直接投资 (OFDI) 对人民币国际化影响的实证研究 [J]. 投资研究, 2016 (10): 54-67.

[19] 中国人民银行. 2018年人民币国际化报告 [M]. 北京: 中国金融出

版社, 2018.

［20］宗良. "一带一路"与人民币国际化协同效应研究［J］. 国际金融, 2017（3）: 6-9.

［21］Brainard L. An Empirical Assessment of the Proximity - Concentration Trade - off Between Multinational Sales and Trade［J］. American Economic Review, 1997（9）: 520-544

［22］Chinn, Menzien and Jeffrey Frankel. Will the Euro Eventually Surpass the Dollar as Leading International Reserve Currency?［R］. NBER Working Paper, 2005.

［23］Dunning, J. H. Location and the Multinational Enterprise: A Neglected Factor?［J］. Journal of International Business Studies, 1998, 29（1）: 45-66.

［24］Kang Y, Jiang F. FDI Location Choice of Chinese Multinationals in East and Southeast Asia: Traditional Economic Factors and Institutional Perspective［J］. Journal of World Business, 2012（47）: 45-53.

［25］Kenen, Peter. The Role of the Dollar as an International Currency［R］. Occasional Papers Group of Thirty, New York, 1983.

［26］Tung, C., Wang, G., Yeh, J. Renminbi Internationalization: Progress, Prospect and Comparison［J］. China & World Economy, 2012（5）: 63-82.

技术及区域篇

第七章

对外直接投资逆向技术溢出与中国技术进步研究——基于"一带一路"沿线35国实证检验*

第一节 引 言

2013年9月和10月，中国先后提出共建"丝绸之路经济带"和"21世纪海上丝绸之路"（简称"一带一路"）伟大倡议，得到国际社会尤其是沿线国家的积极响应。2015年3月，《推动共建丝绸之路经济带和21世纪海上丝绸之路的愿景与行动》发布，提出要积极推动与沿线国家的"五通"建设①，提倡以"政府推动、企业主导、市场运作"的模式来加强与沿线国家的经贸合作，增进沿线国家的共同福祉。我国与沿线国家的经贸合作如火如荼，区域贸易和投资快速增长，互联互通建设顺利推进。据统计，2016年，我国企业共对"一带一路"相关的53个国家进行了直接投资，投资额合计145.3亿美元，同比下降2%，占中国对外直接投资总额的8.6%，主要流向新加坡、印度尼西亚、印度、泰国和马来西亚等国家和地区。

外商直接投资能够带来逆向技术溢出并促进母国的技术进步，这种观点已为众多学者所认可。但"一带一路"沿线国家数量众多，既包括部分西方发达

---
* 本章的部分内容发表于《数学的实践与认识》2018年第7期。
① 国家发展改革委，商务部，外交部. 推动共建丝绸之路经济带和21世纪海上丝绸之路的愿景与行动[R]. 2015.

国家，也包括众多发展中国家，对沿线国家的直接投资既包含技术寻求动机的投资，也有市场寻求动机的投资，再加上我国幅员辽阔，不同区域之间经济发展程度存在很大差异，东部沿海地区与中西部地区之间存在经济发展阶段"代差"，而且在生产技术水平、人力资本、教育水平和研发投入等方面存在较大差异，这将影响技术溢出的吸收能力。因此，对沿线国家直接投资产生的国际R&D逆向溢出能否促进我国技术进步，需要进行深入探讨和分析，以求为差异化投资策略制定提供一定的决策参考。本章基于对数型柯布—道格拉斯生产函数，采用面板随机前沿模型，测度我国对"一带一路"沿线国家直接投资产生的逆向技术溢出对我国技术进步的影响，并提出相应投资建议。

第二节 文献评述

在开放经济条件下，经济全球化和贸易投资一体化加速推进，对外直接投资（OFDI）是资本国际化的重要形式，也是跨国公司融入全球一体化的重要途径。国际技术溢出理论研究始于20世纪90年代初，格罗斯曼和赫尔普曼（Grossman & Helpman，1991）运用"内生—创新驱动"经济增长模型，分析了国际技术溢出的可能渠道—国际贸易渠道。科和赫尔普曼（Coe & Helpman，1995）［简称 C－H（1995）模型］对格罗斯曼和赫尔普曼（Grossman & Helpman，1991）的设想进行了验证分析，发现进口国能够获得来自贸易伙伴国的技术溢出，进而促进母国技术进步，但他们的研究中没有考虑国际投资的逆向技术溢出效应。最早考察FDI逆向技术溢出效应的学者当属科古特和常（Kogut & Chang，1991），他们在分析日本企业对美国直接投资问题时发现，日本对美国的直接投资大多集中在研发密集型产业，投资方式更倾向于采用合资方式，据此提出了逆向技术溢出的猜想。蒂斯（Teece，1992）、山姆（Yamawaki，1993）、奈文和西奥蒂斯（Neven & Siotis，1993，1996）分别对瑞典、日本和欧洲的对外直接投资进行了研究，得出了与科古特和常（Kogut & Chang，1991）类似结论。

之后，对国际技术溢出理论研究贡献较大的当属陶特和利蒂腾贝格（Potterie & Lichtenberg，1996，1998，2001）［简称 L－P（2001）模型］，他们首次将 OFDI 作为溢出渠道引入科和赫尔普曼（Coe & Helpman，1995）提出的 C－H 模型中，构建了国际 R&D 溢出模型，检验 OFDI 的技术溢出效应。之后学者大都是在 C－

H（1995）模型和 L－P（2001）模型的基础上构建实证分析模型。但由于采用的数据和方法不同，因此得出来的结论存在很大差异，没有形成一致的观点和看法。部分学者经过研究发现 OFDI 存在正逆向溢出效应，如布兰施泰特（Branstetter, 2006）、普拉丹和辛格（Pradhan & Singh, 2008）、德里菲尔德和蒋（Driffield & Chiang, 2009）、德里菲尔德和洛夫（Driffield & Love, 2009）、维克托等（Victor etc., 2012）、瓦（Hiau, 2014）、唐和阿尔舒勒（J Tang & R Altshuler, 2015）等；另外一部分学者经过研究却得出了相反的结论，要么逆向技术溢出效应不显著，要么存在负逆向技术溢出效应，比如洛夫（Love, 2003）、比特泽和克里克斯（Bitzer & Kerekes, 2008, 2009）、迪恩和格林（Dhyne & Guerin, 2012）等。

国内学者对逆向技术溢出的研究起步相对较晚，但取得的进步很快。在理论研究方面，马亚明和张岩贵（2003）从技术扩散的角度进行了论证分析，发现技术落后厂商进行对外直接投资的主要目的是获得技术溢出效应。赵伟、古广东和何元庆（2006）鉴别了外向 FDI 促进母国技术进步的四个机理，即 R&D 费用分摊机制、研发成果反馈机制、逆向技术转移机制和外围研发剥离机制，并进行实证分析发现，OFDI 对我国技术进步具有显著的影响。在实证方面，国内学者大都基于 L－P（2001）模型进行实证研究，比较有代表性的有白洁（2009）、李梅和柳士昌（2012）、沙文兵（2012）、周春应（2009）、阚大学（2010）、欧阳艳艳（2010）、刘明霞和王学军（2009），付海燕（2014）、韩玉军和王丽（2015）、吴书胜和李斌（2015）、尹东东和张建清（2016）、李娟等（2017）、姚战琪（2017）等等。不同学者采用的数据和研究方法不同，得出的结论存在不少差异。

白洁（2009）基于 L－P 模型分析了对外直接投资产生的逆向技术溢出对全要素生产率的影响，发现并不存在显著的逆向技术溢出效应。李梅和柳士昌（2012）研究发现，对外直接投资存在显著的逆向技术溢出效应，但逆向技术溢出效应存在明显的地区差异，并在六个方面存在门槛效应。沙文兵（2012）对省际面板数据进行了实证研究，发现对外直接投资逆向技术溢出对国内创新能力具有显著的正向效应，但存在明显的地区差异。欧阳艳艳（2010）对逆向技术溢出的影响因素进行了探讨，发现东道国的研发资本存量、人均国民收入和 GDP 是影响中国对外直接投资逆向技术溢出的三大因素。阚大学（2010）采用系统广义矩估计方法进行实证研究，发现存在对外直接投资逆向技术溢出效应。刘明霞和王学军（2009）发现，我国的逆向技术溢出存在着较大的地区差异，吸收能力影响逆向技术溢出的大小。

付海燕（2014）对发展中国家和地区数据进行实证分析，发展中国家和地区通过对技术领先国家直接投资获得的逆向技术溢出对其技术进步有显著促进作用。吴哲等（2015）对"一带一路"沿线国家和发达国家进行了研究，发现对"一带一路"沿线国家投资产生的逆向技术溢出对全要素生产率存在正向影响。尹东东和张建清（2016）采用 GMM 估计分析了我国 OFDI 的逆向技术效应，进一步分析了吸收能力因素对逆向技术的影响。李娟等（2017）分析了对外直接投资、逆向技术溢出与创新能力的关系，发现来自对外直接投资的逆向技术溢出是中国创新能力提升的重要因素。

以往的研究大多以同一类型对象国为研究对象，或者以发达国家为研究对象国，或者以发展中国家为研究对象国，得出的结论各有不同。关于"一带一路"沿线国家的研究，吴哲等（2015）选择了其中的 10 个发展中国家，没有涵盖其中的发达国家，相对于沿线 60 多国家而言代表性稍显不足。因此，本章在以往研究的基础上，选择代表性更强的沿线 35 个国家作为分析对象国，采用面板随机前沿模型进行实证研究，探讨 OFDI 技术溢出对我国技术进步的影响。

第三节 计量模型与数据处理

一、计量模型

科和赫尔普曼（Coe & Helpman，1995）构造了基于国际贸易渠道的国际 R&D 技术溢出模型 [C-H（1995）模型]，在学界具有非常重要的影响。在经济全球化的今天，全球经济一盘棋，国内 R&D 投入和由国外 R&D 投入产生的技术溢出会对该国的技术进步产生重要影响。本章将在 C-H（1995）模型和 L-P（2001）模型的基础上，构建 OFDI 逆向技术溢出检验模型。

$$\ln TFP_{it} = C + \alpha \ln S_{it}^d + \beta \ln S_{it}^f + \varepsilon_{it} \qquad (7-1)$$

式中，i 代表地区，t 代表时间，TFP_{it} 代表全要素生产率，采用随机前沿模型测度 TFP_{it}，S_{it}^d 代表各地区国内 R&D 资本存量，S_{it}^f 代表对外直接投资渠道产生的国外 R&D 溢出。α 和 β 代表国内 R&D 和国外 R&D 溢出对全要素生产率的影响。

采用 L-P（2001）模型的方式计算我国对外直接投资获得的国外 R&D 资

本溢出，S_t^f：

$$S_t^f = \sum_j^n \frac{OFDI_{jt}}{K_{jt}} S_{jt} \qquad (7-2)$$

式中，S_{jt} 表示 t 时期 j 国的 R&D 资本投入，$OFDI_{jt}$ 表示我国 t 时期对 j 国的直接投资，K_{jt} 表示 j 国 t 时期的固定资本形成总额。

为了衡量我国各省份 OFDI 产生的逆向溢出效应，加入各省份的权重。各地区从 OFDI 中获得的国外 R&D 溢出 S_{it}^f 可以表述为：

$$S_{it}^f = S_t^f \times \frac{OFDI_{it}}{\sum_i OFDI_{it}} \qquad (7-3)$$

式中，$OFDI_{it}$ 表示 i 地区 t 时期的对外投资存量。

早期的经济学家，尤其是新古典经济学家斯洛（Solow，1957）将土地、劳动力和资本看作影响产出的三大重要因素，但随着工业化进程推进和经济现代化的发展，我国对能源消耗不断增长，现在已经成为全球第一大能源消费国和净进口国，能源供给和能源价格在国民经济生产中约束作用越来越引起经济学家的关注。据统计，2015 年我国能源消费总量达 43 亿吨标准煤，中国石油净进口增长至 737 万桶/日。舒尔（Schurr，1960）提出，能源要素在美国经济增长中起着重要的作用，拉什和塔托姆（Rashe & Tatom，1977）首次将能源消费引入柯布—道格拉斯生产函数。本章将能源投入作为重要的投入要素，构建资本、劳动力和能源三要素投入下的全要素生产率。

梳理国际 R&D 溢出研究文献，国际 R&D 溢出渠道主要包括贸易渠道、投资渠道、人力要素流动渠道三个方面。在国际 R&D 溢出过程中，人力资本是一个重要的影响因素。贝哈鲍比和施皮格尔（Benhabib & Spiegel，1994）指出，人力资本可以直接对国内技术创新效率产生影响，也可以影响从国外吸收、模仿和学习新技术的速度。因此，将出口、进口和外商直接投资、国内 R&D 投入和人力资本等变量作为控制变量纳入国际 R&D 溢出模型中，最后确定的实证分析模型为：

$$\begin{aligned} \ln TFP_{it} = {} & \beta_0 + \beta_1 \ln S_{it}^f + \beta_2 \ln S_{it}^d + \beta_3 \ln EX_{it} \\ & + \beta_4 \ln IM_{it} + \beta_5 \ln FDI_{it} + \beta_6 \ln H_{it} + \varepsilon_{it} \end{aligned} \qquad (7-4)$$

式中，$\ln EX_{it}$、$\ln IM_{it}$、$\ln FDI_{it}$、$\ln H_{it}$ 分别表示各省份出口、进口、外商直接投资和人力资本。

二、全要素生产率测算

关于全要素生产率（Total Factor Productivity，TFP）的测度方法，目前经常采用的测度方法主要包括索罗余值法、数据包络分析法以及本章所采用的随机前沿法等。相对于索罗余值法和数据包络法，随机前沿法更为方便有效，不但可以测算 TFP，还能同时考察各因素对 TFP 的影响，因此本章选择随机前沿方法。本章基于面板数据随机前沿模型，利用 Frontier 4.1 软件，在对数型柯布－道格拉斯生产函数的基础上，运用巴蒂斯和科利（Battese & Coelli, 1995）模型测算 TFP，进一步分析出口、进口、外商直接投资、国内 R&D 投入、对外直接投资产生的国际 R&D 溢出和人力资本对我国各省份技术进步的具体影响。

考虑能源消费约束，在经典模型中加入能源投入变量，对方程两边取自然对数将其进行线性化，将其变为对数线性模型形式，因此采用的基于随机前沿面板数据模型为：

$$\ln GDP_{it} = \beta_0 + \beta_1 \times \ln K_{it} + \beta_2 \times \ln L_{it} + \beta_3 \ln E_{it} + \varepsilon_{it}, \varepsilon_{it} = v_{it} - u_{it} \quad (7-5)$$

其中，$i = 1, 2, \cdots 29; t = 1, 2, \cdots, 9$。

$$TE_{it} = \exp(-u_{it}) \quad (7-6)$$

$$m_{it} = \delta_0 + \delta_1 \times \ln S_{it}^f + \delta_2 \times \ln S_{it}^d + \delta_3 \times \ln EX_{it} + \delta_4 \\ \times \ln IM_{it} + \delta_5 \times \ln FDI_{it} + \delta_6 \times \ln H_{it} + \varepsilon_{it} \quad (7-7)$$

$$\gamma = \frac{\sigma_u}{\sigma_u + \sigma_v} \quad (7-8)$$

在式（7-5）中，$\ln GDP_{it}$ 表示各省份国内生产总值（万元）的对数值，$\ln K_{it}$ 表示各省份全社会固定资产投资存量（万元）的对数值，$\ln L_{it}$ 表示各省份从业人员（人）的对数值，$\ln E_{it}$ 表示各省份能源消费总量（万吨标准煤）的对数值，其中，i 表示省份序号，t 表示年份，$t = 1$ 表示 2005 年，$\beta_0, \beta_1, \beta_2, \beta_3$ 为待估计的参数。

在式（7-6）中，TE_{it} 表示第 i 省份在第 t 时期的技术效率水平。若 $u_{it} = 0$，则 $TE_{it} = 1$，表示处于技术效率状态，生产位于生产前沿面上；反之，若 $u_{it} > 0$，则 $0 < TE_{it} < 1$，表示技术非效率状态，生产位于生产前沿之下。

在式（7-7）中，δ_0、δ_1、δ_2、δ_3、δ_4、δ_5 和 δ_6 表示待估计参数，$\ln S_{it}^f$ 表示各省份由于对外直接投资产生的国际 R&D 投入溢出存量（万元）的对数值，$\ln S_{it}^d$ 表示各省份国内 R&D 投资存量（万元）的对数值，$\ln EX_{it}$ 表示各省份出口（万

元）的对数值，$\ln IM_{it}$ 表示各省份进口（万元）的对数值，$\ln FDI_{it}$ 表示各省份外商直接投资存量（万元）的对数值，$\ln H_{it}$ 表示各省份人力资本（人）的对数值。

在式（7-8）中，γ 为待估计参数。若 $\gamma = 0$，则 $\sigma_u^2 \to 0$，进一步可推出 $\varepsilon_{it} = v_{it}$，若统计检验 $\gamma = \delta_1 = \delta_2 = 0$ 被拒绝，说明所有省份的生产点都位于生产前沿曲线上，无须采用 SFA 技术，可直接采用 OLS 估计。

三、数据来源与处理

本章主要分析数据来自中经网统计数据库、万德（Wind）数据库、历年的《中国统计年鉴》《中国科技统计年鉴》《中国劳动统计年鉴》《中国能源统计年鉴》，以及世界银行 WDI 数据库等。我国对外直接投资统计始于 2003 年，但鉴于 2003 年和 2004 年的数据缺失比较严重，国际 R&D 统计比较滞后，截至 2017 年 7 月底，部分国家的 R&D 更新到 2014 年，但仍有诸如哈萨克斯坦、塔吉克斯坦、北马其顿、白俄罗斯和科威特等国没有更新 2014 年数据，因此，本章样本期确定为 2005~2013 年。国内省份中由于西藏和贵州数据缺失较多，因此样本包括除西藏、贵州和港澳台之外的省份，变量如表 7-1 所示。

表 7-1　　　　　　　　变量名称和处理说明

变量	变量代码	数据处理	来源
国内生产总值	GDP	利用消费价格指数平减	《中国统计年鉴》
固定资产投资完成额	K	利用固定资产投资价格指数进行平减，利用永续盘存法将流量折算为存量	中经网统计数据库
从业人员数	L	三次产业从业人数求和	Wind 数据库
能源消费量	E		《中国能源统计年鉴》
出口额	EX	利用年平均汇率将美元折算成人民币，采用消费价格指数进行平减	中经网统计数据库
进口额	IM	利用年平均汇率将美元折算成人民币，采用消费价格指数进行平减	中经网统计数据库
外商投资企业投资总额	FDI	利用年平均汇率将美元折算成人民币，采用消费价格指数进行平减	中经网统计数据库

续表

变量	变量代码	数据处理	来源
非金融类对外直接投资存量	OFDI	利用年平均汇率将美元折算成人民币，采用消费价格指数进行平减	Wind 数据库
R&D 投入	S^d	利用固定资产投资价格指数进行平减，利用永续盘存法将流量折算为存量	《中国科技统计年鉴》
对"一带一路"沿线国家直接投资产生的 R&D 溢出	S^f	—	世界银行 WDI 数据库
人力资本	H	采用教育年限平均法进行折算	《中国劳动统计年鉴》

（一）产出变量（GDP）和投入变量（K、L、E）

产出变量（GDP）：各省份产出以 2005 年不变价 GDP 表示，2005~2013 年各省份 GDP 和价格指数来源于《中国统计年鉴》，采用以 2005 年为基期的消费价格指数将 GDP 折算为不变价，单位为万元。

资本存量（K）：以各省份全社会固定资本存量表示，由于现行统计资料中只有固定资本形成总额数据，而没有资本存量的数据，因此采用目前应用较多的永续盘存法进行测算，应用的公式为：$K_{it} = K_{it-1}(1 - \delta_{it}) + I_{it}$，式中，$i$ 表示第 i 省份，t 表示第 t 年，δ 为经济折旧率。关于经济折旧率的选择，借鉴张军等（2004）采用 9.6% 的方法，本章选取折旧率为 $\delta = 9.6\%$。基年（2005 年）各省份固定资本存量的确定如下：首先根据张军等（2004）研究得到的 2000 年各省份固定资本存量（当年价格），然后采用永续盘存法计算得到各年固定资本存量，固定资本存量利用基期为 2005 年的固定资产投资价格指数进行折算，单位为万元。

劳动力投入（L）：采用各省份年末从业人数表示，数据来源于 Wind 数据库，为第一、二、三次产业求和数，单位为人。

能源投入（E）：采用各省份能源消费总量表示，数据来源于《中国能源统计年鉴》，单位为万吨标准煤。

（二）控制变量：各省份 R&D 资本存量 S^d_{it}

与固定资本存量的计算方法类似，采用永续盘存法计算各省份研发资本存量，采用计算公式为：

$$S_t^d = R\&D_t + (1-\delta)S_{t-1}^d \qquad (7-9)$$

式中，S_t^d 表示 t 年 R&D 资本存量，δ 表示 R&D 资本折旧率，采用 C-H (1995) 模型采用的 $\delta = 5\%$。$R\&D_t$ 表示名义 R&D 研发支出。名义 R&D 支出来源于《中国科技统计年鉴》，采用固定资产投资价格指数将其折算为不变价 R&D 支出。在计算基期年份（2005）R&D 资本存量时，为了减少误差采用如下公式进行折算：

$$S_{2005}^d = R\&D_{2005}^d / (g + \delta) \qquad (7-10)$$

式中，S_{2005}^d 表示 2005 年 R&D 资本存量，$R\&D_{2005}^d$ 表示 2005 年 R&D 实际支出，δ 表示 5%，g 表示 2005~2013 我国 R&D 支出平均增长率 21.77%。

（三）各省份对外直接投资获取的国外 R&D 资本存量 S_{it}^f

结合"一带一路"沿线国家研发存量数据的可得性，本章选择了"一带一路"沿线的 35 个国家（国家名单见表 7-2）作为分析对象国。关于各国（地区）R&D 存量 S_{jt} 的计算，具体计算方法和国内 R&D 存量 S_t^d 的计算类似。首先，从世界银行 WDI 数据库获得各国 2005~2013 年 R&D 占 GDP 比重，各国（地区）GDP 来自 IMF 数据库，据此估算各国历年 R&D 支出。其次，按国内 R&D 存量 S_t^d 的计算方法计算各国 2005~2013 年的 R&D 资本存量。按式（7-2）、式（7-3）计算我国对"一带一路"沿线国家直接投资获得的国外 R&D 溢出 S_t^f，R&D 资本折旧率同样采用 C-H (1995) 模型使用的 5%。我国 2005~2013 年非金融类对外直接投资数据 $OFDI_{jt}$ 来自万德（Wind）数据库。

表 7-2　　　　　　　　　"一带一路"样本国家名单

区域	国家
东北亚	蒙古国、日本、韩国
中亚	哈萨克斯坦、塔吉克斯坦
独联体	俄罗斯、乌克兰、白俄罗斯、亚美尼亚、阿塞拜疆、摩尔多瓦
西亚北非	土耳其、以色列、科威特
中东欧	波兰、立陶宛、爱沙尼亚、拉脱维亚、捷克、斯洛伐克、匈牙利、斯洛文尼亚、克罗地亚、罗马尼亚、保加利亚、北马其顿、希腊、塞浦路斯
西欧	法国、英国、比利时、德国、西班牙、荷兰、意大利

注：关于"一带一路"沿线国家名单，目前尚没有形成统一的说法，笔者根据媒体资料和文献总结得出，本章选择的样本国家名单主要依据相关国家的统计数据。

（四）控制变量：出口 EX_{it}、进口 IM_{it} 和外商直接投资 FDI_{it}

对外经贸往来会对一国技术进步产生重要影响，因此选择出口 EX_{it}、进口 IM_{it} 和外商直接投资 FDI_{it} 作为控制变量，三变量均来源于中经网统计数据库，首先利用年平均汇率将美元变量换算为人民币变量，然后利用基期为2005年的居民消费价格指数进行平减，得到不变价变量。

（五）控制变量：人力资本 H

关于人力资本测算，应用较多的是巴罗和李（Barro & Lee，1993）提出的劳动力平均受教育年限法进行近似计算。在具体计算时，把未上过学、小学、初中、高中、大学专科、大学本科和研究生的受教育年限分别记为 0 年、6 年、9 年、12 年、15 年、16 年和 19 年，因此各省份人力资本存量（H）的计算公式为：H_{it} = 小学比重×6 + 初中比重×9 + 高中比重×12 + 大学专科×15 + 大学本科×16 + 研究生×19。各省份就业人员受教育程度数据来自各年度《中国劳动统计年鉴》。

第四节 实证分析结果

首先对全国省份数据进行分析，然后对东部沿海省份和中西部内陆省份进行分析，利用 Frontier 4.1 软件进行面板数据随机前沿模型分析，得估计结果如表 7-3 所示。

表 7-3　　　　　　　　　　模型估计结果

系数	变量	模型1（全部省份）	模型2（东部沿海省份）	模型3（中西部内陆省份）
β_0	C	7.379 (26.066)	9.289 (36.807)	5.655 (22.888)
β_1	$\ln K_{it}$	0.140 (8.376)	0.155 (10.661)	0.189 (13.864)
β_2	$\ln L_{it}$	0.391 (24.469)	0.332 (18.646)	0.381 (11.742)
β_3	$\ln E_{it}$	0.273 (14.320)	0.157 (6.891)	0.313 (10.025)

续表

系数	变量	模型 1 （全部省市）	模型 2 （东部沿海省市）	模型 3 （中西部内陆省市）
δ_0	δ_0	6.487 (31.841)	5.236 (33.767)	5.261 (16.181)
δ_1	$\ln S_{it}^f$	0.010 (1.416)	-0.016 (-2.049)	0.029 (2.679)
δ_2	$\ln S_{it}^d$	-0.048 (-3.982)	-0.109 (-6.324)	-0.054 (-2.827)
δ_3	$\ln EX_{it}$	-0.053 (-4.654)	-0.092 (-7.838)	-0.029 (-2.038)
δ_4	$\ln IM_{it}$	-0.083 (-5.660)	-0.071 (-4.417)	-0.113 (-5.132)
δ_5	$\ln FDI_{it}$	-0.046 (-3.604)		
δ_6	$\ln H_{it}$	-0.919 (-10.115)		-0.967 (-8.043)
σ^2		0.009 (11.100)	0.003 (7.037)	0.012 (8.614)
γ		0.9207 (12.802)	0.99999999 (9.147)	0.99999999 (1450.268)
LL		248.000	167.055	125.040
LR		615.361	340.010	114.865

注：①利用 Frontier 4.1 软件计算得出。②全部省份为除西藏、贵州和港澳台外的其余 29 省份；东部沿海省份为辽宁、河北、北京、天津、山东、江苏、上海、浙江、福建、广东、海南和广西等 12 省份；中西部内陆省份为除西藏和贵州外的内陆省份。

一、投入要素弹性分析

为分析各投入要素对产出的影响，本章构建了对数型柯布—道格拉斯生产函数，由表 7－3 可得全国省份、东部沿海省份和中西部内陆地区面板随机前沿生产函数估计如下所示：

由上表可得面板随机前沿生产函数方程如下：

$\ln GDP_{it} = 7.739 + 0.140 \times \ln K_{it} + 0.391 \times \ln L_{it} + 0.273 \times \ln E_{it}$（全国）
$\qquad\qquad\quad (8.376)\qquad\quad (24.469)\qquad\quad (14.320)$

$\ln GDP_{it} = 9.289 + 0.155 \times \ln K_{it} + 0.332 \times \ln L_{it} + 0.157 \times \ln E_{it}$（东部沿海地区）
$\qquad\qquad\quad (10.661)\qquad\quad (18.646)\qquad\quad\ (6.891)$

$\ln GDP_{it} = 5.655 + 0.189 \times \ln K_{it} + 0.381 \times \ln L_{it} + 0.313 \times \ln E_{it}$（中西部内陆地区）
$\qquad\qquad\quad (13.864)\qquad\quad (11.742)\qquad\quad (10.025)\qquad\qquad\quad (7-11)$

从生产函数的弹性系数看，资本投入、劳动力投入和能源投入都是产出的重要影响因素，其中，劳动力的弹性系数最大，对生产影响最大的是劳动力投入，三个方程的劳动投入弹性系数都在 0.33 以上；然后是能源投入的影响，三个方程的能源投入弹性系数均在 0.15 以上，其中，中西部内陆省份的能源投入弹性系数达 0.313，东部沿海地区的能源投入系数与资本投入系数大体相当，中西部内陆地区和全国省份的能源投入系数远大于资本投入系数，说明能源投入在产出中具有重要影响；资本投入的影响相对较小。不难发现，劳动力投入在我国生产中占有非常重要的地位，人口红利对我国经济的快速发展产生了积极的促进作用。能源投入在我国生产当中发挥了重要作用，从能源投入弹性系数看，东部沿海省份的系数最小，其次是全国省份的系数，最大的是中西部内陆省份，笔者认为主要是不同地区的能源使用效率差异造成的，东部沿海地区采用了一些节能增效先进技术，中西部地区能源利用效率相对较低。

二、技术无效率模型分析

为分析对外直接投资产生的国际 R&D 溢出对技术进步的影响，本章在柯布—道格拉斯生产函数基础上构建了技术无效率模型，由表 7-3 可得无效率模型如下：

$m_{it} = 6.487 + 0.010 \times \ln S_{it}^f - 0.048 \times \ln S_{it}^d - 0.053 \times \ln EX_{it} - 0.083$
$\qquad\qquad (1.416)\qquad\quad (-3.982)\qquad\quad (-4.654)\qquad\quad (-5.660)$
$\quad \times \ln IM_{it} - 0.046 \times \ln FDI_{it} - 0.919 \times \ln H_{it}$（全国）
$\qquad\quad (-3.604)\qquad\quad (-10.115)$

$m_{it} = 5.236 - 0.016 \times \ln S_{it}^f - 0.109 \times \ln S_{it}^d - 0.092 \times \ln EX_{it} - 0.071 \times \ln IM_{it}$
$\qquad\qquad (-2.049)\qquad\quad (-6.324)\qquad\quad (-7.838)\qquad\quad (-4.417)$
（东部沿海地区）

$$m_{it} = 5.261 + 0.029 \times \ln S_{it}^f - 0.054 \times \ln S_{it}^d - 0.029 \times \ln EX_{it} - 0.113$$
$$(2.679) \quad (-2.827) \quad (-2.038) \quad (-5.132)$$
$$\times \ln IM_{it} - 0.967 \times \ln H_{it}（中西部内陆地区）$$
$$(-8.043) \hfill (7-12)$$

从技术无效率模型可以看出，针对"一带一路"沿线国家开展对外直接投资产生的国际 R&D 溢出对东部沿海省份的技术进步具有显著提升作用，而对全国省份的技术进步影响不显著，对中西部内陆省份的技术进步甚至具有阻碍作用。从控制变量看，出口、进口和国内研发投入对技术进步具有显著促进作用，外商直接投资对全国省份具有促进作用，但对东部沿海省份以及中西部内陆省份的影响不显著，人力资本对全国省份和中西部内陆省份技术进步具有显著促进作用。

第五节　结论与政策建议

一、结论

本章在我国 2005~2013 年省际面板数据的基础上，运用随机前沿模型探讨了对外直接投资产生的逆向技术溢出对我国技术进步的影响。通过实证分析发现，劳动力投入对产出的影响最大，劳动力投入弹性系数均在 0.33 以上，人口红利对我国经济的快速发展发挥了重要作用；然后是能源投入对产出的影响，但不同区域之间存在较大差异，中西部内陆省份的能源投入弹性系数达 0.313，东部地区相对于中西部地区而言能源利用效率更高；资本投入相对劳动力投入和能源投入的影响相对较小。

我国针对"一带一路"沿线国家开展对外直接投资产生的国际 R&D 溢出对东部沿海省份的技术进步具有显著提升作用，但对全国总体和中西部内陆省份的技术进步不具有促进作用。出口、进口和国内研发投入对我国技术进步具有促进作用，外商直接投资对全国总体技术进步而言具有促进作用，人力资本对全国总体和中西部内陆省份技术进步具有显著促进作用。

二、政策建议

综合以上实证结论，本章认为中国向"一带一路"沿线国家进行直接投资对我国不同地区技术进步的影响存在显著差异。为了充分实现对外直接投资的逆向技术溢出效应，我国政府和相关企业应该针对地区发展的不平衡性，采取差异化投资策略。

（一）借助"21世纪海上丝绸之路"，扩大对沿线研发资本丰富国家的对外直接投资

我国东部沿海省份地理位置优越，经济发展程度比较高，国内研发投入较多，生产技术较为先进，具有良好的人力资本和基础设施，吸收对外投资逆向技术溢出具有得天独厚的优势。这些地区应该借助"21世纪海上丝绸之路"建设，大力发展技术寻求型对外投资，在对外投资的区位选择方面应该优先选择研发资本丰富的国家，在行业选择方面应该选择高研发行业作为投资对象，投资方式尽量选择中外合资的方式，以有效利用国外丰富的研发资源，助推我国生产技术水平的快速提升。

（二）依托"丝绸之路经济带"，扩大对沿线发展中国家的对外直接投资

相比于东部沿海地区，我国广大中西部内陆省份的经济发展程度相对较低，研发投入相对较少，生产技术与东部沿海省份还存在"代差"，人力资本比较匮乏，高端人才比较紧缺，基础设施仍相对落后，对逆向技术溢出的吸收能力相对不足。因此，中西部内陆省份应该依托"丝绸之路经济带"，大力发展市场寻求型和资源寻求型的对外投资，扩大对沿线发展中国家的对外直接投资，实现与沿线国家的共同发展。与此同时，国家应该下大力气增强这些省份的技术吸收能力，加大对中西部地区的教育投入，努力改善中西部内陆地区的人力资本状况，不断提高研发资金投入，改善落后的基础设施，为有效吸收对外直接投资逆向技术溢出创造良好条件。

（三）推进互联互通建设，继续深化对外开放

良好的基础设施是对外投资的重要吸引力，良好的投资环境对一国吸引外商直接投资至关重要。"要想富先修路，要快富修高速"。互联互通建设是"一带一路"建设的重中之重，我国应该与沿线国家加强在国际运输线路规划、建设和运输方面加强协调，积极筹措资金，加快道路基础设施建设步伐，优化现有的交通基础设施和运输网络，提高现有基础设施的运行效率，推动沿线国家的基础设施建设步伐，创造良好的投资环境。新时期，我们需要构建开放型的经济新体制，形成全方位开放的新格局，培育国际合作和竞争的新优势，推进贸易畅通的顺利实现。应该积极与沿线国家开展国际产能合作，贯彻"合作共

赢、共同发展"的理念，促进与沿线国家的共同发展。

参考文献

[1] 白洁．对外直接投资的逆向技术溢出效应［J］．世界经济研究，2009 (8)：65-70.

[2] 付海燕．对外直接投资逆向技术溢出效应研究——基于发展中国家和地区的实证检验［J］．世界经济研究，2014 (9)：56-67.

[3] 韩玉军，王丽．中国 OFDI 逆向技术溢出效应的影响因素研究——基于国别面板数据的非线性门槛技术回归［J］．经济理论与经济管理，2015 (6)：94-105.

[4] 阚大学．对外直接投资的反向技术溢出效应——基于吸收能力的实证研究［J］．商业经济与管理，2010 (6)：53-58.

[5] 李娟，唐珮菡，万璐，庞有功．对外直接投资、逆向技术溢出与创新能力—基于省级面板数据的实证分析［J］．世界经济研究，2017 (4)：59-72.

[6] 李梅，柳士昌．对外直接投资逆向技术溢出的地区差异和门槛效应［J］．管理世界，2012 (1)：22-32.

[7] 刘明霞，王学军．中国对外直接投资的逆向技术溢出效应研究［J］．世界经济研究，2009 (9)：57-62.

[8] 马亚明，张岩贵．技术优势与对外直接投资：一个关于技术扩散的分析框架［J］．南开经济研究，2003 (4)：10-19.

[9] 欧阳艳艳．中国对外直接投资逆向技术溢出的影响因素分析［J］．世界经济研究，2010 (4)：66-72.

[10] 沙文兵．对外直接投资、逆向技术溢出与国内创新能力——基于中国省际面板数据的实证研究［J］．世界经济研究，2012 (3)：69-75.

[11] 吴书胜，李斌．中国对外直接投资逆向技术溢出非线性效应研究——基于面板平滑转换模型的实证分析［J］．世界经济研究，2015 (9)：74-85.

[12] 吴哲，范彦成，陈衍泰，黄莹．新兴经济体对外直接投资的逆向知识溢出效应——中国对"一带一路"国家 OFDI 的实证检验［R］．第十七届中国管理科学学术年会，2015.

[13] 姚战琪. 最大限度发挥中国 OFDI 逆向溢出效应——推动对"一带一路"沿线国家 OFDI 逆向溢出的政策取向 [J]. 国际贸易, 2017 (5): 44-48.

[14] 尹东东, 张建清. 我国对外直接投资逆向技术溢出效应研究——基于吸收能力视角的实证分析 [J]. 国际贸易问题. 2016 (1): 109-120.

[15] 赵伟, 古广东, 何元庆. 外向 FDI 与中国技术进步: 机理分析与尝试性实证 [J]. 管理世界, 2006 (7): 53-70.

[16] David T. Coe, Elhanan Helpman, International R&D spillovers [J]. European Economic Review, 1995 (39): 859-887.

[17] Frank R., Lichtenberg, Bruno van Pottelsberghe de la Potterie. Does foreign direct investment transfer technology across booders? [J]. The Review of Economics and Statistics, 2001, 83 (3): 490-497.

[18] Gene M. Grossman, Elhanan Helpman. Quality Ladders in the Theory of Growth [J]. The Review of Economic Studies, 1991, 58 (1): 43-61.

[19] Hiau Looi Kee. Local intermediate inputs and the shared supplier spillovers of foreign direct investment [J]. Journal of Development Economics, 2014, 112 (1): 56-71.

[20] Kogut, Chang. Technological capabilities and Japanese foreign direct investment in the United States [J]. The Review of Economics and Statistics, 1991, 73 (3): 401-413.

[21] N Driffield, JH Love, K Taylor. Productivity and labour demand effects of inward and outward foreign direct investment on UK industry [R]. The Manchester School, 2009 (7): 171-203.

[22] Victor, Jing Li, Daniel. International reverse spillover effect on parent firms: Evidence from emerging-market MNEs in developed markets [J]. European Management Journal, 2012, 30 (2): 204-218.

第八章

中国对东盟 10 国直接投资效率及影响因素研究*

第一节 引 言

东南亚国家是中国的近邻，与中国的交往源远流长。唐朝以后直至两宋时期"海上丝绸之路"兴起，我国与东南亚之间的经济往来越来越密切。东盟自1967年成立以来，逐渐发展成为覆盖东南亚的国际组织，东盟成员国历史上与中国保持经济、政治领域密切往来。东盟地区经济最近十几年保持稳健增长，吸引了大量来自东盟以外国家（包括中国）的直接投资。2013年，"一带一路"倡议提出，我国企业"走出去"进入快车道，尤其是对"一带一路"沿线国家的投资快速增长。东盟国家是"一带一路"沿线国家中具有鲜明特点的国家和地区，中国对东盟国家的直接投资如火如荼，取得了很大进展。

据2016年中国对外直接投资统计公报统计，2016年，中国对东盟投资流量达到102.8亿美元，相比2005年增长了近64倍，贸易总额2016年达4570亿美元，相比2005年增长了近147%。东盟成员国是"一带一路"沿线国家，且在中国的地缘政治领域具有重要意义。中国对东盟国家的直接投资成效显著，但仍要看到，尽管中国对于东盟成员国的直接投资表现较好，但当前中国对东盟的直接投资面临诸多问题，例如对外投资效率低下、对外投资区位分布不平衡、对外投资经验不足等一系列问题，因此，开展对东盟国家投资现状、效率的深

---

* 本章的部分内容发表于《兰州学刊》2019年第3期（与王茜合作）。

入研究具有重要的理论和现实意义。

第二节 文献评述

随着国内经济的发展与"一带一路"倡议的顺利推进，越来越多的国内企业走出国门，近年来对外直接投资取得了较大进展。但与著名跨国企业相比，我国对外投资企业还稍显稚嫩，对外投资效率仍然较低。近几年，部分学者开始关注中国对外直接投资效率问题，分别从理论和实证的角度，采用不同方法对我国对外直接投资效率进行测度和评价。由于来自发达国家的直接投资在国际投资中占据主导地位，对来自发展中国家的直接投资关注相对较少，从理论角度开展相关研究的更少。赵春艳和程璐（2017）采用理论分析与案例研究的方式，比较了发达国家和发展中国家的对外直接投资效率，发现发达国家与发展中国家对外直接投资处于不同发展阶段，具有不同的效率特征①。

更多学者采用实证分析方法研究中国对外直接投资效率，采用较多的模型是随机前沿模型和数据包络分析模型。部分学者采用随机前沿模型研究中国对外直接投资效率，如胡浩等（2017）、程中海和南楠（2017），宋林等（2017）等，他们大多得出中国对外直接投资效率普遍较低，并且存在较大的国别差异的结论。胡浩等（2017）采用随机前沿模型测度中国对外直接投资前沿水平和效率损失，发现中国对大部分样本国家的投资效率仍较低，大都低于0.8②。程中海和南楠（2017）采用随机前沿模型，分析了中国对"一带一路"沿线国家的直接投资效率及国别投资潜力，发现中国对沿线国家的投资效率普遍较低，存在较大的投资潜力③。宋林等（2017）采用随机前沿模型对152个国家数据进行了分析，测度了中国对外直接投资效率和潜力，发现中国对外直接投资区

---

① 赵春艳，程璐. 发达国家与发展中国家对外直接投资效率比较研究［J］. 河南社会科学，2017（5）：30-37.

② 胡浩，金钊，谢杰. 中国对外直接投资的效率估算及其影响因素分析［J］. 世界经济研究，2017（10）：45-54.

［8］范兆斌，潘琳. 中国对TPP成员国的直接投资效率及影响因素——基于随机前沿引力模型的研究［J］. 国际经贸探索，2016（6）：71-86.

③ 程中海，南楠. 中国对"一带一路"国家直接投资的效率及潜力评估［J］. 商业研究，2017（8）：64-73.

位分布不甚合理，投资效率仍然偏低①。

部分学者采用数据包络分析模型测度中国对外直接投资效率，如田泽和许冬梅（2016）、薛昌骋和廖青虎（2017）等，得出的结论大多是中国对外直接投资效率较低。田泽和许冬梅（2016）采用超效率 DEA 和 Malmquist 指数测度我国对"一带一路"沿线重点国家的直接投资效率，发现中国对沿线国家的投资效率不高，且存在较大国别差异，自然资源和交通通信对投资效率具有较强影响②。薛昌骋和廖青虎（2017）采用 DEA 交叉模型测度了天津对"一带一路"沿线国家投资效率，发现天津对沿线国家投资效率处于中低水平，存在较大国别差异③。

关于效率的测定，目前常采用的方法包括单因素指标法、赋予权重法、数据包络法和随机前沿法。与其他方法相比，随机前沿法不但可以测量效率，还可以测度各因素对效率的影响，因此受到各位学者的青睐。现有文献中关于中国对外直接投资效率研究的对象国大都为全部国家或"一带一路"沿线国家，以东盟10国为研究对象国的投资效率评价研究尚不多见，而东盟10国在中国对外直接投资版图中占据着重要地位，且具有典型特征。有鉴于此，本章采用随机前沿模型分析中国对东盟10国直接投资效率，并进一步分析其影响因素。

第三节　变量选择与数据来源

本章采用的数据主要来自几个主流数据库，具体包括 Wind 数据库、国家统计局、世界银行、CEPII 数据库、WGI 数据库、IMF 数据库，基于数据的可得性和数据质量，选取的样本区间为 2005~2016 年，国家为东盟的 10 个成员国，变量、含义与数据来源见表 8-1。

---

① 宋林，谢伟，郑雯．"一带一路"战略背景下我国对外直接投资的效率研究 [J]．西安交通大学学报，2017（7）：45-54.

② 田泽，许冬梅．我国对"一带一路"重点国家 OFDI 效率综合评价 [J]．经济问题探索，2016（6）：7-14.

③ 薛昌骋，廖青虎．天津对"一带一路"沿线国家 OFDI 效率的评价研究——基于改进的 DEA 交叉模型与聚类分析 [J]．重庆理工大学学报，2017（8）：192-198.

表 8-1　　　　　　　　　　变量、含义与数据来源

变量	代码	含义	来源
国际直接投资存量	OFDI	国际直接投资存量	Wind 数据库
国内生产总值	GDP	国内生产总值	世界银行
国内生产总值增长率	GDPR	国内生产总值增长率	世界银行
中国与东道国的贸易额	TRA	进口+出口	国家统计局
东道国贸易开放度	TRO	进出口贸易额/GDP	世界银行
东道国劳动力人口	LAO	15~64岁劳动人口数	世界银行
距离	DIS	北京与东道国首都距离	CEPII 数据库
腐败监管指数	COR	反映公众对国家私人利益行使程度的认识,包括小型和巨额贪污腐败	WGI 数据库
法律制度指数	LAW	反映了人们对遵守社会规则的信任程度,特别是合同执行、产权、警察和法院的质量以及犯罪和暴力的可能性	WGI 数据库
政府稳定指数	STA	代表了政治不稳定或出现政治动机的暴力、恐怖主义的可能性	WGI 数据库
监管治理指数	REG	反映政府对制定和实施健全允许私营部门发展的政策和法规的能力	WGI 数据库
政府效能指数	EFF	反映一国公共服务质量、公务员素质和面对政治压力的独立程度,还包括政策制定和实施的质量以及政府对这类政策的承诺的可信度	WGI 数据库
民主自由权利指数	VOL	反映一个国家公民能够参与选择政府的程度,以及言论自由、结社自由和自由媒体的程度	WGI 数据库
消费价格指数	CPI	以2010年为基期的消费价格指数	IMF 数据库

为研究中国与东盟 10 国之间的投资联系,本章考虑了东盟各东道国的地缘政治情况、经济发展情况等多方面因素,以及中国与东盟 10 国经济贸易往来密切程度,以期找出中国对东盟国家投资效率的重要影响因素,具体指标如下:

一、东道国市场规模和经济发展水平

市场寻求动机是对外直接投资的重要方面,对于发展中国家更是如此,东道国的市场规模和经济发展水平是吸引外资进入的重要因素。本章采用 GDP 的规模表示该国家市场规模。一般来说,东道国经济规模越大,其市场更加具有经济规模,生产技术和管理上的优势更加明显,消费者的消费能力更强。采用

GDP 增长率表示东道国的经济水平和潜力。经济发展水平越高，说明该国家发展较为稳定，应对危机能力越强，有助于外资长期稳定地投入。为此，提出第一个假设：

假设 1：东道国市场规模越大、经济发展水平越高，中国 OFDI 效率越高。

二、东道国劳动力人口

随着中国劳动力成本的不断上升，我国部分城市甚至出现了"民工荒"，部分劳动密集型企业面临很大的劳动成本上升压力，将国内生产向劳动力成本更低的国家转移，成为我国很多企业进行对外投资的重要考量因素。东南亚国家目前大多为发展中国家，正处于人口红利发挥作用的关键时期，劳动力充足并且相对廉价，因而吸引了我国大量制造企业进入进行直接投资。劳动力人口数量增长和质量提升对吸引来自中国的投资有利。基于此，提出第二个假设：

假设 2：东道国劳动力资源越丰富，中国 OFDI 效率越高。

三、中国与东道国贸易联系

我国的对外投资大都先从最熟悉的国家开始，经贸往来是加深企业熟悉程度的重要方式。我国企业大多通过与东道国发展贸易来熟悉东道国市场，进而产生对外投资动机。东盟国家与我国的经贸关系源远流长，是我国对外直接投资的重要目的地，本章采用中国与东道国的贸易额表示双边的贸易联系。为此，提出第三个假设：

假设 3：中国与东道国的贸易联系与中国 OFDI 存在互补效应。

四、东道国贸易开放度

一国对外开放程度是该国与世界接轨的重要表现形式，东道国对外开放程度越高，在经济全球化中扮演的角色越积极，越有利于中国企业的进入，其与中国的经济关联会更频繁。本章采用东道国贸易开放度表示该国的对外开放程度，贸易开放度越高，越有利于吸引外资。为此提出第四个假设。

假设 4：东道国贸易开放度越高，中国 OFDI 效率越高。

五、中国与东道国之间的距离

距离的远近会影响到双边经贸往来的频繁程度，跨国投资企业在母国与东道国之间往往存在较为密切的经济往来，而距离是影响运输成本的重要因素。地理距离的远近会对跨国投资产生显著影响，投资的区位选择与地理距离密不可分，距离近的国家在寻求国际合作方面有较大优势，并且地理距离近的国家之间往往在文化、心理等方面的趋同性更强，这会对跨国投资产生重要影响。为此，提出第五个假设。

假设5：距离将对中国OFDI产生反向作用。

六、非效率因素

一国政府是否稳定，政府制度是否完善，投资环境是否稳定，关系到对该国投资的效率。若东道国政府治理能力较差，如发生政治事件，则该国会存在较高的政治风险，再如政府频繁变更会给企业带来巨大损失。本章采用世界银行统计的全球治理指数度量东道国的政府治理水平，该指数取值为0~100。具体包括：腐败监管指数（Control of Corruption）、政府效能指数（Government Effectiveness）、政府稳定指数（Political Stability and Absence of Violence）、监管治理指数（Regulatory Quality）、法律制度指数（Rule of Law）和民主自由权利指数（Voice and Accountability），这6个指标均为正指标，即得分越高表示政府治理能力越强。基于此，提出第六个假设：

假设6：东道国政府治理能力越强，中国OFDI效率越高。

第四节　实证分析

一、实证分析计量模型

基于传统引力模型，首先以中国对东盟10国的直接投资为因变量，以东道国的经济、距离、制度等指标为影响因素，构建随机前沿模型测度中国对外直接投资的效率，基础模型如下所示：

$$\ln OFDI_{jt} = \ln f(X_{jt} + \varepsilon_{jt}) + v_{jt} - u_{jt}, u_{jt} \geq 0 \qquad (8-1)$$

式中，$\ln FDI_{jt}$代表t时期中国对j国的直接投资总额，X_{jt}代表引力模型中的变量，v_{jt} 代表随机误差，u_{jt} 代表投资非效率，投资效率即为技术效率的估计值。

基于前述影响因素，采用随机前沿引力模型测度中国对东盟 10 国直接投资效率，根据 2005~2016 年东盟 10 国①面板数据，建立模型如下：

$$\ln OFDI_{it} = \beta_0 + \beta_1 \ln GDP_{it} + \beta_2 \ln GDPR_{it} + \beta_3 \ln LAB_{it} + \beta_4 \ln TRA_{it} \\ + \beta_5 \ln TRO_{it} + \beta_6 \ln DIS_{it} + v_{it} - u_{it} \quad (8-2)$$

式中，OFDI 代表中国对东盟 10 国直接投资存量，GDP 代表东道国价格指数平减后的 GDP 数额，GDPR 代表 GDP 增长率，LAB 代表东道国的劳动力人口数，TRA 代表价格指数平减后东道国与中国的贸易额，TRO 代表东道国的贸易开放度，本章贸易开放度取值为东道国进出口总额占其国内生产总值的比重②，DIS 代表中国北京与东道国首都的距离，v_{it} 代表模型中随机误差项，u_{it} 代表投资非效率，i 代表不同的国家，t 代表 2005~2016 年的年份。

为进一步分析我国对东盟 10 国直接投资效率的投资非效率影响因素，本章用政府的有效性、政局的稳定性等全球治理指数衡量东道国投资环境。一般来说，政府治理指数情况越好，越有利于维护投资的政治和经济环境，反之，可能会导致投资无效率，设定非效率模型如下③：

$$u_{it} = \delta_0 + \delta_1 \ln COR_{it} + \delta_2 \ln LAW_{it} + \delta_3 \ln STA_{it} + \delta_4 \ln REG_{ita} \\ + \delta_5 \ln EFF_{it} + \delta_6 \ln VOI_{it} + \varepsilon_{it} \quad (8-3)$$

式中，u_{it} 代表投资非效率，COR 代表东道国的腐败监管指数，LAW 代表东道国的法律制度指数，STA 代表东道国政府稳定指数，REG 代表东道国的监管治理指数，EFF 代表东道国的政府效能指数，VOL 代表东道国民主自由权利指数，ε_{it} 代表模型中随机误差项，i 代表不同的国家，t 代表 2005~2016 年的年份。

二、实证结果分析

（一）模型假设检验

本章根据 2005~2016 年度面板数据，应用 Frontier 4.1 软件进行随机前沿模型估计。为保证建立合适的模型进行分析，进行相关假设检验。

首先检验中国对外直接投资是否存在非效率，设定的原假设为：H_0：$\delta_0 = \delta_1 = \delta_2 = \delta_3 = \delta_4 = \delta_5 = \delta_6 = 0$，备择假设为 H_1：δ_0、δ_1、δ_2、δ_3、δ_4、δ_5、δ_6 不全为 0。

---

① 东盟 10 国即越南、老挝、柬埔寨、泰国、缅甸、马来西亚、新加坡、印度尼西亚、文莱、菲律宾。
② 该比重为世界银行对东道国贸易开放度衡量标准。
③ 选取数据均为 100 分制指数，取对数以方便计算。

其次检验中国对外直接投资非效率是否随时间变化,设定原假设为 H_0:投资非效率不随时间变化,备择假设为 H_1:投资非效率随时间变化。采用似然比检验,构造的 LR 检验统计量服从卡方分布(χ^2),检验结果如表 8-2 所示。

表 8-2 模型适用性检验

零假设	LR 统计量	自由度	1% 临界值	结论
H_0:不存在投资非效率	15.686785	2	9.21	拒绝原假设
H_0:投资非效率不随时间变化	73.645479	8	20.09	拒绝原假设

资料来源:根据软件 Frontier 4.1 估计结果得出。

对于第一个假设,即检验是否存在投资非效率,由表 8-2 可知,LR 统计量 = 15.686785 > 1% 临界值 = 9.21,拒绝了原假设,说明中国对东盟 10 国的直接投资存在非效率问题。对于第二个假设,即检验投资非效率是否随时间变化,LR 统计量 = 73.645479 > 1% 临界值 = 20.09,拒绝了原假设,说明中国对东盟 10 国直接投资非效率随时间变动。本章采用前面所设定的模型进行投资效率测度以及影响因素分析是比较合适的。

(二)投资效率模型结果分析

本章运用巴蒂斯和科利(Battese & Coelli,1995)[①] 提出的算法进行实证研究,利用 Frontier 4.1 软件,进行面板随机前沿模型分析,对 2005~2016 年面板数据,测度中国对东盟 10 国直接投资效率,投资效率模型如表 8-3 所示。

表 8-3 投资效率模型回归结果

变量	系数	标准差	t 值
β_0	-4.08967	1.05634	-3.87154***
$\ln GDP_{it}$	1.57447	0.04334	36.32925***
$\ln GDPR_{it}$	0.17617	0.01158	15.21864***
$\ln LAB_{it}$	-0.11063	0.09466	-1.16867

---

① Battese. G. E. & T. J. Coelli. A Model for Technical Inefficiency Effects in a Stochastic Production Frontier for Panel Data [J]. Empirical Economics,1995(20):325-332.

续表

变量	系数	标准差	t 值
$\ln TRA_{it}$	0.07471	0.04565	1.63637 *
$\ln TRO_{it}$	0.31756	0.01908	16.64473 ***
$\ln DIS_{it}$	-2.72523	0.21998	-12.38871 ***

注：*、**、*** 分别代表在 10%、5%、1% 水平上显著。

资料来源：根据软件 Frontier 4.1 回归结果得出。

由表 8-3 发现：

1. 东道国市场规模和经济发展水平系数均为正值，与预期相符，说明东盟 10 国市场规模和经济状况对来自我国的投资起促进作用，我国对东盟 10 国直接投资具有一定的市场寻求动机，市场规模大、经济前景好的国家更受中国企业青睐。

2. 东道国贸易开放度系数为正值，与预期相符，说明东盟 10 国对外开放程度越高，越有利于中国企业进入，我国跨国投资企业更加偏好高开放度的国家。

3. 北京与东道国首都距离的系数为负值，与预期相符，距离远导致了运输成本上升以及心理和文化距离增大，进而对中国在东盟 10 国的跨国投资产生了阻碍作用，但由于东盟 10 国地理位置比较接近，因而在此讨论距离的影响，意义并不是特别重大。

4. 东道国与中国贸易系数的显著性相对偏低，低于预期，笔者认为主要是中国与东盟的进出口产品具有一定的同质性，可能对中国 OFDI 产生了一定的替代效应，对互补效应产生一定的抵消。

5. 东道国劳动力人口没有通过显著性检验，与预期存在一定偏差，笔者认为主要是我国对东盟国家直接投资更加看重较低的劳动力成本，而不是劳动力数量。

(三) 投资非效率模型结果分析

为分析东盟各国政府治理能力对投资非效率的影响，进一步进行非效率模型分析，利用软件 Frontier 4.1 得到结果，如表 8-4 所示。

表 8-4　　　　　　　　　　　投资非效率模型回归结果

变量	系数	标准差	t 值
δ_0	-0.93776	0.97549	-0.96133
$\ln COR_{it}$	0.32923	0.60192	0.54697
$\ln LAW_{it}$	2.38210	0.82299	2.89443***
$\ln STA_{it}$	-3.51972	0.24875	-14.14963***
$\ln REG_{it}$	1.24608	0.80635	1.54534
$\ln EFF_{it}$	2.80529	0.84699	3.31205***
$\ln VOI_{it}$	-2.66225	0.38108	-6.98596***

注：*、**、*** 分别代表在 10%、5%、1% 水平上显著。

资料来源：根据软件 Frontier 4.1 计算得出。

由表 8-4 可以看出：

（1）东道国法律制度系数为正值，与预期相符，说明东道国的法律制度越健全、越规范，越能够对来自我国企业的直接投资起到保护作用，反之，若东道国法律制度越宽松、越不健全，存在较大的不确定性，将使得我国在东盟的直接投资更多暴露于风险之下，我国企业更倾向于选择法律制度健全的国家。

（2）东道国政府效率的系数为正值，与预期相符，说明中国对外直接投资更偏向监管规范完善、政府有效性、制度便利化程度、市场规范化程度等比较高的国家和地区，东道国的规范化程度越高，越有利于中国企业的投资。

（3）东道国稳定程度系数为负值，与预期不符，主要是因为东盟部分国家政府动荡。但由于这些国家与中国的关系很好，因此来自中国的投资没有受到显著影响，并且正是由于部分东盟国家的政府动荡，导致西方跨国投资企业退出，中国企业得以"借机"进入。例如，近年来，大量"罗兴迦"难民偷渡前往马来西亚、泰国等东盟国家，中国并没有因此减少对这些国家的直接投资。

（4）东道国民主自由变量的系数为负值，与预期存在一定偏差，笔者认为，主要是民主水平过高有可能导致决策程序繁杂，降低了对外投资效率，并且由于民众大量参与政治事件导致政府已有决策难以有效实施，对中国对外投资发展和效率提升产生了阻碍作用。

（5）东道国监管指数和腐败控制指数的系数不显著，与预期存在偏差，主要是腐败程度过高肯定会影响外国投资，但适当程度的腐败可能会对投资产生"润滑"作用，一些善于"公关"的企业可能更容易进入。市场监管是规范市场的有效手段，但由于我国企业的水平与发达国家相比仍存在差距，过高的监管水平可能会制约中国企业进入，进而对投资效率产生不利影响，反之，若监管过于宽松也可能会使中国投资面临较高的风险，产生的影响存在很大的不确定性。

（四）投资效率结果分析

从中国对东盟 10 国直接投资效率看（见图 8 - 1），2005 ~ 2016 年除柬埔寨、老挝、缅甸之外，中国对其他 7 国的投资效率仍然处于很低的水平，东盟各国之间存在较大的国别差异，这从另外的角度表明中国对东盟 10 国的投资仍然有很大的潜力。从纵向看，中国对东盟 10 国直接投资潜力均值呈增长态势，2005 ~ 2016 年增长 67%，主要得益于东盟在外资政策、制度支持等方面优势产生的吸引力，使得中国对东盟 10 国直接投资效率不断提高。但受世界金融危机的影响，东盟各国经济环境不稳定给投资带来了严重负面影响。

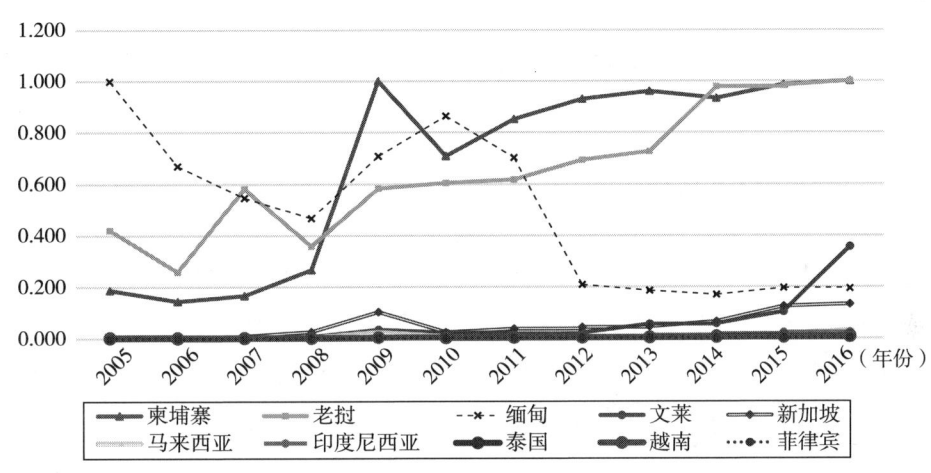

图 8 - 1　中国对东盟 10 国直接投资效率（2005 ~ 2016 年）

2012 年以来，中国对柬埔寨和老挝的投资效率最高，但两个国家经济规模较小，并且经济发展增速缓慢，中国对两国的投资主要集中在农业、资源类和建筑业等行业。由于两国均与我国保持着良好的外交关系，我国投资面临的风险相对较低，再加上中国的投资产业布局相对稳定，中国的投资效率偏高，但受制于经济规模和发展水平，中国投资的未来发展空间仍比较有限。中国对缅甸投资效率存在很大波动，2011 年以来显著出现了大幅下降，主要是受地缘政治的影响较大，再加上部分域外大国对缅甸政治经济政策施加的影响越来越强，中国对缅甸投资面临较大的风险和挑战。

中国对新加坡的直接投资，无论是从投资存量还是流量看，都远高于其他9个东盟成员国。新加坡是东盟国家中经济最发达的国家，并且地处马六甲海峡，地理位置非常重要，具有重要的地缘政治优势。我国对新加坡的投资范围很广，涉及较多的行业和领域，但由于在许多产业的投资近年来刚刚起步，加上新加坡是美国的盟友，与我国的关系受中美关系的影响较大，我国的投资面临风险相对较高，进而导致中国对其的投资效率表现不够好。中国对文莱的投资规模很小，近年来文莱经济发展平稳，整体经济规模在东盟10国处于中等偏下水平，来自中国的投资流量稳定增长，投资效率相对较高。印度尼西亚、马来西亚、菲律宾、泰国、越南均为投资效率偏低的国家，近年来中国对其投资效率均低于0.1。

第五节　结论与建议

综上所述，我国对东盟10国的直接投资取得了较大进展，实证分析发现，东道国的市场规模和经济发展水平、贸易开放度、法律制度和政府效率等指标对中国对外直接投资效率存在正向效应，促进了中国投资效率提升，而距离、东道国稳定程度、东道国民主自由等指标对中国对外直接投资效率存在负向效应，对中国投资效率提升产生了阻碍作用。为促进我国对东盟国家投资的健康持续发展，应该采取以下措施：

一、加强与东盟国家的国际产能合作

自2013年"一带一路"倡议提出以来，我国加强了与沿线国家的国际产能合作。中国制造的强大优势将与沿线国家共享，东盟国家在劳动力、技术储备以及产业互补方面具有一定优势。再加上与我国毗邻，合作基础广泛，我们应该加强与东盟国家的国际产能合作，促使部分国内产业向东盟国家转移，进而实现国内产业的"腾笼换鸟"，促进国内产业结构转型升级，增进中国与东盟国家的共同福祉。

二、有效利用多双边合作机制，与东盟国家相向而行

对外投资的顺利实施，离不开稳定的多双边合作机制。我们应该有效利用现有的多双边合作机制，如中国－东盟（10＋1）合作机制、东盟与中日韩（10＋3）合作机制以及东亚峰会（10＋8），巩固深化中国－东盟自贸区（CAFTA），与东盟国家相向而行，加强中国与东盟国家的外交关系，进而促进中国对外直接投资的顺利实施。

三、增强我国企业的风险防控意识，提高我国对外投资抗风险能力

有效防范对外投资风险，是跨国投资企业永恒的主题，理应将其提升到足够的高度。对于国家相关部门来说，应该加强对投资目的国的风险信息收集、评估，在此基础上建立风险预警、防范机制，创立应急处理办法。时刻关注东道国的经济发展状况、投资环境的稳定性和制度变更带来的风险等。对我国跨国投资企业而言，应该增强跨国投资风险防控意识，建立先进的风险防控团队，有效提高我国对外投资的抗风险能力。

四、促进对东盟国家直接投资的多元化发展

"将鸡蛋放在一个篮子里，不是一种好的选择"，相对于国内投资而言，进行跨国投资面临的风险更高。对东盟国家的投资应该多元化发展，要充分利用中国与东盟的地缘政治优势，对于现有的国际合作框架和已签订的协议要加以充分重视，在双边和多边发展的平台上抓住机遇，扩大合作的广度和深度。在国别选择上，要综合分析有利条件，根据东道国的经济发展、制度条件等合理扩大投资，促进投资多元化发展。

参考文献

[1] 程中海，南楠. 中国对"一带一路"国家直接投资的效率及潜力评估 [J]. 商业研究，2017（8）：64－73.

[2] 范兆斌，潘琳. 中国对 TPP 成员国的直接投资效率及影响因素——基于随机前沿引力模型的研究 [J]. 国际经贸探索，2016（6）：71－86.

［3］胡浩，金钏，谢杰. 中国对外直接投资的效率估算及其影响因素分析［J］. 世界经济研究，2017（10）：45-54.

［4］科埃利等. 效率与生产率分析引论［M］. 北京：中国人民大学出版社，2008年.

［5］刘孟旎，汪晓恒，叶阿忠. 我国对"一带一路"沿线国家的直接投资效率研究［J］. 福建农林大学学报，2017（20）：29-35.

［6］宋林，谢伟，郑雯. "一带一路"战略背景下我国对外直接投资的效率研究［J］. 西安交通大学学报，2017（7）：45-54.

［7］田泽，许冬梅. 我国对"一带一路"重点国家OFDI效率综合评价［J］. 经济问题探索，2016（6）：7-14.

［8］薛昌骋，廖青虎. 天津对"一带一路"沿线国家OFDI效率的评价研究——基于改进的DEA交叉模型与聚类分析［J］. 重庆理工大学学报，2017（8）：192-198.

［9］赵春艳，程璐. 发达国家与发展中国家对外直接投资效率比较研究［J］. 河南社会科学，2017（5）：30-37.

［10］赵奇伟，张诚. 外商直接投资与中国技术效率增进——基于随机前沿生产模型的经验分析［J］. 世界经济研究，2009（6）：61-67.

［11］Camilla Mastromarco. Foreign Capital, Human Capital, and Efficiency: A Stochastic Frontier Analysis for Developing Countries［J］. World Development, 2009（37）：7-14.

［12］Farrokh Nourzad. Openness and the Efficiency of FDI: A Panel Stochastic Production Frontier Study［J］. International Advances in Economic Research, 2008（2）：25-35.

第九章

中国对外直接投资与东道国技术进步——基于"一带一路"沿线21国研究*

第一节 引 言

进入21世纪,我国企业"走出去"步伐不断加快,大量国内企业开始了国际化历程,我国由原来以"引进来"为主,逐渐转变为"引进来"与"走出去"并重。2014年,我国首次成为资本净输出国,2016年,中国对外直接投资额达1701.1亿美元。2013年,"一带一路"倡议提出以来,我国加大了对沿线国家的投资力度,截至2016年8月20日,我国对沿线国家的投资累计达511亿美元,新签承包工程合同达到1.25万份[①]。据中国商务部统计,2016年,我国对沿线国家直接投资额为145.3亿美元,占全部对外直接投资总额的8.54%(见图9-1)。中国对沿线国家的直接投资主要流向新加坡、俄罗斯、印度尼西亚、韩国、阿联酋、印度和土耳其等国。

"一带一路"是一个开放的倡议,沿线涉及的国家数量众多,既包含部分西方发达国家,同时涵盖众多的发展中国家。对沿线国家的直接投资相对比较复杂,既有以技术寻求为动机,旨在提升我国国内生产技术水平的投资,也有

---

* 本章的部分内容发表于《财会月刊》2017年第9期(与孙强合作)。
① 中国经济网. 习近平讲解"一带一路"建设进度和成果为何超出预期[EB/OL]. http://www.ce.cn/xwzx/gnsz/szyw/201608/20/t20160820_15078978.shtml.

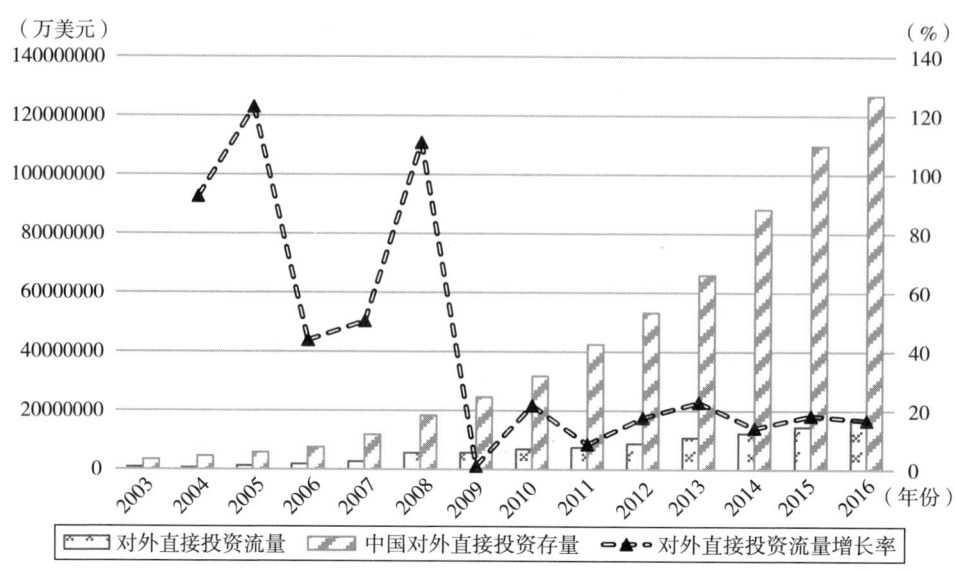

图9-1 中国对"一带一路"沿线国家直接投资(2003~2016年)

以市场寻求为动机,主要为开拓沿线国家市场、开展国际产能合作的投资。来自中国的直接投资能否对技术进步产生促进作用,是东道国普遍关注的重要问题,为实现互惠互利,我们应当加以重视。本章采用DEA-Malmquist指数法测算"一带一路"沿线各国的全要素生产率(Total Factor Productivity,TFP),继而构建面板Tobit模型分析TFP影响因素,在此基础上提出适当的投资建议。

第二节 文献评述

随着经济全球化不断深化和贸易投资一体化加速推进,外商直接投资是资本国际化的重要形式,也是跨国公司融入全球一体化的重要途径。麦克杜加(MacDougall,1960)分析外商直接投资的一般福利效应时,第一次将技术溢出效应作为一种重要现象进行了研究。此后,FDI技术溢出效应不断引起广大学者关注,卡夫(Caves,1974)对加拿大和澳大利亚的制造业进行了研究,发现FDI对加拿大和澳大利亚制造业具有正向技术溢出效应。费德(Feder,1982)构建了基于两部门经济的技术外溢效应模型分析框架,发现出口部门的边际生产率显著高于非出口部门,从而引导了资源的有效流动。

关于FDI技术溢出渠道，很多学者进行了相关研究。FDI的技术溢出主要存在以下几种渠道：①示范—模仿效应（Kokko，1992；Findlay，1978；Koizumi & Kopecky，1977；Das，1987），由于存在一定的技术差距，东道国企业和跨国企业之间可以通过示范和模仿等企业行为产生技术溢出；②竞争效应（Caves，1971；Kokko，1992；Wang & Blömstrom，1992），外商投资的进入使得东道国企业之间的竞争不断加剧，推动了东道国其他企业不断加大技术效率提升，而且外商投资的进入还可以在一定程度上打破垄断，从而提高行业生产效率；③行业间溢出效应（Ariken & Harrison，1999），外商投资的进入将与上下游企业产生前向关联与后向关联，进而促进技术溢出效应的产生；④培训效应（Kokoko，1992；张建华和欧阳轶雯，2003），外商投资的进入将对东道国的人才培养产生促进效应，提升东道国的人力资源水平，进而提升东道国对技术溢出的吸收能力。

FDI技术溢出效应实证分析应用较多的是C–H（1995）模型和L–P（2001）模型的理论模型。格罗斯曼和赫尔普曼（Grossman & Helpman，1991）运用"内生—创新驱动"经济增长模型，分析了国际贸易渠道所产生的国际技术溢出效应。科和赫尔普曼（Coe & Helpman，1995）（简称C–H（1995）模型）利用OECD数据对格罗斯曼和赫尔普曼（Grossman & Helpman，1991）提出的设想进行了验证分析，构建了国际R&D溢出模型，发现研发投入通过进口贸易对本国产生技术溢出效应，从而促进贸易进口国的技术发展。之后，对国际技术溢出理论研究贡献最大的当属陶特和利蒂滕贝格（Potterie & Lichtenberg，1996，1998，2001）（简称L–P（2001）模型），他们首次将FDI引入C–H（1995）模型中，构建了新的国际R&D溢出模型，用于检验FDI的技术溢出效应，发现除国际贸易因素外，FDI和OFDI也是产生国际技术溢出的重要渠道，对R&D投入密集国家的直接投资显著提高了母国和东道国的生产效率。近年来，国内不少学者积极研究FDI技术溢出效应，但由于选取的数据和采用的研究方法存在着差异，得出的结论也各有不同。沈坤荣（1999）、何洁（2000）、姚洋和章奇（2001）、赖明勇和包群等（2005）、陈继勇和盛杨怿（2008）、路江涌（2008）等对FDI的技术溢出效应进行了理论和实证研究。

以往的研究大多以同一类型国家为研究对象，或以发达国家为研究对象，或以发展中国家为研究对象，得出的结论存在不少差异。"一带一路"倡议提出以来，我国与沿线国家的经贸往来及投资合作进展顺利，但由于沿线国家数量众多，既包括部分技术先进的发达国家，也包括技术较为落后的广大发展中国家。研究中国直接投资对沿线国家技术进步的影响，对于打消沿线国家的疑虑，提高沿线各国参与的积极性，促进"一带一路"顺利实施具有重要的理论和现实意义。本章在以往研究的基础上，选择数据统计较为完善的"一带一路"沿线 21 个国家作为分析对象国，首先利用 DEA – Malmquist 指数法测度各国的 TFP，然后构建面板 Tobit 模型，研究中国直接投资产生的技术溢出对各国技术进步的影响。

第三节　计量模型与数据处理

一、计量模型

科和赫尔普曼（Coe & Helpman，1995）构造了基于国际贸易渠道的国际 R&D 技术溢出模型（C – H（1995）模型），在学界具有非常重要的影响，并成为后续学者实证研究的基础模型之一。C – H 模型的计量模型为：

$$\log F_i = \alpha_i^0 + \alpha_i^d \log S_i^d + \alpha_i^f \log S_i^f \tag{9-1}$$

式中，i 表示国家代号，$\log F$ 表示 TFP 的对数值，$\log F$ 是采用索罗余值法计算得出的，计算公式为 $\log F = \log Y - \beta \log K - (1-\beta)\log L$，$S^d$ 表示国内 R&D 资本存量，S^f 表示进口贸易渠道所获得的国际 R&D 资本存量。

C – H（1995）模型提出以来，逐渐成为后续学者研究国际技术溢出的基础，经过多位学者的不断完善，现已经发展成为研究各种渠道国际技术溢出的经典研究框架。国内 R&D 投入和由国外 R&D 投入产生的技术溢出会对该国的技术进步产生重要影响，这为广大学者所认同。本章将在 C – H（1995）模型基础上构建 FDI 技术溢出效应检验模型。

陶特和利蒂滕贝格（Potterie & Lichtenberg，1996，1998，2001）提出的 L – P（2001）模型中，将 FDI 作为技术溢出渠道引入到 C – H（1995）模型，对 FDI 技术溢出效应进行实证检验。他们构建的分析模型为：

$$\log F_{it} = \alpha_i + \alpha^d \log SD_{it} + \alpha^f \log SF_{it} + \varepsilon_{it} \tag{9-2}$$

式中，i 表示国家，t 表示时间，$\log F$ 表示 TFP 的对数值，$\log SD$ 表示国内 R&D 资本存量对数值，$\log SF$ 表示国外 R&D 溢出对数值。

本章以 C – H（1995）模型以及 L – P（2001）模型为基础模型，构建中国

OFDI 技术溢出的实证检验模型。

$$\ln TFP_{it} = C + \alpha \ln S_{it}^d + \beta \ln S_{it}^f + \varepsilon_{it} \qquad (9-3)$$

式中，i 代表国家，t 代表时间，TFP_{it} 代表 TFP，本章采用 DEA – Malmquist 指数模型测度 TFP_{it}，S_{it}^d 代表各国国内 R&D 资本存量，S_{it}^f 代表中国对外直接投资渠道产生的 R&D 溢出。α 和 β 分别代表各国国内 R&D 和中国对外直接投资产生的 R&D 溢出对各国 TFP 的影响。

采用 L–P（2001）模型的方式计算中国对外直接投资对沿线各国产生的 R&D 资本溢出 S_{jt}^f：

$$S_{jt}^f = \frac{OFDI_{jt}}{K_t} S_t \qquad (9-4)$$

式中，S_t 表示 t 时期中国 R&D 资本投入，$OFDI_{jt}$ 表示我国 t 时期对 j 国的直接投资，K_t 表示中国 t 时期的固定资本形成总额。

早期的经济学家，尤其是新古典经济学家斯洛（Solow，1957）将土地、劳动力和资本看作是影响产出的三大重要因素。但随着工业化进程的推进和经济现代化的发展，各国能源消耗不断增长，能源供给和能源价格在各国的国民经济生产中约束作用越来越引起经济学家的关注。舒尔（Schurr，1960）提出，能源要素在美国经济增长中起着重要的作用。拉什和塔托姆（Rashe & Tatom，1977）首次将能源消费引入 C–D 生产函数。大量实证研究认为，能源是一种重要的战略资源，对一国的经济产出具有重要影响。因此，本章将能源投入也作为一种重要的投入要素，以测度资本、劳动力和能源三要素投入下的 TFP。

梳理国际 R&D 溢出研究文献后发现，国际 R&D 溢出渠道主要包括贸易、投资、人力要素流动等几个渠道，同时受对外开放水平、金融发达程度、本土研发投入等因素的影响。因此，本章将各国的本国研发投入、中国贸易产生的 R&D 溢出、各国对外依存度和各国贷款占 GDP 比重作为控制变量纳入国际 R&D 溢出模型中，采用的实证分析模型为：

$$\begin{aligned}\ln TFP_{it} = & \beta_0 + \beta_1 \ln S_{it}^d + \beta_2 \ln S_{it}^{f_o} + \beta_3 \ln S_{it}^{f_t} + \beta_4 \ln S_{it}^d * \ln S_{it}^{f_o} + \beta_5 \ln S_{it}^d * \ln S_{it}^{f_t} \\ & + \beta_6 DOF_{it} + \beta_7 FD_{it} + \beta_8 \ln S_{it}^d * FD_{it} + \varepsilon_{it}\end{aligned} \qquad (9-5)$$

式中，$\ln S_{it}^d$、$\ln S_{it}^{f_o}$、$\ln S_{it}^{f_t}$、DOF_{it}、FD_{it} 分别表示各国本国研发投入对数值、中国对外直接投资产生的 R&D 溢出对数值、中国贸易产生的 R&D 溢出对数值、各国对外依存度和各国贷款占 GDP 比重。

二、全要素生产率测算

关于 TFP 的测度，目前经常采用的方法主要包括索罗余值法、随机前沿法以及在本章采用的 DEA 方法等。DEA 是最常用的非参数前沿效率分析方法，最早由法雷尔（Farrel, 1957）提出，后经多位学者发展推广为 CCD 模型、CCR 模型、BCC 模型等多种形式。Malmquist 指数最早由斯滕·马奎斯特（Sten Malmquist, 1953）提出，用于分析消费的动态变化情况，芬利，格罗斯科夫，林格伦和鲁斯（Färe, Grosskopf, Lindgren & Roos, 1989）将 Malmquist 指数应用于生产分析，定义的 Malmquist 指数为：

$$\text{TFP} - \text{ch} = \left[\frac{d^t(x_{t+1}, y_{t+1})}{d^t(x_t, y_t)} \times \frac{d^{t+1}(x_{t+1}, y_{t+1})}{d^{t+1}(x_t, y_t)} \right]^{\frac{1}{2}} \quad (9-6)$$

当 TFP – ch > 1 时，表示 TFP 呈上升趋势；反之，则说明 TFP 呈下降趋势。芬利，格罗斯科夫，诺里斯和张（Färe, Grosskopf, Norris & Zhang, 1994）构建了 Malmquist 指数（TFP – ch），并将 TFP（TFP – ch）分解为纯技术变动（TECH – ch）与技术效率变动（TE – ch）。

$$\text{TFP} - \text{ch} = \text{TECH} - \text{ch} \times \text{TE} - \text{ch} \quad (9-7)$$

$$\text{TECH} - \text{ch} = \left[\frac{d^t(x_{t+1}, y_{t+1})}{d^{t+1}(x_{t+1}, y_{t+1})} \times \frac{d^t(x_t, y_t)}{d^{t+1}(x_t, y_t)} \right]^{\frac{1}{2}} \quad (9-8)$$

$$\text{TE} - \text{ch} = \frac{d^{t+1}(x_{t+1}, y_{t+1})}{d^t(x_t, y_t)} \quad (9-9)$$

本章采用基于 DEA – Malmquist 指数法来测算 TFP，利用 DEAP 2.1 软件进行运算，设定的产出因素为 GDP，设定的投入因素为固定资本存量、从业人员数和能源消费量。

三、数据来源与处理

本章的主要分析数据来自世界银行 WDI 数据库和中国对外直接投资统计公报，鉴于我国对外直接投资统计始于 2003 年，以及沿线国家统计数据质量和可得性，选择的样本期为 2003~2013 年，选取了"一带一路"沿线 21 个国家，既包括英国、法国、德国等若干西方发达国家，也包括哈萨克斯坦、土耳其和阿塞拜疆等广大发展中国家，文章涉及变量如表 9 – 1 所示。

第九章 中国对外直接投资与东道国技术进步——基于"一带一路"沿线21国研究

表9-1 变量名称和处理说明

变量	变量代码	数据处理
国内生产总值	GDP	利用消费价格指数平减
固定资本存量	K	利用消费价格指数平减,利用永续盘存法将流量折算为存量
从业人员数	L	总劳动力人数与总就业率的乘积
能源消费量	E	每1000美元 GDP(2001年不变价 PPP)的能源使用量与 GDP 乘积
本国 R&D 投入	S^d	R&D 占 GDP 比重与 GDP 的乘积利用消费价格指数进行平减,利用永续盘存法将流量折算为存量
中国对外直接投资产生的 R&D 溢出	S^{f_0}	详见变量分析
中国贸易产生的 R&D 溢出	S^{f_1}	详见变量分析
对外依存度	DOF	外贸依存度 + 外资依存度
贷款占 GDP 比重	FD	

注:①各国的价格指数中只有消费价格指数的数据质量较好,因此统一采用消费价格指数进行指数平减。②资料来源:世界银行 WDI 数据库、中国对外直接投资统计公报。

(一)产出变量(GDP)和投入变量(K、L、E)

产出变量(GDP):以沿线各国的2003年不变价 GDP 表示,采用以2003年为基期的消费价格指数将 GDP 折算为不变价,单位为万美元。

资本存量(K):以沿线各国全社会固定资本存量表示,由于现行统计资料中只有固定资本形成总额数据,而没有固定资本存量数据,因此采用目前应用较多的永续盘存法进行测算,应用的公式为:$K_{it} = K_{it-1}(1-\delta_{it}) + I_{it}$,式中,$i$ 表示第 i 国,t 表示第 t 年,δ 为经济折旧率。关于经济折旧率的选择,借鉴张军等(2004)在研究固定资本存量时所采用的9.6%的方法,本章选取经济折旧率为 $\delta = 9.6\%$,利用永续盘存法计算得到各年份固定资本存量,利用基期为2003年的消费价格指数将其折算为不变价,单位为万美元。

劳动力投入(L):以沿线各国的年末从业人数表示,单位为人。原始变量为沿线各国总劳动力人数和总失业率(失业人数/劳动力人数),从业人数由总劳动力人数和总失业率的如下公式计算得出:

从业人数 = 总劳动力人数 × (1 - 总失业率)

能源投入(E):以沿线各国能源消费总量表示,单位为万吨标准煤。原始变量为每1000美元 GDP(2001年不变价 PPP)的能源使用量,能源投入为每

1000 美元 GDP（2001 年不变价 PPP）的能源使用量与 GDP 的乘积。

(二) 各国 R&D 资本存量 S_{it}^{d}

与固定资本存量的计算方法类似，本章采用永续盘存法计算沿线各国研发资本存量，采用计算公式为：

$$S_{it}^{d} = R\&D_{it} + (1-\delta)S_{it-1}^{d} \quad (9-10)$$

式中，S_{it}^{d} 表示第 i 国第 t 年 R&D 资本存量，δ 表示 R&D 资本折旧率，本章采用 C-H（1995）模型采用的 $\delta = 5\%$。$R\&D_{it}$ 表示第 i 国第 t 年名义 R&D 研发支出。各国名义 R&D 支出是通过各国 R&D 占 GDP 比重和各国 GDP 相乘得出，采用基期为 2003 年的消费价格指数将其折算为不变价 R&D 支出。

(三) 中国对外投资产生的 R&D 溢出存量 S_{it}^{fo}

鉴于"一带一路"沿线国家研发存量数据的可得性，选择了沿线的 21 个国家（见表 9-2）作为分析对象国。首先，从世界银行 WDI 数据库获得中国 2003～2013 年 R&D 占 GDP 比重和中国 GDP，据此估算中国历年 R&D 支出；然后按式 9-5 计算我国对沿线国家直接投资使各国获得的 R&D 溢出 S_{it}^{fo}，R&D 资本折旧率同样采用 C-H（1995）模型采用的 5%。我国 2003～2013 年非金融类对外直接投资数据 $OFDI_{jt}$ 来自历年中国对外直接投资统计公报。

表 9-2　　　　　　　　　　"一带一路"样本国家名单

区域	国家
东北亚	日本、韩国
中亚	哈萨克斯坦
独联体	俄罗斯、乌克兰、阿塞拜疆
西亚	土耳其、以色列
中东欧	波兰、拉脱维亚、捷克、斯洛伐克、匈牙利、罗马尼亚、保加利亚
西欧	法国、英国、德国、西班牙、荷兰、意大利

资料来源：关于"一带一路"沿线国家名单，目前尚没有形成统一的说法，笔者根据媒体资料和文献总结得出，本章选择的样本国家名单主要依据相关国家的统计数据质量。

(四) 中国对外贸易对沿线国家产生的 R&D 资本存量 S_{it}^{f1}

在 C-H（1995）模型中，将贸易渠道产生的国际 R&D 溢出定义为

$$S_{it}^{f(CH)} = \sum_{i \neq j} \frac{M_{ijt}}{M_{it}} \times S_{jt}^{d} \quad (9-11)$$

式中，M_{ijt} 表示第 i 国第 t 期从第 j 国进口总额，S_{jt} 表示第 t 期第 j 国 R&D 资本存量。

L-P 模型对 C-H（1995）模型进行了改进，提出了另外一种测量方法

$$S_{it}^{f(LP)} = \sum_{j=1}^{n} \frac{M_{ijt}}{GDP_{jt}} \times S_{jt}^{d} \quad (9-12)$$

式中，GDP_{jt} 表示第 j 国第 t 期国内生产总值。

本章借鉴 L-P 模型的测算方法，中国对外贸易对沿线国家产生的 R&D 资本存量计算公式为：

$$S_{it}^{f_1} = \sum_{j}^{n} \frac{M_{it}}{GDP_t} S_t^d \quad (9-13)$$

式中，M_{it} 表示第 i 国第 t 期从中国的进口总额，GDP_t 表示中国第 t 期国内生产总值，S_t^d 表示中国第 t 期 R&D 资本存量。

第四节 实证分析结果

一、各国技术进步与技术效率的分解

利用 DEAP 2.1 软件计算沿线各国 TFP 及其分解情况，对各国的 TFP（TFP-ch）、纯技术变动（TECH-ch）和与技术效率变动（TE-ch）变化指数进行测算，结果如表 9-3 所示。

表 9-3　　　　"一带一路"沿线 21 国 Malmquist 指数均值

国家分类	国家	TE-ch	TECH-ch	TFP-ch
发达国家	德国	1.001	0.991	0.992
	法国	1.001	0.991	0.991
	韩国	1.001	0.991	0.992
	荷兰	1.000	0.992	0.993
	日本	1.002	0.991	0.992
	西班牙	1.002	0.996	0.998
	意大利	1.001	0.995	0.996
	英国	1.001	0.991	0.992
	发达国家均值	1.001	0.992	0.993

续表

国家分类	国家	TE – ch	TECH – ch	TFP – ch
发展中国家	阿塞拜疆	1.004	0.995	0.999
	保加利亚	0.997	0.989	0.986
	波兰	1.000	0.989	0.989
	俄罗斯	1.001	0.988	0.989
	哈萨克斯坦	1.000	0.989	0.989
	捷克共和国	1.000	0.991	0.991
	拉脱维亚	1.000	0.998	0.998
	罗马尼亚	0.999	0.992	0.992
	斯洛伐克共和国	1.000	0.991	0.991
	土耳其	0.998	0.992	0.990
	乌克兰	0.999	0.988	0.987
	匈牙利	1.000	0.994	0.994
	以色列	1.000	0.994	0.994
	发展中国家均值	1.000	0.992	0.991

资料来源：利用 DEAP 2.1 软件计算得出。

从沿线发达国家和发展中国家的对比情况看，发达国家的 TFP 均值为 0.993，高于发展中国家的 TFP 均值（0.991），其中，发达国家的 TFP 均值全部高于 0.99，TFP 均值最高的两个发达国家分别为西班牙（0.998）和意大利（0.996），而沿线的发展中国家仍有超过 1/3 国家的 TFP 低于 0.99，TFP 最高的两个国家为阿塞拜疆（0.999）和拉脱维亚（0.998）。说明与发达国家相比，发展中国家的技术效率仍有待提高，仍需提高资源利用效率，以促进生产技术水平快速提升。

由于 Malmquist 生产率指数为比值，因此在进行后续影响因素模型的实际估计时，需要对 Malmquist 生产率指数进行相应变换，设 2003 年为基期（设为 1），则 2004 年 TFP 即为 2003 年的 TFP 值与 2004 年的 Malmquist 指数的乘积，后续年份的 TFP 值也以此类推而得。

二、中国对外直接投资与各国技术进步

通过分析不难发现，中国对外直接投资在不同国家之间存在着明显差异，并且各国 TFP 呈现出不同的发展趋势。为进一步分析沿线各国 TFP 的主要影响因素，在已有文献的基础上，本章采用科利（Coelli，1998）提出的基于 DEA

模型的两阶段分析框架进行实证研究，即第一阶段采用 DEA – Malmquist 指数法估计出沿线各国的 TFP 值，第二阶段以计算出的 TFP 值为因变量，建立面板 Tobit 模型。由于估计出来的 TFP 值的取值范围在 0~2，是一种截断数据的受限数据，若采用 OLS 进行估计有可能会造成有偏和不一致性。为避免出现这种不良现象，本章采用最大似然估计（ML）法对面板 Tobit 模型进行估计。Tobit 模型是由托宾（Tobin，1958）提出来的一种因变量受限模型，适用于因变量为切割值或片段值。本章采用的数据为国别面板数据，因此采用的模型为面板 Tobit 模型，标准的面板 Tobit 模型为：

$$y_{it}^* = \beta' x_{it} + u_{it}, i = 1,2,\cdots,N; t = 1,2,\cdots,T_i$$
$$u_{it} = v_{it} + \varepsilon_{it} \quad (9-14)$$

式中，y_{it}^* 表示潜变量，x_{it} 表示自变量，β 表示系数向量，$v_{it} \sim NID(0,\sigma_v^2)$，$\varepsilon_{it} \sim NID(0,\sigma_\varepsilon^2)$，观察值 y_{it} 定义为如下形式：

$$y_{it} = \begin{cases} y_{it}^*, & y_{it}^* > 0 \\ 0, & y_{it}^* \leq 0 \end{cases} \quad (9-15)$$

为研究各因素对沿线各国 TFP 的影响，并对不同类型国家进行比较研究，按照经济发达程度对 21 个沿线国家进行分类估计，即对发达国家和发展中国家分别进行估计，首先对所有国家数据进行估计，然后分别对发达国家数据和发展中国家数据分别进行估计，利用统计软件 Stata 14.0 进行面板 Tobit 模型估计，得估计结果如表 9 – 4 所示。

表 9 – 4　　　　　　　　　Tobit 模型估计结果

变量	（模型1）全部国家	（模型2）发达国家	（模型3）发展中国家
C	0.826 (10.38)	0.919 (47.20)	0.709 (6.68)
S_{it}^d	0.026 (4.18)		0.031 (4.00)
S^{f_0}	−0.015 (−2.36)	0.018 (3.21)	−0.029 (−2.41)
S^{f_1}	0.020 (2.25)		0.035 (2.38)
$S_{it}^d * S^{f_0}$	0.072 (2.00)	−0.075 (−3.46)	0.017 (2.23)

续表

变量	（模型1）全部国家	（模型2）发达国家	（模型3）发展中国家
$S_{it}^d * S^{fi}$	-0.229 (-4.69)		-0.031 (-3.64)
DOF	-0.011 (-1.97)		
FD	-0.298 (-6.33)	0.039 (4.70)	-0.071 (-5.67)
$S_{it}^d * FD$	0.014 (6.02)		
σ_u	0.033 (5.27)	0.017 (3.63)	0.025 (4.83)
σ_ε	0.011 (19.97)	0.009 (12.55)	0.012 (16.00)
ρ	0.900	0.797	0.817

资料来源：利用统计软件 Stata 14.0 计算得出。

（一）全部国家模型结果分析

由全部国家模型（模型1）的估计结果看，本国 R&D 投入、中国贸易产生的 R&D 溢出、本国 R&D 投入与中国投资产生的 R&D 溢出交互项以及本国 R&D 投入与贷款占 GDP 比重的交互项等几个因素对各国 TFP 存在正向效应，但中国投资产生的 R&D 溢出、本国 R&D 投入与中国贸易产生的 R&D 溢出交互项、对外依存度和贷款占 GDP 比重交互项等因素没有对各国 TFP 产生正向效应，笔者认为主要是入选样本的 21 国中包含 8 个发达国家，整体而言他们的生产技术比中国更为先进。不仅如此，13 个发展中国家中也有诸如以色列、匈牙利等生产技术比较先进的国家。中国投资在生产技术方面并不具备绝对优势，并且部分发展中国家在技术吸收能力和研发能力方面还存在明显不足，致使中国投资产生的 R&D 溢出对各国 TFP 没有产生显著正向效应，但各国研发投入与中国投资产生的 R&D 溢出却产生了"1+1>2"的效果，对 TFP 产生了正向效应，说明中国投资技术溢出受各国研发投入的影响较大。

（二）发达国家模型结果分析

由发达国家模型（模型2）分析结果来看，只有中国投资产生的 R&D 溢出、贷款占 GDP 的比重、本国 R&D 投入与中国投资产生的 R&D 溢出的交互项三个因素通过了显著性检验,其中,中国对外直接投资产生的 R&D 溢出和贷款占 GDP 的比重的系数为正值,说明中国对发达国家的投资存在正向技术溢出效应,笔者认为主要得益于中国对发达国家投资的行业选择比较适当,尽管整体而言发达国家的生产技术更为先进,但中国在部分行业上已经具备一定的竞争优势,再加上东道国具有良好的融资环境、强大的人才优势等有利条件,与中国资本有机结合盘活了东道国的技术创新能力,中国投资对东道国技术进步起到了一定的促进作用。而各国的本国 R&D 投入与中国投资产生的 R&D 溢出的交互项系数为负,笔者认为主要是由竞争效应导致。

(三)发展中国家模型结果分析

由发展中国家模型(模型 3)的分析结果看,本国 R&D 投入、中国贸易产生的 R&D 溢出以及本国 R&D 投入与中国投资产生的 R&D 溢出交互项等几个因素对各国 TFP 产生了正向效应,但中国投资产生的 R&D 溢出、本国 R&D 投入与中国贸易产生的 R&D 溢出交互项以及贷款占 GDP 比重等因素没有对各国 TFP 产生正向效应,笔者认为,中国对"一带一路"沿线发展中国家进行直接投资的动因主要是基于市场寻求动机和国际产能合作动机,与 13 个发展中国家相比,中国企业在生产技术方面并不存在绝对优势,中国投资产生的 R&D 溢出对东道国 TFP 没有产生正向效应。与此同时,中国资本进入引致一定程度的竞争效应,对各国 TFP 产生了一定抑制作用。各国研发投入对中国投资的技术溢出具有促进作用,各国应该提高研发投入,加大研发人才培养力度,不断增强各国技术吸收能力的培养,逐步降低竞争效应产生的不利影响。

第五节 结论与政策建议

一、结论

本章通过 DEA – Malmquist 模型估计了"一带一路"沿线 21 国 TFP,并实证分析了各因素对技术进步的影响,实证结果表明,从发达国家和发展中国家对比看,发达国家的 TFP 均值为 0.993,高于发展中国家的 TFP 均值(0.991)。发展中国家的技术效率还有待提高,需要进一步提高资源利用率,促进生产技术水平快速提升。从 TFP 的影响因素看,总体而言,各国研发投入与中国投资共同对各国技术进步产生了正向效应;中国对发达国家投资产生的 R&D 溢出对技术进步存在正向效应，但各国研发投入与中国投资产生的 R&D 溢出共同影响不显著；对发展中国家而言，各国研发投入与中国投资产生的 R&D 溢出共同对各国技术进步存在正向效应。

二、政策建议

通过分析发现，中国对沿线国家的直接投资为各东道国带来了一定的技术溢出效应，并在一定程度上促进了各国技术水平的提升，但我们决不能回避中国企业"走出去"过程中面临的问题、风险与挑战。比如，在对外投资方面，中国与欧美发达国家相比仍属于初级阶段，关于对外投资的相关规章和制度还不健全。另外，在西方媒体中一直存在针对中国投资的不和谐声音。比如，不少媒体声称中国企业海外投资主要是大量攫取东道国的资源、对东道国环境的保护重视程度不够、对东道国社会责任存在严重缺失等。因此，我们应该采取切实有效的政策和措施，促进中国对"一带一路"沿线国家投资得以健康、持续、快速发展，增进"一带一路"沿线各国的共同福祉。

（一）对沿线各国实施差异化对外投资策略

"一带一路"沿线国家数量众多，发展阶段也存在很大差异，中国投资对各国技术进步的影响也存在不小差异。因此，我们应该在尊重双方历史和现实的基础上，根据中国和沿线各国的实际情况，按照"开放合作、互利共赢"的原则，对沿线各国采取差异化的对外投资策略。针对技术比较先进的沿线发达国家，主要以技术获取和市场开拓为目的，注重获取先进的技术和信息，同时注重贸易壁垒的规避，将中国的资金优势与东道国先进的研发能力和融资能力有机结合，促进"走出去"企业的生产技术水平实现快速提升，并在一定程度上对东道国技术提升产生积极效应。针对能源、资源比较丰富的沿线发展中国家，我们要加强与东道国在能源、资源方面的合作，在合作的过程中注重对东道国的技术输出，不断提升沿线国家在能源、资源开发上的技术水平。针对劳动力成本比较低的沿线发展中国家，我们要注重开展国际产能合作，借助东道国的低劳动力成本，积极开拓东道国市场，同时推动东道国的产业升级。

（二）对沿线各国采取多元化投资方式

与欧、美、日等发达国家相比，我国对外直接投资经验仍比较欠缺，采用的对外直接投资方式相对比较单一，由此引发了部分国家对我国投资的疑虑，尤其是在对一些关键领域和敏感领域开展相关投资时，经常会遇到东道国较大的外部阻力，多次使我国的直接投资功亏一篑。因此，我国企业开展对外直接投资时，要借鉴西方发达国家的先进经验，采取灵活多样的投资方式，在一定程度上消除东道国对我国投资的疑虑，提高我国对外直接投资的成功率。比如，对沿线广大发展中国家的投资可以采用委托加工、中外合作、中外合资、中国独资等多种方式，绿地投资和公司并购相结合。对沿线发达国家的投资可以采用股权投资的方式，以公司并购和中外合资作为主要方式。此外，对东道国投资遇到困难时需要转变投资策略，改变原来的投资方式，并加强与东道国企业的通力合作，降低东道国对中国投资的疑虑。

（三）沿线各国要不断提升技术吸收能力

中国投资能否促进沿线各国技术进步，除了中国投资的技术是否先进之外，东道国的研发水平和技术吸收能力也至关重要。因此，随着中国对外投资附带的技术水平不断提高，沿线各国需要不断加强技术吸收能力建设。

首先，沿线各国要注重人力资源的培养。任何技术溢出的发生都离不开人的因素，沿线各国应该加大对教育、培训等方面的投入，提高人力资源的水平。

其次，沿线各国要提升本国研发投入水平。来自中国的直接投资能否对东道国企业产生技术溢出效应，很大程度上取决于东道国本身的研发投入水平，技术差距过大将不利于技术溢出发生，因此各国应该不断加大本国研发投入。

最后，沿线各国应该加强供应链建设。中国投资能否为东道国带来福利提升、生产技术水平提高，还受到上下游相关产业发展水平的制约，前向关联和后向关联对技术溢出的发生也非常重要。因此，沿线各国应该加强上下游相关产业建设，建立切实有效的供应链体系。

参考文献

［1］陈继勇，盛杨怿. 外商直接投资的知识溢出与中国区域经济增长［J］. 经济研究，2008（12）：39～49.

［2］何洁. 外国直接投资对中国工业部门外溢效应的进一步精确量化［J］. 世界经济，2000（12）：29～36.

[3] 赖明勇,包群,彭水军,张新. 外商直接投资与技术外溢:基于吸收能力的研究 [J]. 经济研究,2005 (8):95~105.

[4] 潘文卿. 外商投资对中国工业部门的外溢效应:基于面板数据的分析 [J]. 世界经济,2003 (6):3~7.

[5] 沈坤荣. 外国直接投资与中国经济增长 [J]. 管理世界,1999 (5):22~34.

[6] 姚洋,章奇. 中国工业企业技术效率分析 [J]. 经济研究,2001 (10):13~19.

[7] 张建华,欧阳轶雯. 外商直接投资、技术外溢与经济增长——对广东数据的实证分析 [J]. 经济学季刊,2003 (4):647~666.

[8] 赵伟,马瑞永,何元庆. 全要素生产率变动的分解——基于 Malmquist 生产力指数的实证分析 [J]. 统计研究,2005 (7):53~60.

[9] Ari Kokko. Foreign Direct Investment, Host Country Characteristics, and Spillovers [M]. The Economic Research Institute. Stockholnl, 1992.

[10] Brian J. Aitken and Ann E. Harrison. Multinational Firms, Competition, and Productivity in Host-Country Markets [J]. Economica, 1974 (41):176-193.

[11] CoelliT. A Multi-stage Methodology for the Solution of Orientated DEA Models [J]. European Journal of Operational Research, 1999 (2):326-339.

[12] Feder, G. On Export and Economic Growth [J]. Journal of Development Economics, 1982 (12):59-73.

[13] G. D. A. MACDOUGALL. The Benefits and Costs of Private Investment from Abroad: A Theoretical Approach [J]. Economic Record, 1960:189-211.

[14] Jian-Ye Wang. Magnus Blomström. Foreign Investment and Technology Transfer: A Simple Model [J]. European Economic Review, 1992 (1):137-155.

[15] Richard E. Caves. Multinational Firms, Competition, and Productivity in Host-Country Markets [J]. Economica, 1974 (5):176-193.

[16] Ronald Findlay. Relative Backwardness, Direct Foreign Investment and the Transfer of Technology: A Simple Dynamic Model [J]. The Quarterly Journal of Economics, 1978 (2):1-16.

[17] Sanghamitra Das. Externalities, and Technology Transfer Through Multinational Corporations: A Theoretical Analysis [J]. Journal of International Economics,

1987 (2): 171-182.

[18] Tetsunori Koizumi, Kenneth J. Kopecky. Foreign Direct Investment, Technology Transfer and Domestic Employment Effects [J]. Journal of International Economics, 1980 (2): 1-20.

第十章

"16+1"合作机制下中国对中东欧国家直接投资影响因素研究*

第一节 引 言

2011年召开的第一届中国—中东欧国家经贸论坛拉开了"16+1合作"序幕,2012年召开的首届中国和中东欧国家领导人峰会,正式提出"16+1"合作框架。之后,中国与中东欧国家的合作进入了快速发展期。2013年,"一带一路"倡议提出,中东欧国家积极响应。2015年6月,匈牙利与我国签署"一带一路"建设谅解备忘录,为第一个与我国签署"一带一路"建设合作文件的欧洲国家。截至2019年3月28日,"一带一路"倡议已经得到了150多个国家和国际组织的积极响应和参与,其中包括20多个欧洲国家[①]。近年来,中国与中东欧国家的经贸合作快速发展,我国对中东欧16国的直接投资存量从2004年的0.4204亿美元增长到2016年19.7675万美元,年均增长率高达37.83%,增长率远超全部对外直接投资,但2017年受世界经济形势的影响,对中东欧国家的投资有所下滑,如图10-1所示。

---

* 本章的部分内容发表于《国际商务财会》2020年第10期。
① 外交部."一带一路"倡议得到20多个欧洲国家响应[EB/OL]. 北京青年报. https://app.bjtitle.com/8816/newshow.php? newsid=5270290&src=stream&typeid=91&uid=0&did=862859037272552&platform=android&show=0&fSize=M&ver=2.3.8&mood=wx.

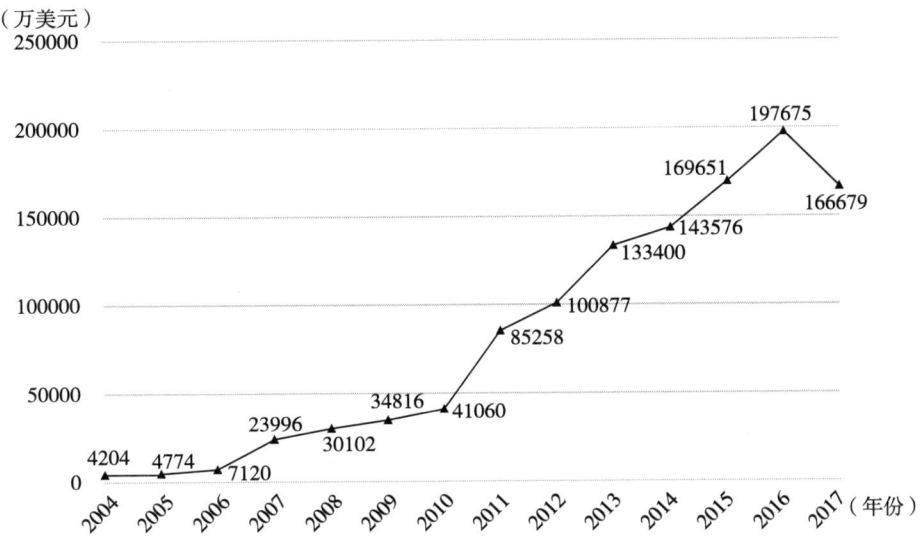

图10-1　中国对中东欧16国投资存量（2004~2017年）

近年来，我国对中东欧16国的直接投资采用了从绿地投资到跨国并购等多种方式，从2011年开始快速增长（见图10-2）。但我国对中东欧各国的投资在不同国家之间存在很大差异，2011~2016年，我国对匈牙利的投资位居中东欧16国的首位，其次是波兰、罗马尼亚和捷克。2017年，中国对中东欧16国

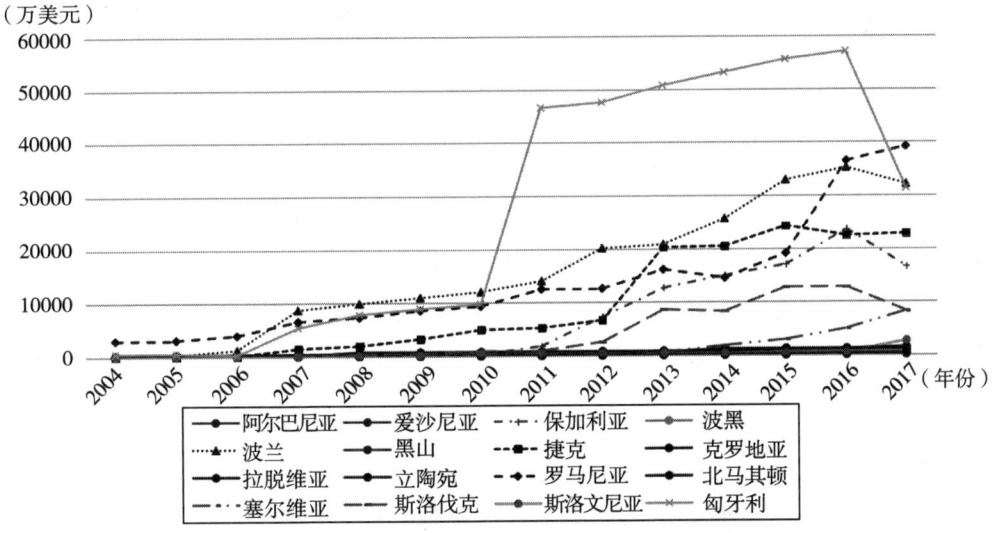

图10-2　中国对中东欧16国直接投资额（2004~2017年）

的直接投资主要流向了罗马尼亚、波兰、匈牙利、捷克和保加利亚等国。来自中国的投资使中东欧16国的资金短缺状况得以有效缓解，促进了中东欧各国的经济发展。自中国—中东欧"16+1"合作框架提出以来，我国与中东欧16国的双边贸易取得了长足发展，双边贸易额在2011年后快速增长，其中，双边贸易额最高的是波兰，其次是捷克，再次是匈牙利。

第二节　文献评述

从区位优势看，中东欧16国是欧洲的"东大门"，是"一带一路"建设的重要枢纽，也是中国产品进入西欧市场的必经之路，中东欧各国与中国经济的互补性较强。近年来，尤其是"16+1"合作框架以及"一带一路"倡议提出以来，中国投资中东欧的热情不减，取得了长足进步，不少学者进行了相关研究。

相对于国内投资而言，国际投资面临的不确定性较多，加深对投资东道国营商环境的了解是跨国投资的必修课。双边贸易的开展一般先行于跨国投资，但国际贸易对外商直接投资的影响如何到目前仍没有形成定论，存在两种截然对立的观点：替代论和互补论。替代论认为，外商直接投资与国际贸易之间存在替代关系，穆德尔（Mundell, R. A., 1957）、彼得·巴克利和马克·卡森（Peter J Buckley & Mark Casson, 1976）、邓宁（Dunning, 1980）等是替代论的坚定支持者；互补论与替代论的观点相反，认为外商直接投资与国际贸易之间是一种互补关系，日本学者小岛清（Kiyoshi Kojima, 1984）、利普西和维斯（Lipsey & Weiss, 1984）、海德和里斯（K. Head & J. Ries, 2001）、尼根（Blonigen, 2001）以及马库森和赛文（Makuson & Sevensson, 1985）等从不同角度论证了外商直接投资与国际贸易的互补关系。因此，本章将中国与中东欧各国双边贸易额设为重要影响因素，考察国际贸易对中国在中东欧直接投资的影响。

中东欧具有良好的区位优势，是中国产品进入西欧市场的重要途径，开拓中东欧市场进而打开西欧市场是中国企业投资的重要动机之一。关于对外投资动机，邓宁（Dunning, 1998）认为，对外直接投资主要基于市场寻求动机、资源寻求动机、技术寻求动机和劳动寻求动机等。不少研究表明，中国对外直接投资具有较为明显的市场寻求动机，如程惠芳和阮翔（2004）、蒋冠宏和蒋殿春（2012）和阎大颖（2013）等，但也有学者得出了相反的结论，如项本武（2009）研究发现，东道国市场规模对中国对外直接投资具有负向影响，东道国工资水平的影响并不显著。因此，本章选择各国国内生产总值、贸易依存度、各国劳动力数量、失业率和固定资本形成总额等反映东道国市场规模、对外开放程度和劳动力资源变量作为自变量。

由于东道国和母国之间的信息不对称，跨国投资面临的风险比国内投资要大，加强与东道国的双边关系往往是对冲投资风险的重要手段之一。布鲁尔（Brewer，1993）和巴克利等（Buckley etc.，2007）经研究发现，对外直接投资通常对东道国政策的变化比较敏感。张建红和姜建刚等（2012）发现，双边政治关系和外交关系对中国对外直接投资具有显著促进作用。本章通过双边伙伴关系的紧密程度反映政府政策对 OFDI 的影响。随着我国经济的发展，对资源的需求越来越多，资源寻求也是重要对外直接投资动机，资源是否丰裕可能影响中国的投资。巴克利等（2007）和艾森曼等（Aizenman etc，2018）发现，来自中国的直接投资更倾向于流向资源密集型国家。本章将区分资源丰裕国家和资源一般国家并分别建模。

与欧美发达国家企业相比，我国企业的核心技术相对缺乏，对发达国家进行直接投资，进而获取先进技术是我国企业的投资动机之一，而对发展中国家的投资主要基于市场寻求动机，对发展程度不同国家的投资存在异质性。林德（Linder）假说提出，需求导向是对外直接投资的重要原因。法杰鲍姆等（Fajgelbaum etc.，2015）和明秀南等（2019）进行了实证检验。法杰鲍姆等（2015）发现，发达国家之间的投资存在收入趋同效应，即更倾向于流入与母国收入类似的国家。明秀南等（2019）指出，流入发达国家的发展中国家直接投资主要以技术驱动为主，而流入发展中国家的发展中国家直接投资主要以资源寻求和低劳动力成本寻求为驱动。因而本章对发达国家和发展中国家分别进行了实证检验，以分析中国对发达国家和发展中国家直接投资的异质性。

鉴于目前中国对外直接投资区位影响因素的研究结论尚未统一，并且尼根（Blonigen，2005）认为，FDI 决定因素实证研究文献仍很年轻，甚至连实证假设前提都尚未达成共识。克拉克·巴尔蒂（Chakrabarti，2001）发现，大多数关于外国直接投资决定因素的研究结果缺乏稳健性，主要是因为假设不同造成统计上比较脆弱。本章将在以往研究基础上，构建中国对中东欧国家直接投资区位选择影响因素模型，在此基础上提出中国对中东欧国家直接投资的政策建议。

第三节　实证模型构建

一、实证分析采用的计量模型

在以往研究的基础上，本章以"一带一路"沿线的中东欧 16 个国家作为分析对象国，构建实证分析模型，考察中国在中东欧 16 国直接投资的影响因素，并在此基础上提出中国在中东欧投资的相关建议。具体计量模型如下：

$$\ln OFDI = \beta_0 + \sum_{i=1}^{10} \beta_i \times X_i + \varepsilon \quad i = 1, 2, \cdots, 10 \quad (10-1)$$

式中，X_k 表示自变量，包括中国与中东欧 16 国贸易往来、各国 GDP（GDP）、各国劳动力数量（L）、各国固定资本形成（K）等变量的对数值，失业率（SYL）、贸易依存度（DOF）、与中国伙伴关系（Relationship）、资源禀赋（ZYBF）和东道国发展程度（FDGJ）等。

二、变量选择

本章所涉及的指标来自世界银行世界发展指标数据库和中国对外直接投资统计公报，涉及的具体变量和相应代码如表 10-1 所示。由于中国对外直接投资国别数据始于 2003 年，但 2003 年中国对中东欧 16 国的直接投资额均为 0，因此本章选择的时间为 2004~2017 年。为了消除异方差的影响，对中国与中东欧贸易额（Ctrade）、GDP、固定资本形成（K）和各国劳动力数量（L）等变量进行对数化处理。

表10-1　　　　　　　　　　　变量名称和处理说明

变量	变量名称	预期符号	备注
因变量	中国对外直接投资存量（OFDI）		利用消费价格指数平减
自变量	中国与中东欧贸易额（Ctrade）	+	利用消费价格指数平减
	国内生产总值（GDP）	+	利用消费价格指数平减
	贸易依存度（DOF）	+	进出口总额/GDP
	固定资本形成总额（K）	+	利用消费价格指数平减
	与中国伙伴关系（Relationship）	+	根据与中国关系紧密程度，取值为1-13，数字越大表示与中国关系越紧密
	各国劳动力数量（L）	+	
	创办企业天数（T）	-	
	资源禀赋（ZYBF）	+	资源禀赋=自然资源租金总额占GDP的百分比
	东道国发展程度（FDGJ）	+	如果为发达国家设为1，否则设为0
	失业率（SYL）	-	

资料来源：各国的价格指数中只有消费价格指数的数据质量较好，因此统一采用消费价格指数来进行指数平减。

（一）因变量选择——中国对外直接投资存量

为探讨中国在中东欧16国直接投资的主要影响因素，本章选择中国对中东欧16国的直接投资作为因变量，但由于OFDI流量数据中不少取值为0，直接进行对数化会出现缺失值，在模型处理时会造成更多不确定性，因此这里选择OFDI存量数据作为因变量，数据来源于2004~2016年中国对外直接投资统计公报。为在一定程度上消除异方差性影响，对其进行对数化处理。考虑到仍有少部分取值为0，因此借鉴贝纳西·奎雷（Bénassy-Quéré，2007）以及莱恩和米莱西·费雷蒂（Lane & Milesi-Ferretti，2008）的做法，先加1然后再取对数，即：$\ln OFDI^* = \ln(OFDI + 1)$。

（二）自变量选择

本章主要为考察中国对中东欧16国直接投资的重要影响因素，解释变量包括中国与中东欧贸易额、各国国内生产总值、固定资本形成总额、各国劳动力数量、贸易依存度、与中国伙伴关系、创办企业天数、资源禀赋、东道国发展程度和失业率等。

1. 反映中国与中东欧经贸往来变量：中国与中东欧贸易额（Ctrade），是中国对中东欧各国出口额与中国从中东欧各国进口额的合计值。为消除价格影响，采用消费价格指数进行平减。并对 Ctrade 进行对数化处理以消除异方差性影响，得对数化变量 lnctrade。根据国际贸易和国际投资理论，一般来说，经贸往来是对外直接投资的前奏，因此预期中国与中东欧贸易额对中国 OFDI 的作用为正向。

2. 反映各国市场规模大小的变量：中国对中东欧国家的投资可能是基于市场寻求动机，因此选择反映市场规模大小的变量作为控制变量，这里选择了各国 GDP 指标，为消除价格影响，采用消费价格指数进行平减。同时，对 GDP 进行对数化处理以消除异方差性影响，得对数化变量 lnGDP。中国对中东欧国家进行投资，市场寻求动因是中国进行对外直接投资的重要动因之一，因此预期 lnGDP 的作用为正向。

3. 反映各国劳动力资源变量：近年来，随着我国经济的发展，"人口红利"开始减弱，劳动力成本逐年攀升，中东欧国家丰富的劳动力资源对中国 OFDI 具有很大吸引力，并且东道国部分为发达国家，人力资源掌握着先进技术，因此本章选择各国劳动力数量（L）和失业率（SYL）反映各国劳动力资源状况，对各国劳动力数量（L）进行对数化处理得 lnL，本章预期 lnL 的作用为正。为反映各国经济景气情况，本章选择失业率（SYL）指标，失业率 = 总失业人数/劳动力总数，一般来说，失业率越低，说明该国经济发展情况较好，因此预期 SYL 对中国 OFDI 存在负向作用。

4. 反映各国对外开放程度变量：一国的对外开放程度反映了该国经济的外向程度。一般而言，开放程度越高，越有利于外国资本的进入，本章选择贸易依存度（DOF）反映该国的对外开放程度，贸易依存度（DOF）=（进口贸易 + 出口贸易）/GDP，因此预期 DOF 对中国 OFDI 的作用为正向。

5. 反映各国资源禀赋的变量：随着我国经济的发展，对资源和能源的需求量不断增长，因此，对资源和能源丰富的国家进行投资，保证稳定的资源和能源供应是进行对外直接投资的重要目的之一。本章选择资源禀赋（ZYBF）指标反映该国资源和能源的丰裕程度，资源禀赋 = 自然资源租金总额/GDP，因此预期资源禀赋（ZYBF）对中国 OFDI 的作用为正向。

6. 反映东道国政府运行效率的变量：东道国政府运行效率对国外资本的进入影响很大，本章选择企业创办天数（T）反映东道国政府运行效率，该指标为负指标，即该指标越大，表明政府的效率越低，因此预期企业创办天数（T）

对中国 OFDI 存在负向效应。

7. 其他变量：除了上述变量外，本章还选择了固定资产投资（k）、与中国伙伴关系（Relationship）和东道国发展程度（FDGJ）等指标，分别反映东道国资本是否短缺、与中国关系密切程度以及东道国是否为发达国家等。本章预期固定资产投资（K）的效应为正、与中国伙伴关系（Relationship）的效应为正以及东道国发展程度（FDGJ）的效应为正。

为分析各变量的基本特征，对上述变量进行描述性分析，利用统计软件 Stata 15.1 计算描述统计分析（见表 10-2）。可以看出，中国对中东欧 16 国投资存量中一部分取值为 0，各国之间存在很大差异。GDP、K、L、Ctrade 等变量在不同国家之间均存在较大差异。与中国伙伴关系的取值按照两国关系不同，取值范围是 1~7。贸易依存度在不同国家之间存在很大差异，贸易依存度最低值仅为 39.84%，最高值为 170.51%。资源禀赋在不同国家之间的差异也很明显，最小值仅为 0.19，而最高值为 8.05。创办企业天数在不同国家之间也存在明显差异，其中最小值仅为 3.5 天，而最大值为 109 天，说明不同国家之间的政府效率有很大不同。

表 10-2　　　　　　　　　　描述统计量

变量	样本量	均值	标准差	最小值	最大值
OFDI	224	5103.518	10842.05	0	57111
GDP	224	8.45E+10	1.14E+11	2.07E+09	5.45E+11
Ctrade	224	265847.5	379708.6	0	2122656
ZYBF	224	1.293527	1.00607	0.19	8.05
K	224	1.93E+10	2.45E+10	3.55E+08	1.23E+11
SYL	224	13.54	7.768449	2.89	37.25
L	224	3518388	4340670	246231	1.85E+07
DOF	220	98.76214	32.92316	39.84%	170.51%
CPI	224	99.41737	12.82857	56.16	138.67
T	224	26.21205	21.92708	3.5 天	109 天
FDGJ	224	0.25	0.4339825	0	1
Relationship	224	2.28125	1.956112	1	7

资料来源：利用统计软件 Stata 15.1 计算得出。

第四节 实证分析结果

一、模型筛选与检验

常见面板数据模型包括混合模型、固定效应模型和随机效应模型,混合回归模型假设解释变量对被解释变量的影响与个体和时间均无关,在实际问题中很难满足,该模型应用很少。固定效应模型的斜率系数相同,而截距存在一定差异,该模型只考虑了确定性信息的效应,对随机信息的效应考虑不足。随机效应模型将混合回归模型的随机误差项分解为个体分量 u_i、时间分量 v_t 和混合分量 w_{it}。本章采用豪斯曼检验区分应该采用固定效应模型还是随机效应模型,豪斯曼检验原假设是应该采用随机效应模型。利用统计软件 Stata 15.1 计算豪斯曼的统计量并进行检验(见表 10-3)。发现,5 个模型的豪斯曼检验的卡方统计量的取值都比较大,其相应的 p 值均小于 0.001,说明在 $\alpha = 0.001$ 的显著性水平下拒绝了应该采用随机效应模型的原假设,因此应该选择固定效应模型进行实证分析。

表 10-3　　豪斯曼检验

指标	16 国模型	发达国家模型	发展中国家模型	资源相对丰裕国家模型	资源相对一般国家模型
统计量	35.77	52.4	90.45	34.72	23.86
p 值	0.0000	0.0000	0.0000	0.0000	0.0006

资料来源:利用统计软件 Stata 15.1 计算得出。

二、模型估计结果

由前文的模型筛选与检验可知,应该建立固定效应模型进行实证分析。首先,本章构建了中东欧 16 国模型,分析中国对中东欧国家直接投资的影响因素。其次,根据国际投资理论,对不同发展类型国家的投资动机存在差异,因此本章在全部国家模型的基础上,根据发展程度不同将样本国家分为发展中国家和发达国家,构建发展中国家模型和发达国家模型。最后,资源寻求是我国对外直接投资的重要动机之一,资源丰裕程度可能会对中国 OFDI 产生不同影响，根据资源丰裕程度进行区分，分别构建资源相对丰裕国家模型和资源相对一般国家模型。利用统计软件 Stata 15.1 进行模型估计，结果如表 10-4 所示。

表 10-4　　　　　　　　　　　固定效应估计

变量	16 国模型	发达国家模型	发展中国家模型	资源相对丰裕国家模型	资源相对一般国家模型
C	-167.453*** (-3.241)	-828.900*** (-6.720)	-0.798 (-0.565)	3.208 (0.160)	-298.222*** (-3.883)
lnCtrade	0.452*** (5.146)	1.984*** (7.541)	0.372*** (4.223)	0.410*** (4.229)	0.414*** (2.924)
lnGDP	3.759*** (2.974)	5.750*** (2.962)		2.257 (1.630)	6.483*** (3.552)
DOF	0.027*** (3.813)		0.016* (1.779)	0.031** (2.514)	0.035*** (4.629)
lnK	-2.030** (-2.544)	-4.123*** (-3.873)		-2.507*** (-2.673)	-3.112*** (-3.080)
Relationship	0.728*** (3.201)		0.686*** (3.060)	0.625*** (2.917)	
lnL	8.079** (2.510)	53.123*** (6.130)			14.405*** (3.100)
T			-0.049*** (-4.063)	-0.049*** (-4.163)	-0.043*** (-3.486)
ZYBF	0.069*** (3.520)		0.068*** (3.330)		
FDGJ	0.195*** (3.672)				
SYL				-0.098** (-2.163)	
N	220	56	164	82	138

注：* p<0.1；** p<0.05；*** p<0.01
资料来源：利用统计软件 Stata 15.1 计算得出。

三、模型结果分析

（一）中东欧 16 国模型

为分析中国在中东欧 16 国直接投资的主要影响因素，本章构建了中东欧 16 国模型。由表 10-4 可以看出，中国与中东欧国家的贸易往来对中国 OFDI 具有显著促进作用，这得益于双边贸易往来加深了对相关国家的了解，从而推动中国对中东欧投资的发展，与预期相符。另外，东道国 GDP、贸易依存度（DOF）、伙伴关系（Relationship）、劳动力数量（L）、资源禀赋（ZYBF）、是否发达国家（FDGJ）对中国 OFDI 具有正向效应，符合预期，但东道国固定资本形成（K）对中国 OFDI 存在负向效应，笔者认为主要是东道国固定资产投资对来自中国的直接投资存在"挤出效应"，这对基础设施建设投资的影响尤为明显，从中国对中东欧投资实践看也确实如此，中国资本自欧债危机后开始快速进入中东欧国家。

(二) 按发展程度分类分析结果

根据国际投资理论，对外直接投资动机主要包括市场寻求动机、资源寻求动机、技术寻求动机、劳动力寻求动机等（Dunning，1998），其中对发达国家的投资可能主要基于技术需求动机和市场寻求动机，而针对发展中国家的投资可能主要基于市场寻求动机、资源寻求动机和劳动力寻求动机等。因此，本章对东道国发展程度进行分类研究，将其区分为发达国家和发展中国家分别建模分析，采用 IMF 划分标准，其中，发达国家包括爱沙尼亚、捷克、斯洛伐克、斯洛文尼亚，发展中国家包括阿尔巴尼亚、保加利亚和立陶宛等 12 个国家。

1. 发达国家模型分析

如前所述，根据 IMF 划分标准，16 国中包括 4 个发达国家，其市场和先进技术可能是中国投资的重要动因。由表 10-4 可以看出，在 $\alpha = 0.01$ 显著性水平下，中国与中东欧发达国家的贸易往来对中国 OFDI 具有显著促进作用，与预期相符，其原因与 16 国模型类似。与此同时，东道国 GDP 和劳动力数量（L）对中国 OFDI 具有正向效应，符合预期，说明中东欧 16 国的发达国家市场也是中国投资的重要动因之一，并且其优异的劳动力资源也具有重要吸引力，但东道国的固定资产投资对中国 OFDI 存在负向效应，其原因与 16 国模型类似。

2. 发展中国家模型分析

根据 IMF 划分标准，16 国中包括 12 个发展中国家，构建固定效应模型得表 10-4 第 3 列结果，在 $\alpha = 0.01$ 显著性水平下，中国与中东欧发展中国家的贸易往来对中国 OFDI 存在互补效应，符合预期，其原因与 16 国模型类似。同时，贸易依存度（DOF）、与中国伙伴关系（Relationship）、资源禀赋（ZYBF）对中国 OFDI 存在正向效应，符合预期，说明中东欧发展中国家的丰富资源也是中国投资的重要动机。并且，近年来中国与中东欧良好双边关系的发展对中国投资起到了有效推动作用，但东道国的政府效率制约了来自中国的投资，创办企业天数（T）对中国 OFDI 存在负向效应，与预期相符。

（三）按资源丰裕程度分类分析结果

随着中国经济的快速发展，我国对资源的需求越来越多，资源寻求逐渐成为中国对外直接投资的重要动因之一（Salidjanova，2011）。我国对资源丰裕国家的投资快速增长便是由这种动因驱动所致，为此本章采用世界银行世界发展指标中的自然资源租金总额占 GDP 的百分比指标进行区分，即资源相对丰裕国家和资源相对一般国家，资源相对丰裕国家包括阿尔巴尼亚、保加利亚、波黑、罗马尼亚、北马其顿和塞尔维亚；资源相对一般国家包括爱沙尼亚、波兰、黑山、捷克、克罗地亚、拉脱维亚、立陶宛、斯洛伐克、斯洛文尼亚和匈牙利。具体模型估计结果如表 10 - 4 的第 4 列、第 5 列所示。

1. 资源相对丰裕国家模型分析

由表 10 - 4 的第 4 列可以发现，中国与中东欧资源相对丰裕国家的经贸往来促进了中国 OFDI 发展，符合预期，其原因与 16 国模型类似。同时，贸易依存度（DOF）和与中国伙伴关系（Relationship）对中国 OFDI 存在正向效应，符合预期，说明中国投资更倾向于那些与中国保持较好双边关系的开放程度高、资源相对丰裕的国家。而东道国固定资产投资（K）和创办企业天数（T）阻碍了中国 OFDI 进入，其中，东道国固定资产投资（K）对中国 OFDI 产生负向效应的原因大致与 16 国模型类似，即国内建设资金越缺乏的东道国越欢迎来自中国的投资，创办企业天数（T）对中国 OFDI 产生负向效应，主要是东道国政府效率将直接关系到外国直接投资的进入。

2. 资源相对一般国家模型分析

由表 10 - 4 的第 5 列可以看出，中国与中东欧资源相对一般国家的经贸往来促进了中国 OFDI 发展，符合预期，其原因与 16 国模型类似。同时，东道国GDP、贸易依存度（DOF）和劳动力数量（L）对中国 OFDI 存在正向效应，符合预期，说明中国投资更倾向于那些市场规模较大、开放程度高和劳动力资源丰富的国家，而东道国固定资产投资（K）和创办企业天数（T）阻碍了中国OFDI 进入，其原因与资源相对丰裕国家的模型类似。

四、模型稳健性分析

建立面板数据模型的过程中，本章直接将中国与中东欧国家贸易等因素纳入了模型中,可能会存在内生性问题,而内生性的存在可能会使得 OLS 估计量不一致,即 OLS 估计量不会收敛至真实的参数值,因此需要对内生性进行处理。工具变量法是经常采用方式,考虑到模型中变量的具体情况,本章分别采用东道国 GDP 和贸易依存度的滞后一期作为工具变量进行估计,结果如表 10-5 所示。从工具变量估计结果看,经检验后与之前模型相比,各模型的系数没有明显变化,表明中国与中东欧贸易指标的内生性问题影响不明显,因而采用固定效应模型进行估计还是比较稳健的。

表 10-5　　　　　　　　　　　　IV 估计

变量	16 国模型	发达国家模型	发展中国家模型	资源相对丰裕国家模型	资源相对一般国家模型
C	-212.319*** (-3.366)	-833.006*** (-6.213)	-0.565 (-0.171)	18.993 (0.527)	-400.431*** (-4.122)
lnCtrade	0.431*** (5.135)	1.881*** (4.821)	0.450 (1.569)	0.390*** (3.974)	0.333** (2.245)
lnGDP	5.673*** (2.582)	8.018** (2.428)		1.602 (0.600)	8.864*** (2.586)
DOF	0.031*** (4.044)		0.013 (1.059)	0.028** (2.095)	0.038*** (5.006)
lnK	-3.237*** (-2.690)	-4.933*** (-3.115)		(2.489) (-1.643)	-4.319*** (-2.688)
Relationship	0.511** (2.270)		0.444** (2.200)	0.581** (2.573)	
lnL	9.906*** (2.958)	50.897*** (5.740)			19.384*** (4.117)
T			-0.049*** (-3.528)	-0.046*** (-2.802)	-0.031* (-1.859)
ZYBF	0.055** (2.455)		0.060*** (2.978)		
FDGJ	0.125** (2.088)				
SYL				-0.092** (-2.017)	
N	206.000	52.000	151.000	77.000	129.000

注:* $p<0.1$;** $p<0.05$;*** $p<0.01$。
资料来源:利用统计软件 Stata 15.1 计算得出。

第五节 结论与政策启示

一、研究结论

通过前文分析发现,近年来我国对中东欧国家的直接投资取得了长足进步,各国之间存在较大差异,从中国对外直接投资的影响因素看,存在以下几个特点:

(一)中国与东道国关系往来对中国投资具有显著促进作用

由表10-4可以看出,中国与中东欧各国的双边贸易和双边关系对中国OFDI存在显著促进作用,其中,双边贸易在所建立的5个模型中全部显著,说明中国与中东欧各国贸易对中国OFDI存在互补效应;中东欧各国与中国伙伴关系在16国模型、发展中国家模型和资源丰裕国家模型中对中国OFDI具有显著促进作用,说明"16+1"合作机制及中东欧国家积极响应"一带一路"倡议有利于中国在中东欧的直接投资。

(二)中国对中东欧国家投资具有显著的市场寻求效应

中东欧国家背靠西欧大市场,具有独特的区位优势,中国对中东欧国家投资的主要目的之一是开拓中东欧国家市场,进而为打开西欧市场积累经验。由表10-4可以看出,东道国GDP、劳动力数量和贸易依存度促进了中国对中东欧国家投资发展,其中,东道国GDP在除发展中国家模型外的4个模型显著,东道国劳动力在16国模型、发达国家模型和资源一般国家模型3个模型中显著,贸易依存度在除发达国家模型外的4个模型中显著,说明来自中国的投资比较看重东道国经济发展情况和对外开放程度。

(三)东道国固定资产投资和创办企业天数阻碍了中国OFDI的进入

2008年全球金融危机之后,欧债危机开始爆发,中东欧各国经济发展面临严重困难,加上欧盟对中东欧各国救助不力,中东欧各国开始加强与中国的合作,中国资本开始快速进入中东欧各国。由表10-4可以看出,东道国固定资产投资对中国投资产生了"挤出效应",主要是因为中国投资的一大部分是对基础设施的投资,政府效率对外商投资的进入具有重要影响,创办企业天数越长,越不利于中国资本(尤其是绿地投资)的进入。

二、政策启示

为进一步增进中国与中东欧各国的共同福祉，促进中国在中东欧各国投资的快速健康发展，我们应该采取以下措施：

（一）加强与中东欧16国的多双边合作

自2011年"16+1"合作框架确立以来，我国与中东欧国家双边经贸合作取得了长足进步，对中东欧各国的投资进展顺利。2013年，"一带一路"倡议提出，中国与中东欧各国关系进一步发展，与多国签订了"一带一路"建设谅解备忘录。由前文的实证分析可知，中国与东道国关系往来对中国投资具有显著促进作用。因此，我们应该在"16+1"合作框架和"一带一路"倡议下加强与中东欧16国的多双边合作。首先，不断提升与中东欧16国的关系密切程度，发挥首脑外交对双边关系的推动作用；其次，加强与中东欧16国的FTA谈判和BIT谈判，与中东欧国家在合作机制基础上进行合作，更能保持合作的稳定性，降低不确定性带来的风险；最后，在亚投行、丝路基金、上海合作组织等多边机制中加强与中东欧16国的协作与配合。

（二）不断提升中国企业的国际竞争力

中国企业走出国门进行跨国投资，面临激烈的国际竞争，而竞争力是克敌制胜的关键。因此，需要不断提升我国企业的国际竞争力。首先，中国企业要不断提升技术水平。中国企业投资中东欧的目的之一是借此进入并开拓西欧市场，因此我国企业需要不断提升技术水平，提高所生产商品的增加值。其次，中国企业需要不断提升现代企业管理水平，除了产品质量过硬之外，管理水平的高低对企业的国际竞争力也至关重要，因此应该引进并发展适合自身的现代企业管理制度。最后，中国企业需要用发展的眼光看待与世界接轨，中国企业要走向世界，需要不断与世界接轨，但不能通盘接受西方的一切，认为西方月亮比东方的圆的观点是不可取的，应该用发展的眼光来看待这个问题，取其精华，去其糟粕。

（三）加强投前环境评估和投后运营跟踪管理，有效防范投资风险

相对于国内投资而言，跨国投资面临较大的投资风险。为有效防范跨国投资风险，我们应该加强对东道国营商环境的评估，与东道国相关企业展开合作，并且需要深入了解东道国法律法规，进而选择收益合适、风险较小的投资项目。除此之外，还需要加强投后运营跟踪管理，一个项目投资成功与否，除选择合

适的投资项目外，投后运营跟踪管理是否顺利也至关重要，因此需要加强对所投项目的投后运营跟踪管理，如果出现偏差需要及时修正，如果错误不可弥补（如出现突发事件），及时止损也是必须采取的措施。如前几年的美英轰炸利比亚，我国及时撤出了侨民，从而避免了重大的人身伤亡。

参考文献

［1］程惠芳，阮翔．用引力模型分析中国对外直接投资的区位选择［J］．世界经济，2004（11）：23－30．

［2］蒋冠宏，蒋殿春．中国对外投资的区位选择：基于投资引力模型的面板数据检验［J］．世界经济，2012（9）：21－40．

［3］李锋，潘兵．"一带一路"背景下国际贸易对中国OFDI影响——基于中国—中东欧16国的实证研究［J］．郑州大学学报，2017（3）：75－79，159．

［4］林青．中国对中东欧国家直接投资的影响因素分析［J］．福建金融，2017（9）：22－26．

［5］刘作奎．中东欧在丝绸之路经济带建设中的作用［J］．国际问题研究，2014（4）：72－82．

［6］刘作奎．中国与中东欧合作：问题与对策［J］．国际问题研究，2013（5）：73－82．

［7］明秀南，阎虹戎，冼国明．中国OFDI的Linder假说：基于二元边际的视角［J］．世界经济研究，2019（1）：70－80．

［8］倪月菊．"16＋1合作"：渐成"一带一路"建设新标杆［R］．工作论文，2017（5）．

［9］小岛清．对外贸易论［M］．天津：南开大学出版社，1984．

［10］阎大颖．中国企业对外直接投资的区位选择及其决定因素［J］．国际贸易问题，2013（7）：128－135．

［11］朱晓中．中国—中东欧合作：特点与改进方向［J］．国际问题研究，2017（3）：41－50．

［12］Blonigen, B. In Search of Substitution Between Foreign Production and Exports［J］. Journal of International Economics, 2001（1）：81－104.

[13] Brewer, Thomas L. Government Policies, Market Imperfections, and Foreign Direct Investment [J]. Journal of International Business Studies, 1993 (1): 101-120.

[14] Dunning, J. H. Location and the Multinational Enterprise: A Neglected Factor? [J]. Journal of International Business Studies, 1998, 29 (1): P45-66.

[15] Dunning, J. H. Toward an Eclectic Theory of International Production: Some Empirical tests [J]. Journal of International Business Studies, 1980 (11): 9-31.

[16] K. Head and J. Ries. Increasing returns versus national product differentiation as an explanation for the pattern of US-Canada trade [J]. American Economic Review, 2001 (9): 858-876.

[17] Lipsey, R. E. and M. Y. Weiss. Foreign production and exports of individual firms [J]. Review of Economics and Statistics, 1984 (5): 304-309.

[18] Markuson, James R. and Svensson, Lars E. O. . Trade in goods and factor with international differences in technology [J]. International Economic Review, 1985 (1): 175-192.

[19] Mundell, R. A. International trade and factor mobility [J]. American Economic Review, 1957 (6): 321-335.

[20] Pablo D. Fajgelbaum, Gene M. Grossman. Elhanan Helpman. A Linder Hypothesis for Foreign Direct Investment [J]. Review of Economic Studies, 2011 (11): 83-121.

[21] Peter J Buckley and Mark Casson. The Internalisation Theory of the Multinational Enterprise: A Review of the Progress of a Research Agenda after 30 years [J]. Journal of International Business Studies, 2009 (8): 1563-1580.

[22] Salidjanova, Nargiza. Going out: An overview of China's outward foreign direct investment [J]. US-China Economic and Security Review Commission, 2011.

其他篇

第十一章

"一带一路"建设与中国出口效率提升——基于面板数据随机前沿引力模型的实证研究*

第一节 引 言

2013年9月7日,中国国家主席习近平在哈萨克斯坦纳扎尔巴耶夫大学发表重要演讲①,倡议共同建设"丝绸之路经济带"。2013年10月3日,中国国家主席习近平在印度尼西亚国会发表重要演讲②,倡议共同建设"21世纪海上丝绸之路"。2015年3月28日,国家发改委、外交部、商务部联合发布《推动共建丝绸之路经济带和21世纪海上丝绸之路的愿景和行动》③,希望通过发展"五通",即通过发展政策沟通、设施联通、贸易畅通、资金融通和民心相通,传承"和平合作、开放包容、互学互鉴、互利共赢"的丝绸之路精神,逐步实现从中国、中亚、西亚、北非及欧洲的区域大合作。

"一带一路"伟大倡议一经提出,便引发了国际社会的高度关注,特别是得到了"一带一路"沿线国家的积极响应。"一带一路"建设将加强与沿线国

---

* 本章的部分内容发表于《工业技术经济》2016年第10期。
① 习近平. 弘扬人民友谊 共创美好未来——在纳扎尔巴耶夫大学的演讲[N]. 人民日报. 2013-09-08 (1).
② 新华网. 习近平. 携手建设中国—东盟命运共同体[EB/OL]. http://www.xinhuanet.com.
③ 新华网. 国家发展改革委、外交部、商务部. 推动共建丝绸之路经济带和21世纪海上丝绸之路的愿景与行动[EB/OL]. http://www.xinhuanet.com.

家对接和协同发展,有助于形成新的快速发展区域,推动全球经济持续快速增长。"一带一路"建设有助于加强与沿线国家深入合作,为中国企业"走出去"提供便利条件,提升沿线国家的经济发展水平,促进生产技术水平不断提高,扩大中国经济的国际影响力。"一带一路"建设对我国而言是更深层次开放,有助于加快中国区域经济布局优化调整,实现我国产业结构转型升级。

目前,我国的经济增长速度放缓成为常态,许多行业的产能严重过剩,国内需求增长乏力,2015年9月,全国PPI同比下降5.9%,已经连续43个月负增长,加上自2012年以来我国对外出口增速不断下降(见图11-1),出口增速已经低于5%,2015年前三季度还出现了负增长,进出口总值178698亿元,同比下降7.9%,其中,出口102364.5亿元,同比下降1.8%;进口76333.5亿元,同比下降15.1%①,我国制造业面临的经济下行压力越来越大。如何破解目前的困局扩大对外出口,是亟待解决的重要问题。本章将探讨"一带一路"建设对我国出口的影响,分析我国对沿线国家的出口效率,从而有的放矢地采取措施扩大出口,缓解我国制造企业面临的压力,实现与沿线国家的共同繁荣发展。

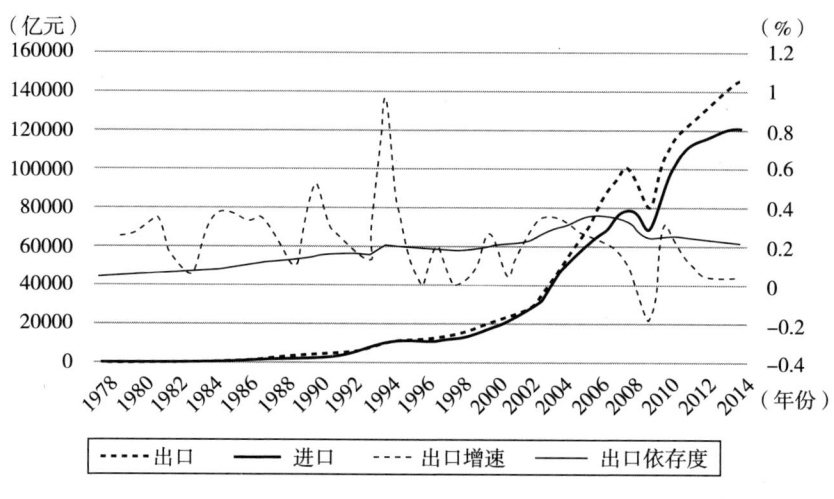

图11-1 中国进出口情况(1978~2014年)

"一带一路"是开放的,关于"一带一路"沿线涵盖的国家名单,目前仍没有形成统一的说法,本章综合各种文献和媒体资料,笔者认为"一带一路"应包含的国家如表11-1所示。

---

① 商务部网站,http://www.mofcom.gov.cn/article/tongjiziliao/cf/201510/20151001132908.shtml。

表 11-1 "一带一路"沿线国家名单

区域	国家名单
东北亚 3 国	蒙古国、韩国、日本
东南亚 11 国	新加坡、马来西亚、印度尼西亚、缅甸、泰国、老挝、柬埔寨、越南、文莱、菲律宾、东帝汶
西亚北非 16 国	伊朗、伊拉克、土耳其、叙利亚*、约旦、黎巴嫩、以色列、巴勒斯坦*、沙特阿拉伯、也门、阿曼、阿联酋、埃及、卡塔尔、科威特、巴林
独联体 7 国	俄罗斯、乌克兰、白俄罗斯、格鲁吉亚、阿塞拜疆、亚美尼亚、摩尔多瓦
南亚 8 国	印度、巴基斯坦、孟加拉国、阿富汗、斯里兰卡、马尔代夫*、尼泊尔、不丹*
中亚 5 国	哈萨克斯坦、乌兹别克斯坦、土库曼斯坦、塔吉克斯坦、吉尔吉斯斯坦
中东欧 18 国	波兰、立陶宛、爱沙尼亚、拉脱维亚、捷克、斯洛伐克、匈牙利、斯洛文尼亚、克罗地亚、波黑、阿尔巴尼亚、罗马尼亚、保加利亚、北马其顿、黑山*、塞尔维亚*、希腊、塞浦路斯
西欧 7 国	法国、德国、荷兰、比利时、英国、意大利、西班牙

资料来源:*表示由于数据可得性在后面实证分析中未采用的国家名单。

第二节 理论模型构建

"一带一路"建设需要大量的资金投入,并且是一个长期的过程,甚至需要几代人的共同努力才能完成,沿线国家大多为发展中国家,我国需要在"一带一路"建设中发挥关键性作用,但大量资金投入能否带来与之匹配的收益回报亟待评估。为了分析"一带一路"建设能否带来相应的贸易利益,分析对外投资、中国从各国进口、交通便利化和自贸区建设等因素能否对扩大出口产生积极效应,本章采用基于面板数据随机前沿引力模型进行分析。在建立实证分析模型前,首先对随机前沿模型和引力模型的基本理论进行梳理。

一、随机前沿模型理论概述

随机前沿模型最早由米乌森和范登布罗克(Meeusen & van den Broeck, 1977)及艾格纳·洛弗尔和施密特(Aigner Lovell & Schmidt, 1977)提出,此后随机前沿模型越来越受数量分析学者欢迎。随机前沿面板数据模型可用来拟合生产模型和成本模型。假定生产者按照 $f(z_{it},\beta)$ 进行生产,若该生产过程是有效的,不存在效率损失,则产出为 $q_{it} = f(z_{it},\beta)$。由于生产过程中,不可避免会存在一定程度的效率损失,则产出变为 $q_{it} = f(z_{it}, \beta)\xi_{it}$,式中,$\xi_{it}$ 表示 i 单位在 t 时刻的效率,$\xi_{it} > 0$,ξ_{it} 取值 $(0,1]$。如果 $\xi_{it} = 1$,表示生产是最优的,按照生产前沿进行生产,如果 $\xi_{it} < 1$,表示投入没有得到最优产出,而是低于生产前沿进行生产。

假定产出会受到随机因素的影响,则产出 $q_{it} = f(z_{it}, \beta)\xi_{it}\exp(v_{it})$,对方程两边取自然对数,得 $\ln(q_{it}) = \ln\{f(z_{it}, \beta)\} + \ln(\xi_{it}) + v_{it}$,假定有 k 个输入变量,并且生产函数为对数线性模型,定义 $u_{it} = -\ln(\xi_{it})$,则上式变为 $\ln(q_{it}) = \beta_0 + \sum_{j=1}^{k} \beta_j \ln(z_{jit}) + v_{it} - u_{it}$,式中,$u_{it} \geq 0$,$0 \leq \xi_{it} \leq 1$。

关于成本模型函数,Kumbhakar & Lovell(2000)详细推导了双重成本函数,成本函数方程为:$\ln(c_{it}) = \beta_0 + \beta_q \ln(q_{it}) + \sum_{j=1}^{k} \beta_j \ln(p_{jit}) + v_{it} - su_{it}$,式中,$q_{it}$ 表示产出,z_{jit} 表示投入数量,c_{it} 表示成本,p_{jit} 表示投入价格,s 表示虚拟变量,式中,$s = \begin{cases} 1, & \text{生产函数} \\ -1, & \text{成本函数} \end{cases}$。

我们一般估计如下的面板数据随机前沿模型,$y_{it} = \beta_0 + \sum_{j=1}^{k} \beta_j x_{jit} + v_{it} - su_{it}$,若是生产函数,$y_{it} = \log(q_{it})$,$x_{jit} = \ln(z_{jit})$,若是成本函数 $y_{it} = \ln(c_{it})$,$x_{jit} = \ln(p_{jit})$ 和 $\ln(q_{it})$。若无效率部分不随时间改变,$u_{it} = u_i$,$u_i \overset{iid}{\sim} N^+(\mu, \sigma_u^2)$,$u_i$ 表示正半部正态随机变量,$v_{it} \overset{iid}{\sim} N(0, \sigma_v^2)$,$v$ 和 u 相互独立;若无效率部分随时间改变,$u_{it} = \exp\{-\eta(t - T_i)\}u_i$,式中,$T_i$ 表示时期的最大值,η 表示衰减参数,$u_i \overset{iid}{\sim} N^+(\mu, \sigma_u^2)$,$u_i$ 表示正半部正态随机变量,$v_{it} \overset{iid}{\sim} N(0, \sigma_v^2)$,$v$ 和 u 相互独立。

二、引力模型概述

引力模型(Gravity Model)起源于牛顿提出的万有引力定律,即两个物体之间的引力与各自的质量乘积成正比,与它们之间的距离平方成反比。即 $F = \dfrac{Gm_1 m_2}{r^2}$,式中,$F$ 表示两个物体之间的引力,G 表示万有引力常量,m_1, m_2 分别表示两物体的质量,r 表示两个物体之间的距离。简·丁伯根(Jan Tinbergen, 1962)和波伊豪宁(Poyhonen, 1963a, 1963b)最早将引力模型引入国际贸易的分析中,丁伯根构造的模型为:$X_{ij} = K \dfrac{(Y_i)^\alpha (Y_j)^\beta}{(1 + eD_{ij})^f}$,式中,$X_{ij}$ 表示 i 国向 j 国的总出口，Y_i 与 Y_j 表示 i 国与 j 国的 GNP，D_{ij} 表示 i 国与 j 国的距离，K, e 为常数，α, β, f 为参数。出口国的经济总量体现了潜在的供给能力，进口国的经济总量体现了潜在的需求能力，经济中心之间的距离是两国间的贸易阻力因素。林内曼（Linnemannn，1966）在引力模型中加入了人口因素的影响。后来，经济学家又陆续加入了政策、历史、文化、优惠贸易协定、贸易限制措施、殖民关系以及共同语言等影响因素。

引力模型受许多经济学者的关注，主要用于分析国际贸易流量和贸易方向，普利艾宁（Pulliainen，1963）、杰拉奇和普雷沃（Geraci & Prewo，1977）、普雷沃（Prewo，1978）和艾布拉姆斯（Abrams，1980）等采用如下方程进行了相关分析，$PX_{ij} = \beta_0 (Y_i)^{\beta_1} (Y_2)^{\beta_2} (D_{ij})^{\beta_3} (A_{ij})^{\beta_4} u_{ij}$，式中，$PX_{ij}$ 表示以美元计价的从 i 国向 j 国的贸易流量，$Y_i(Y_j)$ 表示以美元计价的 i 国（j 国）名义 GDP，D_{ij} 为 i 国经济中心到 j 经济中心的距离，A_{ij} 表示两国贸易的其他促进或阻碍因素，u_{ij} 对数正态分布误差项，其中 $E(\ln u_{ij}) = 0$。但由于引力模型缺乏坚实的理论基础，作为政策分析工具经常受到质疑，比如安德森（Anderson，1979）、伯格斯特朗（Bergstrand，1985）指出，引力模型尽管能分析贸易流动但缺乏强有力的经济理论基础。后来，很多学者尝试从不同角度寻找引力模型的经济理论基础，在安德森（Anderson，1979）、赫尔普曼和克鲁格曼（Helpmen & Krugman，1985）、伯格斯特朗（Bergstrand，1989）、迪尔多夫（Deardorff，1995）、伊文奈特和凯勒（Evenett & Keller，1998）、安德森和温库普（Anderson & Wincoop，2003）等努力下，引力模型的理论根基逐渐稳固。

我国有不少学者采用引力模型分析贸易量流动、测算潜在的贸易能力，张杰等（1996）采用引力模型分析了欧共体和其他国家（地区）的贸易流动。谷克鉴（2001）对引力模型进行经济学解析和理论验证，并提出中国贸易引力模型构造的初步方案。盛斌等（2004）采用引力模型检验了新兴市场经济体的出口贸易流量的决定，估算了中国对 40 个贸易伙伴的出口潜力。田东文等（2005）采用引力模型分析了双边贸易流量，验证了引力模型的适用性。蔡宏波（2010）应用面板数据引力模型分析了我国与中国香港、韩国、澳大利亚、印度、新加坡、智利和新西兰贸易流量效应。鲁晓东等（2010）运用随机前沿引力模型估计了中国的"前沿"出口水平及出口潜力，确认了中国出口的需求拉动特征。高新才等（2014）应用引力模型分析了中国与丝绸之路经济带沿线国家的贸易往来，发现经济规模是重要的影响因素，提出我国应该承担更多责任。陈恩等（2014）运用随机前沿引力模型分析了我国对外直接投资（OFDI）的出口效应，发现 OFDI 能显著促进我国出口效率的提高。谭秀杰和周茂荣（2015）采用随机前沿引力模型研究了"21 世纪海上丝绸之路"主要沿线国家的贸易潜力，并进一步分析了影响因素。为了系统分析"一带一路"建设的贸易效应，本章采用面板数据随机前沿引力模型进行实证分析。

三、研究假设的提出

"一带一路"倡议的有效实施，可以加强中国与"一带一路"沿线国家的互联互通和经贸往来，亚洲基础设施投资银行和"丝路基金"将在"一带一路"建设中发挥关键性作用，逐步实现货币流通和人民币区域化乃至国际化。为了验证 GDP、人口、对外投资、从沿线各国进口、自贸区建设、距离以及是否陆地接壤的对贸易的影响，本章主要基于以下假设进行实证分析。

假设 1：GDP 和人口等总量指标体现一个国家潜在的供给能力和需求能力，将会对中国出口产生正向效应。

GDP 是经典引力模型的重要指标，代表该国的经济体量和发展水平，是综合国力的重要评价指标之一。其中，出口国的 GDP 反映了潜在的供给能力，进口国的 GDP 反映了潜在的需求能力，目前中国 GDP 排名世界第二，是世界经济的重要引擎。中国对沿线国家的吸引力不断增强，将给沿线国家带来越来越多的经济利益。人口指标在很大程度上代表着该国的消费能力或潜在消费能力，将对中国产品出口产生正向效应。

假设 2：对外直接投资加深了与投资目的国联系，将对中国扩大出口产生促进作用。

我国的产品能否在国外畅销，关键在于我国的产品在该国的定位是否准确，出口的产品能否适应和满足该国消费者的需求，我国的产品质量国际竞争力如何，后续的配套服务能否很好跟进，这需要加强对沿线国家的深入了解，包括该国的风土人情、消费理念、消费习惯等。我们对欧美国家的研究较多，但"一带一路"沿线大多为发展中国家，对这些国家的了解很远远不足，缺乏了解在很大程度上制约了双边贸易的发展。近几年来，我国对外直接投资不断扩大，大大加深了投资目的国的联系，必将对我国产品出口产生促进作用。

假设 3：距离会对两国的贸易产生消极影响。

运输成本是影响进出口贸易的重要因素，距离远近是影响运输成本的重要因素，距离是制约两国贸易的重要因素，会对两国贸易产生消极影响。

假设4：扩大进口将会提升相关国家的支付能力，进而促进中国的出口贸易。

中国对沿线国家的出口能否可持续增长，关键在于该国的支付能力和国外对中国产品的认同，"一带一路"沿线各国大都为发展中国家，产品的国际竞争力相对较弱，要想获得较强的支付能力需要为其产品寻找销路。"一带一路"倡议是要实现与沿线各国的互利共赢，不但要使我国制造的产品走出国门，而且要引进我们所需要的沿线各国的产品，促进当地经济的繁荣发展。只有沿线国家发展良好，才能更好地与我国开展更深层次合作。

假设5：交通设施的便利性会对两国的贸易产生积极影响。

"一带一路"的目标之一是实现设施联通，目前我国正在积极开展跨国铁路和跨国公路建设，这将对未来贸易产生深远影响，一定程度上改变现有的贸易格局。目前正在积极规划的中蒙俄、新亚欧大陆桥、中国—中亚—西亚、中国—中南半岛、中巴、孟中印缅六大经济走廊建设，中国大力发展与陆地接壤国家的现代高速铁路和高速公路合作，将大大降低运输成本，对双边贸易产生积极影响。

四、面板数据随机前沿引力模型构建

本章在引力模型的基础上，采用无效率部分不随时间改变的面板数据随机前沿模型来构建实证分析模型，分析各国 GDP、各国总人口、中国对各国投资存量、中国从各国进口、各国首都到北京的距离、各国与中国是否陆地接壤以及各国与中国是否签订自由贸易协定等变量对中国出口的影响，实证分析采用的具体模型如下：

$$EX_{it} = A \cdot GDP_{it}^{\beta_1} \cdot POP_{it}^{\beta_2} \cdot INV_{it}^{\beta_3} \cdot IM_{it}^{\beta_4} \cdot DIS_i^{\beta_5} \cdot \varepsilon_{it} \qquad (11-1)$$

两边取自然对数将其进行线性化，变为对数线性模型，并加入 BD_i 和 FTA_{it} 两个虚拟变量，本章采用的基于随机前沿面板数据模型为：

$$\ln EX_{it} = \beta_0 + \beta_1 \cdot \ln GDP_{it} + \beta_2 \cdot \ln POP_{it} + \beta_3 \cdot \ln INV_{it} + \beta_4 \cdot \ln IM_{it} + \beta_5 \cdot \ln DIS_i$$
$$+ \beta_6 \cdot BD_i + \beta_7 \cdot FTA_{it} + \varepsilon_{it}, \varepsilon_{it} = v_{it} - u_{it} \qquad (11-2)$$

其中，$i = 1,2,\cdots 69; t = 1,2,\cdots,9$。

$$TE_{it} = \exp(-u_{it}) \qquad (11-3)$$

$$\gamma = \frac{\sigma_u}{\sigma_u + \sigma_v} \qquad (11-4)$$

在式（11-2）中，$\ln EX_{it}$ 表示中国对"一带一路"沿线各国出口（万美元）的对数值，$\ln GDP_{it}$ 表示"一带一路"沿线各国 GDP（亿美元）的对数值，$\ln POP_{it}$ 表示"一带一路"沿线各国总人口（万人）的对数值，$\ln INV_{it}$ 表示中国对"一带一路"沿线各国直接投资存量（万美元）的对数值，$\ln IM_{it}$ 表示中国从沿线各国进口（万美元）的对数值，$\ln DIS_i$ 表示各国首都与北京距离（千米）的对数值，BD_i 和 FTA_{it} 表示两个虚拟变量，BD_i 表示"一带一路"沿线各国是否与中国陆地接壤，FTA_{it} 表示"一带一路"沿线各国是否与中国签订自由贸易协定。其中，i 表示"一带一路"沿线各国的排列序号，t 表示年份，$t = 1$ 表示 2005 年，$\beta_0, \beta_1, \ldots, \beta_7$ 为待估计参数，式（11-2）的残差项由两部分组成，式中，$v_{it} \overset{iid}{\sim} N(0, \sigma_v^2)$，$u_{it} \geq 0$，反映那些在第 t 时期仅影响第 i 国的随机因素，模型假定 $u_{it} \overset{iid}{\sim} N^+(\mu, \sigma_u^2)$，$v_{it}$ 与 u_{it} 相互独立。

在式（11-3）中，TE_{it} 表示第 i 国在第 t 时期的技术效率水平。若 $u_{it} = 0$，则 $TE_{it} = 1$，表示处于技术效率状态，出口位于前沿面上；反之，若 $u_{it} > 0$，则 $0 < TE_{it} < 1$，表示技术非效率状态，出口位于生产前沿之下。

在式（11-4）中，γ 为待估计参数。若 $\gamma = 0$，则 $\sigma_u^2 \to 0$，进一步可推出 $\varepsilon_{it} = v_{it}$，若统计检验 $\gamma = 0$ 被拒绝，说明中国对所有国的出口都位于前沿曲线上，无须采用随机前沿分析技术，可直接采用 OLS 估计。

第三节 实证分析

一、变量选择和数据来源

关于进行实证分析的"一带一路"沿线国家，由于数据的可得性和各国数据统计的差异，入选的国家为表 11-1 中除叙利亚、巴勒斯坦、马尔代夫、不丹、黑山和塞尔维亚以外的 69 个国家。本章采用 2005～2013 年国别面板数据，其中，中国对国外的出口和进口来源于方正中国对外经贸数据库，中国对国外直接投资数据来源于各年份中国对外直接投资统计公报，各国人口、各国 GDP 数据来自 IMF 数据库，各国首都与北京的距离来源于著名网站（http：//

www.geobytes.com)。为了考察与中国陆地接壤是否会产生显著影响,设定虚拟变量 BD,将与中国陆地接壤的国家设为1,不与中国陆地接壤的国家设为0。为了考察签订自由贸易协定是否会影响中国的贸易和投资,设定虚拟变量 FTA,将开展自由贸易协定研究国家设为1,正式实施自由贸易协定的国家设为2,其他国家设为0。本章采用的分析指标如表11-2所示。

表11-2　　　　　中国对"一带一路"沿线国家出口影响因素指标

变量类型	指标名称	指标符号	期望符号	单位
因变量	中国对各国出口	EX_{it}		万美元
自变量	各国国内生产总值	GDP_{it}	+	亿美元
	中国从各国进口	IM_{it}	+	万美元
	中国对各国投资存量	$OFDI_{it}$	+	万美元
	各国总人口	POP_{it}	+	万人
	各国首都与北京的距离	DIS_{it}	-	千米
虚拟控制变量	是否与中国陆地接壤	BD_{it}	+	
	是否为自贸区国家	FTA_{it}	+	

我们首先计算各个原始变量的描述统计量,分析各变量的基本特征(见表11-3)。从中国对沿线国家的出口量看,出口量排名前10位的国家分别为日本、韩国、德国、荷兰、英国、俄罗斯、越南、印度、马来西亚和新加坡。

表11-3　　　　　　　　　描述统计量

变量	样本量	均值	中位数	标准差	偏度	峰度	最小值	最大值
EX_{it}	621	1076622.00	244959.00	1984871.00	3.56	19.32	127.00	15200000.00
GDP_{it}	621	4296.84	797.10	8901.84	3.30	15.07	18.10	59544.80
INV_{it}	621	54731.88	8718.00	138155.60	5.66	44.40	10.00	1475070.00
POP_{it}	621	14612.74	7053.48	16604.88	1.60	6.15	248.19	103418.50
IM_{it}	621	1010907.00	91793.00	2592206.00	4.51	25.60	0.10	19500000.00
DIS_{it}	621	5733.91	6215.13	1898.20	-0.60	2.45	956.28	9240.04

资料来源:利用统计软件 Stata 15.1 计算得出。

二、实证分析结果

根据上面的模型设定,我们利用统计软件 Stata 15.1 进行分析,对无效率部分不随时间改变的模型[见式(11-2)]进行估计,结果如表 11-4 所示。

表 11-4　　　　　　　　面板数据随机前沿模型估计系数

变量	系数	标准差	t 统计量	P 值	95% 置信下限	95% 置信上限
$\ln GDP_{it}$	0.817	0.064	12.740	0.000	0.691	0.943
$\ln POP_{it}$	0.238	0.073	3.250	0.001	0.095	0.382
$\ln DIS_i$	-0.600	0.249	-2.410	0.016	-1.087	-0.113
$\ln OFDI_{it}$	0.130	0.012	10.640	0.000	0.106	0.153
$\ln IM_{it}$	0.084	0.019	4.520	0.000	0.048	0.120
BD_i	0.766	0.299	2.560	0.011	0.179	1.352
FTA_{it}	0.112	0.057	1.980	0.047	0.001	0.224
cons	10.406	2.316	4.490	0.000	5.866	14.946
μ	2.718	0.888	3.060	0.002	0.978	4.458
$\ln \sigma^2$	-0.420	0.165	-2.540	0.011	-0.744	-0.096
$\frac{1}{\text{logit}(\gamma)}$	1.881	0.204	9.210	0.000	1.481	2.282
σ^2	0.657	0.109			0.475	0.909
γ	0.868	0.023			0.815	0.907
σ_u^2	0.570	0.109			0.357	0.784
σ_v^2	0.087	0.005			0.077	0.097

注:表中的 logit(γ) 为 γ 的 logit 变换,即 logit(γ) = $\ln(\frac{\gamma}{1-\gamma})$。

资料来源:利用统计软件 Stata 15.1 计算得出。

由表 11-4 可以得出如下方程:

$$\ln EX_{it} = 10.406 + 0.817 \times \ln GDP_{it} + 0.238 \times \ln POP_{it} - 0.600 \times \ln DIS_i$$
$$(12.740) \qquad\qquad (3.250) \qquad\qquad (-2.410)$$
$$+ 0.130 \times \ln OFDI_{it} + 0.084 \times \ln IM_{it} + 0.766 \times BD_i + 0.112 \times FTA_{it}$$
$$(10.640) \qquad\quad (4.520) \qquad\quad (2.560) \qquad\quad (1.980)$$

根据表 11-4 的实证分析结果可得出以下主要结论:

各变量系数的 t 检验的 P 值均小于 0.05,说明各变量在 α = 0.05 水平下均显著不为 0。参数 $\gamma = \dfrac{\sigma_u}{\sigma_u + \sigma_v} = 0.868$，且 t 统计量和 LR 检验显著，说明式（11-2）中的误差项具有明显的复合结构，存在显著的技术非效率，因此，对长达 9 年的国别面板数据采用随机前沿分析非常必要。

从引力模型的经典指标 GDP、人口和距离的弹性看，GDP 的弹性系数 β_1 和人口的弹性系数 β_2 均大于 0，$\beta_1 = 0.817, \beta_2 = 0.238$，说明 GDP 和人口等总量指标均对中国出口产生正向效应，与预期一致，并且中国作为世界经济中心对沿线国家的向心力和影响力不断增强，会带动中国对沿线国家出口贸易的顺利开展。距离指标的弹性系数为 $\beta_3 = -0.6$，说明距离对两国贸易的发展产生负向效应，是影响运输成本的重要因素，物美价廉是中国产品的核心竞争力，大力发展互联互通降低运输成本非常必要。

中国对沿线国家的直接投资弹性 $\beta_4 = 0.130$，说明中国对外直接投资对出口产生正向促进效应，中国对沿线国家直接投资每提高 1%，可促进中国对沿线国家出口增长 0.130 个百分点。中国正在实施"一带一路"倡议，中国对沿线国家的直接投资不断增长，必将促进中国对沿线国家的贸易发展；中国从沿线各国进口的弹性系数 $\beta_5 = 0.084$，说明中国从各国的进口对中国出口产生正向促进作用，中国从各国的进口每提高 1%，可促进中国对沿线国家出口增长 0.084 个百分点，中国从各国的进口可以增强各国的经济实力和购买力，促进中国出口的发展。

从两个虚拟变量看，两国是否陆地接壤指标 BD_i 的弹性为 $\beta_6 = 0.766$，说明地理位置是影响两国贸易的重要因素，近年来，中国大力发展睦邻友好关系，促进了与陆地接壤国家的贸易往来；是否签订自由贸易协定指标 FTA_{it} 的弹性为 $\beta_7 = 0.112$，说明自贸区指标会对两国贸易的开展产生积极效应，签订自由贸易协定会促进两国贸易发展。

由此可见，经济吸引力、中国从各国进口、中国对各国直接投资、陆地是否接壤以及是否签订自由贸易协定均对中国出口产生正向效应，距离对中国向各国出口产生负向效应。中国正在积极开展的"一带一路"建设，将会实现与沿线国家的互利共赢，不断增强沿线国家的经济实力，提高沿线国家人民的福祉，也会对中国与各国贸易顺利开展产生很大的促进作用。

本章通过随机前沿引力模型测算了"一带一路"出口贸易效率的估计值，时间跨度为 2005~2013 年，根据式（11-3）中的出口贸易效率 TE_{it} 的方程，当出口贸易非效率存在时，$TE_{it} \in (0,1)$，数值越高，说明出口贸易的效率越高，反之说明出口贸易潜力越大。从中国对"一带一路"沿线国家的出口效率水平绝对量的平均值来看，我国对"一带一路"沿线各国出口效率存在较大的差异，其中，有18个国家出口效率高于0.9634；出口效率在0.9351~0.9634的国家有16个；出口效率在0.8958~0.9351的国家有17个；出口效率低于0.8958的国家有18个。

第四节 结论及建议

由前面的实证分析发现，GDP、人口、中国对外直接投资、中国从沿线各国进口、自由贸易区建设和交通便利化情况等因素均对中国出口产生了积极影响，距离是影响运输成本的重要因素，因而对中国出口产生了负向效应。为了实现可持续发展，增进"一带一路"沿线国家人民的共同福祉，应该从以下几个方面努力。

一、加快贸易通道建设，稳步推进"设施联通"

"设施联通"是"一带一路"倡议的重要目标之一，但目前我国与周边邻国的陆路交通仍不够畅通，我们要积极推动与沿线国家的铁路、公路、航空等国际综合运输大通道建设，建立电信、电网、互联网和能源管道等互联互通网络，积极向相对落后国家给予资金和技术支持，全力打造横贯欧亚的国际大通道，推动跨境电商的稳步发展，推动通关便利化发展。我们要加强与"一带一路"沿线国家的道路规划协作，建立政府间高层次协调机制，积极推动高铁外交，不断加强公路、铁路、机场、港口和能源通道建设，稳步推进"设施联通"，不断改善交通运输条件，节约运输和劳动力成本，增强我国产品的国际竞争力。

二、依托国内市场适度扩大对沿线国家的进口，发挥引领带动作用

"一带一路"沿线国家大多为发展中国家，经济规模相对偏小，产品的国际竞争力相对较弱。为了与沿线国家建立更加紧密的经贸关系，争取成为各自的利益攸关方，我国有必要适度扩大对沿线国家的进口规模，提高对沿线国家的进出口比，提升各国的支付能力和经济实力，将中国市场建设成为沿线国家的区域大市场，拉动各国的经济发展。部分沿线国家（尤其是经济规模较小的

国家)产业体系相对单一,我国在与其发展双边贸易的同时,要注重与这些国家开展广泛的产业合作,加强中国市场的核心地位,在"一带一路"建设过程中发挥引领带动作用。

三、积极参与自由贸易区谈判,提升双边贸易深度

实证结果表明,自由贸易区的签订将大大促进我国出口贸易的发展。从目前自由贸易的发展看,我国自从2001年加入世界贸易组织(WTO)以来,便开始在WTO框架内开展自由贸易,目前已经能够驾轻就熟,十几年来取得了巨大进步,成为世界第一大贸易国。自由贸易区(FTA)属于第二层次,已经不仅仅局限于关税减免等措施,而且已经渗透到关境内的措施,我们正在稳步推进与沿线国家的自贸区建设。TPP及后来的CPTPP属于第三层次,已经涉及竞争中立和劳工标准等更多领域,这给我们带来了不小的挑战,但也给我们的深化改革开放提出了更高的要求。为了促进自由贸易的发展,我们应该积极参与自贸区谈判,尤其是高标准自贸区谈判,逐步完善边境内措施,积极加入高标准自贸区的建设中。

四、加大对沿线国家的投资与开发,加强政策沟通

由实证分析看,一国经济发展水平反映一国潜在需求能力,提升沿线国家的经济发展水平会增强对我国出口的吸收能力。加大对"一带一路"沿线国家(尤其是广大发展中国家)的投资与开发,帮助他们在农业、工业、交通、能源等各个领域的平衡发展,提升沿线国家的经济发展水平,培育长期稳定的海外市场,树立良好的国际形象,早日实现"民心相通"。加强与沿线国家政府层面的交流,扩大与沿线国家在海关、检疫和物流方面的深层次合作,促进与沿线国家的贸易便利化协作,建立政府间高层对话机制,建立规范稳定有序的贸易环境,争取早日实现与沿线国家的"政策沟通"。

参考文献

[1] 高新才,朱泽钢. 丝绸之路经济带建设与中国贸易之应对 [J]. 兰州大学学报,2014 (11):1-8.

[2] 谷克鉴. 国际经济学对引力模型的开发与应用 [J]. 世界经济, 2001 (2): 14-25.

[3] 鲁晓东, 赵奇伟. 中国的出口潜力及其影响因素 [J]. 数量经济技术经济研究, 2010 (10): 21-35.

[4] 盛斌, 廖明忠. 中国的贸易流量与出口潜力: 引力模型的研究 [J]. 世界经济, 2004 (2): 3-12.

[5] 谭秀杰, 周茂荣. 21世纪"海上丝绸之路"贸易潜力及其影响因素 [J]. 国际贸易问题, 2015 (2): 3-12.

[6] 田东文, 王方明. 基于引力模型的双边贸易流量计量研究 [J]. 国际贸易问题, 2005 (12): 26-31.

[7] 张杰, 古斯达·克里斯坦森. 引力模型在国际贸易理论中的发展和应用 [J]. 国际贸易问题, 1996 (1): 29-41.

[8] Afriat, S. N. Efficiency estimation of production functions [J]. International Economic Review, 1972 (1): 568-598.

[9] Anderson, J. E. A Theoretical Foundation for the Gravity Equation [J]. American Economic Review, 1979 (69): 106-116.

[10] Battese. G. E. & T. J. Coelli. A Model for Technical Inefficiency Effects in a Stochastic Production Frontier for Panel Data [J]. Empirical Economics, 1995 (20): 325-332.

[11] Bergstrand, J. H. The Gravity Equation in International Trade: Some Microeconomic Foundations and Empirical Evidence [J]. Review of Economics and Statistics, 1985 (67): 474-481.

[12] Farrell, M. J. The Measurement of Production Efficiency [J]. Journal of Royal Statistical Society, 1957 (1): 253-281.

[13] Jeffrey H. Bergstrand. The Gravity Equation in International Trade: Some Microeconomic Foundations and Empirical Evidence [J]. The Review of Economics and Statistics, 1985, 67 (3): 474-481.

第十二章

"丝绸之路经济带"沿线 TFP 测算及影响因素研究——基于随机前沿面板数据模型的分析[*]

第一节 引 言

2013年9月7日，中国国家主席习近平在哈萨克斯坦纳扎尔巴耶夫大学发表了重要演讲[①]，倡议共同建设"丝绸之路经济带"，将其作为造福沿线各国人民的伟大事业，希望通过发展"五通"，即通过发展政策沟通、道路联通、贸易畅通、货币流通和民心相通，逐步实现从中国、中亚、西亚及欧洲的区域大合作。这一伟大倡议一经提出，便引发了国际社会的高度关注，特别是得到了古丝绸之路沿线国家的积极响应。丝绸之路经济带建设将加强与沿线国家经济对接和协同发展，有助于形成新的经济快速增长区域，推动全球经济持续快速增长。丝绸之路经济带建设有助于加强沿线国家的区域经济合作，推动中国企业"走出去"，增加沿线国家的经济活力，促进沿线国家的生产技术水平不断提高，提升中国经济的国际影响力；丝绸之路经济带建设对我国而言是更深层次开放，有助于提升沿线省区市对外开放水平，尤其是我国中西部地区的对外开放水平，加快中国区域经济布局优化调整，实现我国产业结构转型升级。

自"丝绸之路经济带"倡议构想提出以来，沿线的各省区市积极展开行动，纷纷结合各自的定位和优劣势提出丝绸之路建设构想或规划。丝绸之路经

---

[*] 本章的部分内容发表于《经济问题探索》2015 年第 11 期。
[①] 习近平. 弘扬人民友谊 共创美好未来——在纳扎尔巴耶夫大学的演讲[N]. 人民日报，2013-09-08（3）.

济带沿线各省区市大多位于中西部地区，无论是经济总量还是生产技术水平都相对较低，要想实现区域经济持续健康快速发展，需要抓住丝绸之路建设的良好契机，积极推动"五通"建设顺利实施，使区域经济发展规划与国家战略完美结合。因此，对丝绸之路经济带沿线各省区市的全要素生产率进行测算，有效评估沿线各省区市的生产技术水平，并深入分析其影响因素，重点考察"五通"建设对沿线各省区市技术效率的影响，进而制定切实可行的区域发展规划，提升沿线各省市经济发展水平和技术效率，具有重要理论意义和现实意义。

第二节 文献综述

全要素生产率（Total Factor Productivity，TFP），通常又称技术进步率，是分析经济增长源泉的重要指标。全要素生产率的概念最早由简·丁伯根（Jan Tinbergen，1942）提出，他认为全要素生产率只包含劳动与资本的投入。罗伯特·索洛（R. Solow，1957）最早开始采用定量方法研究全要素生产率，建立了全要素生产率可操作模型，即著名的索洛模型，认为全要素生产率是生产率减去劳动力生产率和资本生产率后的余值，被称为索洛余值。丹尼森（Denison，1961）发展了"余值"方法，将投入要素进行详细分类，并赋予不同权重，提高了对劳动和资本投入测算的准确性。戴尔·乔根森（D. W. Jogenson，1967）提出采用超越对数生产函数形式从部门和总量两个层次上度量全要素生产率。之后许多学者采用多种方法对全要素生产率进行测算，目前采用较多的主要有三种方法：一是索洛余值法，二是随机前沿法，三是非参数的数据包络分析法。以下主要评述采用随机前沿方法进行的相关研究。

传统生产函数方法假定生产在技术上充分有效，将产出增长率扣除掉要素投入增长率后全部归因于技术进步，这与实际生产存在矛盾，现代化生产是复杂的生产过程，除技术进步影响外还受多种因素的影响和制约。后来发展起来的随机前沿生产函数方法突破了技术有效假定的局限，允许存在技术无效，将TFP的变化率分解为生产可能性边界的移动和技术效率的变化，这种分析方法更加接近于生产和经济增长的实际。对于随机前沿分析方法，米乌森和布罗克（Meeusen & Broeck，1977）、艾格纳·洛弗尔和施密特（Aigner Lovell & Schmidt，1977）与巴蒂斯和科拉（Battese & Corra，1977）的三篇论文被认为是SFA技术诞生的标志性文献，之后许多学者采用随机前沿方法对中国技术效率进行了实证研究，根据影响因素分为以下几个方面：

一、关于中国对外开放对技术效率的影响

在开放经济条件下，国际贸易和外资对中国经济的影响日益显著，引起了众多学者的关注。王志刚、龚六堂和陈玉宇（2003）采用超越对数生产函数的随机前沿模型分析了中国地区间生产效率演进，发现出口依存度对生产效率具有正向影响。何枫和陈荣（2004）采用随机前沿模型分析了外商直接投资和国际贸易对经济效率的影响，发现外商直接投资和国际贸易对我国的技术效率增长具有显著影响。朱承亮、岳宏志和李婷（2009）对省域面板数据利用随机前沿分析模型研究区域增长效率及其影响因素，发现经济开放度对经济增长效率具有促进作用，但影响力度不大。王志平和陶长琪（2010）采用随机前沿柯布－道格拉斯生产函数，分析我国各地区的生产效率及其影响因素，发现对外开放程度和基础设施的实际有效利用对生产效率变化具有普遍积极的作用，产业结构优化对东西部生产效率的边际效应最为显著，科技创新投入对中部地区的作用最为突出。

二、关于中国财政金融支持对技术效率的影响

金融是现代经济的核心，金融是经济的助推器，许多学者研究了中国财政金融支持对技术效率的影响。何枫和陈荣（2004）采用随机前沿模型测量金融中介发展对我国技术效率省际差异的影响，发现从整体上看，我国金融机构贷款规模的增长并不有利于我国技术效率进步。余利丰、邓柏盛和王菲（2011）运用超越对数生产函数的随机前沿模型，分析金融发展与技术效率之间的关系，发现金融发展促进了全要素生产率的增长，但金融深化和金融中介垄断都不利于技术效率的提高。王春桥和夏祥谦（2015）采用随机前沿分析方法，从技术进步和效率改善两个维度，分析了中国金融发展对全要素生产率变动的影响，发现中国金融发展无助于技术效率的改善，金融支持国有企业的创新活动是技术进步的主要来源。

三、关于中国交通基础设施对技术效率的影响

交通基础设施是国家经济和社会发展的基础，是拉动经济增长的直接动力

之一，许多学者研究中国交通基础设施对技术效率的影响。周晓燕和韩朝华（2009）采用超越对数函数的随机前沿模型，对 1990～2006 年分省数据进行实证分析，估算了我国各地区的生产效率，并分解了全要素生产率增长率，发现交通基础设施水平对地区生产效率具有正向影响。刘秉镰、武鹏和刘玉海（2010）采用随机前沿方法和空间计量模型研究了中国交通基础设施与全要素生产率增长之间的关系，发现交通基础设施对中国全要素生产率具有显著的正向影响，铁路和公路基础设施存量的增加带动中国全要素生产率增长11.075%。刘育红和王新安（2012）采用面板数据随机前沿模型，实证分析了"新丝绸之路"交通基础设施与全要素生产率之间的关系，发现交通基础设施对全要素生产率有显著的正向影响，铁路和高速公路对全要素生产率有着显著持续的正向促进作用。

以往学者针对丝绸之路经济带建设提出"五通"的某一方面对经济效率的影响进行了相关研究，较少有学者综合来考察多方面的影响，本章主要贡献在于，采用量化分析方法考察"五通"中的道路联通、贸易畅通和资金融通对丝绸之路经济带沿线各省区市 TFP 的影响①，运用面板数据随机前沿模型分析对外开放、财政金融支持和交通基础设施对丝绸之路经济带全要素生产率的影响。

第三节 理论模型构建

一、随机前沿模型

米尔森和布罗克（Meeusen & Broeck，1977）、艾格纳·洛弗尔和施密特（Aigner Lovell & Schmidt，1977）与巴蒂斯和科拉（Battese & Corra，1977）的三篇论文系统阐述了随机前沿模型，他们提出的基本模型为：

$$Y = f(X;\beta) \times \exp(v - u) \qquad (12-1)$$

式中，Y 代表产出向量，X 代表投入要素向量，β 为待估计参数向量，$Y = f(X;\beta)$ 为生产函数，代表生产前沿面，$\exp(v - u)$ 为误差项，$v \overset{iid}{\sim} N(0, \sigma_v^2)$，$u$ 为正半部正态随机变量，$u = |U|$，$U \overset{iid}{\sim} (0, \sigma_u^2)$，$v$ 和 u 相互独立。

---

① "五通"中的政策沟通和民心相通两方面不容易量化，再加上我国开展丝绸之路经济带建设时间尚短，对技术效率的影响还不明显，因此选择了道路联通、贸易畅通和货币流通进行量化分析。

SFA 模型自 20 世纪 90 年代中期以来得到了快速发展,该模型不但可以测算出每个个体的技术效率,而且可以对造成个体技术效率差异的各种因素进一步定量分析。其中,巴蒂斯和科拉(1995)提出的模型得到了广泛运用,模型形式如下:

$$Y_{it} = X_{it}\beta + (V_{it} - U_{it}) \quad i = 1,2,\cdots,N, t = 1,2,\cdots T \quad (12-2)$$

$$m_{it} = Z_{it} \cdot \delta \quad (12-3)$$

$$TE_{it} = \exp(-U_{it}) \quad (12-4)$$

$$\gamma = \frac{\sigma_u^2}{\sigma_u^2 + \sigma_v^2} \quad (12-5)$$

模型假设 U_{it} 服从正半部的正态分布 $N(m_{it}, \sigma_u^2)$,Z_{it} 为一组影响技术效率的因素,δ 为一组待估参数,反映了 Z_{it} 对技术效率的影响程度。

二、理论分析模型

本章在对数型柯布 – 道格拉斯生产函数的基础上,拟运用巴蒂斯和科拉(1995)模型测算 TFP,并进一步分析能源、金融、对外贸易、外商直接投资、货运量、铁路和财政收入在丝绸之路经济带沿线各省区市技术效率中的具体影响。实证分析采用的具体模型如下:

经典柯布 – 道格拉斯生产函数为

$$GDP_{it} = AK_{it}^{\alpha}L_{it}^{\beta}\varepsilon_{it} \quad (12-6)$$

两边取自然对数将其进行线性化,变为对数线性模型。本章采用的基于随机前沿面板数据模型为:

$$\ln GDP_{it} = \beta_0 + \beta_1 \times \ln K_{it} + \beta_2 \times \ln L_{it} + \varepsilon_{it}, \varepsilon_{it} = v_{it} - u_{it} \quad (12-7)$$

其中,$i = 1,2,\cdots 14; t = 1,2,\cdots,17$。

$$TE_{it} = \exp(-u_{it}) \quad (12-8)$$

$$m_{it} = \delta_0 + \delta_1 \times \ln E_{it} + \delta_2 \times \ln FV_{it} + \delta_3 \times \ln F_{it} + \delta_4 \times \ln Trade_{it} + \delta_5 \times \ln FDI_{it}$$
$$+ \delta_6 \times \ln HYL_{it} + \delta_7 \times \ln Railway_{it} + \varepsilon_{it} \quad (12-9)$$

$$\gamma = \frac{\sigma_u}{\sigma_u + \sigma_v} \quad (12-10)$$

在式(12 – 7)中,$\ln GDP_{it}$ 表示丝绸之路经济带沿线各省区市国内生产总值(万元)的对数值,$\ln K_{it}$ 表示丝绸之路经济带沿线各省区市全社会固定资产投资存量(万元)的对数值,$\ln L_{it}$ 表示丝绸之路经济带沿线各省区市从业人员

（人）的对数值，其中，i 表示各省区市的排列序号，t 表示年份，$t=1$ 表示 1997 年，$\beta_0, \beta_1, \beta_2$ 为待估计的参数，式（12-7）的残差项由两部分组成，其中，$v_{it} \overset{iid}{\sim} N(0, \sigma_v^2)$，$u_{it} \geq 0$，反映那些在第 t 时期仅影响第 i 省市的随机因素，根据巴蒂斯和科拉（Battese & Coelli，1995）模型的假设，$u_{it} \overset{iid}{\sim} N(m_{it}, \sigma_u^2)$，$v_{it}$ 与 u_{it} 相互独立。

在式（12-8）中，TE_{it} 表示第 i 省份在第 t 时期的技术效率水平。若 $u_{it}=0$，则 $TE_{it}=1$，表示处于技术效率状态，生产位于生产前沿面上；反之，若 $u_{it}>0$，则 $0<TE_{it}<1$，表示技术非效率状态，生产位于生产前沿之下。

在式（12-9）中，δ_0、δ_1、δ_2、δ_3、δ_4、δ_5、δ_6 和 δ_7 为待估计参数，$\ln E_{it}$ 表示丝绸之路经济带沿线各省区市能源消费总量（万吨标准煤）的对数值。$\ln F_{it}$ 表示丝绸之路经济带沿线各省区市的各项贷款（万元）的对数值，用于表示金融对地区经济的支持程度，$\ln FV_{it}$ 表示丝绸之路经济带沿线各省区市公共财政收入（万元）的对数值，本章中 $\ln F_{it}$ 和 $\ln FV_{it}$ 代表财政金融支持。$\ln Trade_{it}$ 表示丝绸之路经济带沿线各省区市进出口贸易总额（万元）的对数值，用于表示对外贸易对地区经济的支持程度，$\ln FDI_{it}$ 表示丝绸之路经济带沿线各省区市的 FDI 存量（万元）的对数值，本章中 $\ln Trade_{it}$ 和 $\ln FDI_{it}$ 代表对外开放程度。$\ln HYL_{it}$ 表示丝绸之路经济带沿线各省区市货运总量（万吨）的对数值，$\ln Railway_{it}$ 表示丝绸之路经济带沿线各省区市铁路营业线路里程（公里）的对数值，本章中 $\ln HYL_{it}$ 和 $\ln Railway_{it}$ 代表交通基础设施。

在式（12-10）中，γ 表示待估计参数。若 $\gamma=0$，则 $\sigma_u^2 \to 0$，进一步可推出 $\varepsilon_{it}=v_{it}$，若统计检验 $\gamma=\delta_1=\delta_2=0$ 被拒绝，说明所有省区市的生产点都位于生产前沿曲线上，无须采用 SFA 技术，可直接采用 OLS 估计。

三、研究假设的提出

"丝绸之路经济带"倡议有效实施，可以加强中国与中亚、西亚乃至欧洲的互联互通和经贸往来，亚洲基础设施投资银行和"丝路基金"将在丝绸之路经济带建设中发挥关键性作用，逐步实现货币流通和人民币区域化乃至国际化。丝绸之路经济带建设可以为中国中西部提供一个开放通道，实现西部再次大开发与大开放，促进中西部地区经济社会全面协调发展，缩小东中西部发展差距。本章主要分析对外开放、财政金融支持和交通基础设施对丝绸之路经济带沿线技术效率的影响,以考察丝绸之路经济带建设中的贸易畅通、货币流通和道路联通对沿线各省区市的影响。本章主要基于以下假设进行实证分析:

假设1:深化对外开放有助于消化过剩产能,缓解资金不足压力,提升区域技术水平。

丝绸之路经济带建设将深化我国中西部地区的对外开放水平,逐步改变目前我国开放中"东强西弱、海强边弱"的格局。积极开展向西开放,加强与西亚、中亚乃至欧洲的经贸往来,对于缓解目前内需不足的压力,消化大量过剩产能具有非常重要的意义。积极引进优质的外商投资,不但可以缓解中西部地区资金不足的压力,更能促进生产技术水平的提高。深化中西部地区的对外开放水平,有助于技术水平的提升,加快我国产业结构升级和丝绸之路经济带沿线区域经济协调发展。

假设2:财政金融支持将有助于区域经济协调发展和技术效率的提升。

金融被誉为现代经济的血液和重要支撑,金融业在资源配置、推动经济发展和经济结构调整中发挥着重要作用,是撬动经济发展的重要利器之一。现代金融业的发展鼓励创新,有助于技术效率的提升。丝绸之路经济带沿线各省区市,尤其是中西部省市区,经济发展水平较低,金融发展相对滞后,严重制约了当地经济的快速发展,丝绸之路经济带沿线各省市要想加快发展速度,需要发展与之相适应的现代金融业。

假设3:交通基础设施将有助于区域经济发展和技术效率提升。

交通基础设施对区域经济发展的作用不言而喻,拥有大幅领先于经济发展水平的基础设施条件,是中国经济快速发展过程中的一项重要特征。交通基础设施的发展完善,有利于促进和扩大区域交流,进一步促进知识和技术的传播,有利于资源的优化配置,提高国民经济的运行效率,有利于经济集聚和市场扩张,提高规模效率。

第四节 数据来源及处理

关于入围丝绸之路经济带的省区市,目前仍没有统一的官方规定,2013年12月14日,中国国家发展改革委员会和中国外交部联合召开的"推进丝绸之路经济带和21世纪海上丝绸之路建设"座谈会①,初步入围丝绸之路经济带的中国省区市主要包括西北五省（陕西、甘肃、宁夏、青海、新疆）、西南四省（四川、重庆、云南、广西）和东部五省（江苏、浙江、广东、福建、海南）共14个省区市。本章借鉴研讨会的结论,选择上述14省区市为入围地区。

关于相关指标的选择,基于柯布-道格拉斯生产函数,产出指标选择国内生产总值（GDP）,投入要素选择分别为固定资产投资用于表示资本要素和从业人数用于表示劳动力要素。关于影响因素的选择,为了考察"五通"中的道路联通、贸易畅通和货币流通对全要素生产率的影响,选择的影响因素指标包括以下几类:

对外开放指标:包括外商直接投资和进出口贸易。

财政金融指标:包括贷款余额和公共财政收入。

交通基础设施指标:铁路营业线路里程和货运总量。

控制变量:能源消费总量。

如表12-1所示。

表12-1　　　　　丝绸之路经济带沿线省区市TFP影响因素指标

指标类型	指标名称	指标符号	单位
产出指标	国内生产总值	GDP_{it}	万元
投入指标	固定资产投资存量	K_{it}	万元
	从业人员	L_{it}	人
控制变量	能源消费总量	E_{it}	万吨标准煤
对外开放指标	外商直接投资存量	FDI_{it}	万元
	进出口贸易总额	$Trade_{it}$	万元
财政金融指标	公共财政收入	FV_{it}	万元
	贷款余额	F_{it}	万元
交通基础设施	铁路营业线路里程	$Railway_{it}$	公里
	货运总量	HYL_{it}	万吨

考虑数据的可得性,本章选取了1997~2013年丝绸之路经济带沿线各省区市面板数据。有关的基础数据来自各省区市1997~2014年的统计年鉴,中经网

---

① 孙久文,高志刚.丝绸之路经济带与区域经济发展研究［M］.北京:经济管理出版社,2015.

统计数据库和中宏领导决策信息支持系统。首先对所收集的基础数据进行如下处理。

产出指标为国内生产总值,用 GDP_{it} 表示丝绸之路经济带沿线各省区市国内生产总值(万元),利用基期为1997年的零售价格指数进行折算。

投入指标分别为固定资产投资、从业人数。应用的公式为:$K_{it} = K_{it-1}(1-\delta_{it}) + I_{it}$,其中,$K_{it}$ 表示丝绸之路经济带沿线各省区市固定资产投资存量(万元),i 表示第 i 省市,t 表示第 t 年,δ 为经济折旧率。由于现行统计资料中只有固定资产投资流量数据,而没有资本存量的数据,因此采用目前应用较多的永续盘存法进行测算。关于经济折旧率的选择,借鉴张军等(2004)的做法,我们选取的经济折旧率为 $\delta = 9.6\%$。固定资本存量利用基期为1997年的固定资产投资价格指数进行折算。L_{it} 表示丝绸之路经济带沿线各省区市从业人员(人)。

为考察对外开放的影响,采用的指标分别为外商直接投资和进出口贸易。其中,FDI_{it} 表示丝绸之路经济带沿线各省区市外商直接投资存量(万元),可以从整体上反映各省区市的外商直接投资规模。与固定资产投资类似,外商直接投资没有存量数据,因此采用如上所述的永续盘存法进行测算,并利用基期为1997年的固定资产投资价格指数进行折算。$Trade_{it}$ 表示丝绸之路经济带沿线各省区市进出口贸易总额(万元),反映各省区市进出口贸易规模,按照当年人民币平均汇率,将用美元表示的进出口贸易总额换算成人民币表示,并利用基期为1997年的消费价格指数进行折算。

为考察交通基础设施对丝绸之路经济带 TFP 的影响,采用的指标分别是铁路营业线路里程(公里)和货运总量(万吨),其中,铁路营业线路里程用 $Railway_{it}$ 表示,货运总量用 HYL_{it} 表示。

选择的控制变量为能源消费总量,用 E_{it} 表示丝绸之路经济带沿线各省区市能源消费总量(万吨标准煤),反映地区的能源投入情况。

第五节 实证分析结果

本章运用巴蒂斯和科拉(1995)提出的算法进行了实证研究,利用 Frontier 4.1 软件进行面板随机前沿模型分析,结果如表 12-2 和表 12-3 所示。

表 12－2　丝绸之路经济带沿线各省区市 TFP 及其影响因素（1997～2013 年）

模型	变量	系数	系数值	standard-error	t-ratio
生产函数	常数项	β_0	6.7414	0.0547	123.1475
	$\ln K_{it}$	β_1	0.1239	0.0130	9.5490
	$\ln L_{it}$	β_2	0.2240	0.0195	11.5103
无效率模型	常数项	δ_0	4.9324	0.3070	16.0675
	$\ln E_{it}$	δ_1	-0.0962	0.0294	-3.2742
	$\ln FV_{it}$	δ_2	-0.1754	0.0396	-4.4284
	$\ln F_{it}$	δ_3	-0.0815	0.0155	-5.2507
	$\ln Trade_{it}$	δ_4	-0.1305	0.0160	-8.1344
	$\ln FDI_{it}$	δ_5	-0.0371	0.0046	-7.9894
	$\ln HYL_{it}$	δ_6	-0.1705	0.0338	-5.0407
	$\ln Railway_{it}$	δ_7	-0.0177	0.0270	-0.6547
参数	σ^2		0.0016	0.0001	13.8314
	γ		0.9998	0.0205	48.7656
	log likelihood function		438.3618		
	LR test of the one-sided error		497.4568		

资料来源：利用 Frontier 4.1 软件计算整理得。

由表 12－2 可知面板随机前沿生产函数方程如下：

$$\ln GDP_{it} = 6.7414 + 0.1239 \times \ln K_{it} + 0.2240 \times \ln L_{it} \quad (12-11)$$
$$(9.5490) \quad (11.5103)$$

技术无效率模型：

$$m_{it} = 4.9324 - 0.0962 \times \ln E_{it} - 0.1754 \times \ln FV_{it} - 0.0815 \times \ln F_{it} - 0.1305 \times \ln Trade_{it}$$
$$(-3.2742) \quad (-4.4284) \quad (-5.2507) \quad (-8.1344)$$
$$- 0.0371 \times \ln FDI_{it} - 0.1705 \times \ln HYL_{it} - 0.0177 \times \ln Railway_{it} \quad (12-12)$$
$$(-7.9894) \quad (-5.0407) \quad (-0.6547)$$

根据表 12－2 的实证分析结果可以得出以下主要结论：

参数 $\gamma = \dfrac{\sigma_u}{\sigma_u + \sigma_v} = 0.9998$，且 t 统计量和 LR 检验显著，说明式（12－7）中的误差项具有明显的复合结构，存在显著的技术非效率，因此，对长达 17 年的省市面板数据采用 SFA 技术非常必要。从资本和劳动两大要素的产出弹性看，$\beta_1 = 0.1239$，$\beta_2 = 0.2240$，说明固定资产投资存量每增长 1%，可促进区域

GDP 增长 0.1239 个百分点；从业人数每增长 1%，可促进区域 GDP 增长 0.2240 个百分点。通过比较可见，在丝绸之路经济带沿线各省区市经济发展中，劳动所起的作用强于资本所起的作用。

在分析影响技术效率的因素方面，从各个变量的系数正负号看，各变量的系数均为负值，与预期一致，说明各个变量都对地区技术效率产生了积极的作用。参数 $\delta_1 = -0.0962$，反映了能源消费对地区技术效率的增长存在积极显著的作用，能源消费每提高 1%，可促进地区技术效率增长 0.0962 个百分点；参数 $\delta_2 = -0.1754$，反映了公共财政收入对地区技术效率的增长存在积极显著的作用，财政收入每提高 1%，可促进地区技术效率增长 0.1754 个百分点；参数 $\delta_3 = -0.0815$，反映了贷款余额对地区技术效率的增长存在积极显著的作用，贷款余额每提高 1%，可促进地区技术效率增长 0.0815 个百分点；参数 $\delta_4 = -0.1305$，反映了进出口贸易对地区技术效率的增长存在积极显著的作用，进出口贸易每提高 1%，可促进地区技术效率增长 0.1305 个百分点；参数 $\delta_5 = -0.0371$，反映了外商直接投资存量对地区技术效率的增长存在积极显著的作用，外商直接投资存量每提高 1%，可促进地区技术效率增长 0.0371 个百分点；参数 $\delta_6 = -0.1705$，反映了货运总量对地区技术效率的增长存在积极显著的作用，货运总量每提高 1%，可促进地区技术效率增长 0.1705 个百分点；参数 $\delta_7 = -0.0177$，反映了铁路营业线路里程对地区技术效率的增长也存在积极显著的作用，铁路营业线路里程每提高 1%，可促进地区技术效率增长 0.0177 个百分点。

由此可见，能源消费、财政金融支持、对外开放和交通基础设施对丝绸之路经济带沿线各省区市技术效率进步都起着重要正向作用，国家正在大力实施的"一带一路"建设对沿线省区市的技术效率提高影响显著，"道路联通""贸易畅通""货币流通"将会加强与沿线国家的经济交往，促进沿线省区市经济发展和技术水平的提升。

丝绸之路经济带沿线各省区市的技术效率水平及其描述统计结果如表 12-3 所示。

表 12-3　　　　丝绸之路经济带沿线各省区市技术效率水平比较

省区市	平均值	标准差	最小值	最大值
广东	0.7726	0.1535	0.5700	0.9986
江苏	0.7103	0.1563	0.5250	0.9586
浙江	0.6404	0.1271	0.4799	0.8332

续表

省区市	平均值	标准差	最小值	最大值
福建	0.5343	0.0961	0.4220	0.6962
四川	0.5055	0.0994	0.3972	0.6800
陕西	0.4417	0.1099	0.3140	0.6267
广西	0.4357	0.0868	0.3419	0.5846
重庆	0.4326	0.0968	0.3157	0.5988
云南	0.4014	0.0672	0.3275	0.5278
新疆	0.3922	0.0711	0.3030	0.5044
甘肃	0.3379	0.0584	0.2670	0.4349
海南	0.2981	0.0537	0.2320	0.3869
宁夏	0.2569	0.0605	0.1888	0.3558
青海	0.2358	0.0497	0.1784	0.3172

资料来源：利用 Frontier 4.1 软件计算整理得。

就技术效率水平的绝对量的平均值看，技术效率最高的为广东、江苏、浙江、福建和四川，技术效率均值高于 0.5055；其次为陕西、广西、重庆、云南和新疆，技术效率均值高于 0.3922；再次为甘肃、海南、宁夏和青海，技术效率均值高于 0.2358。如图 12 - 1 所示。

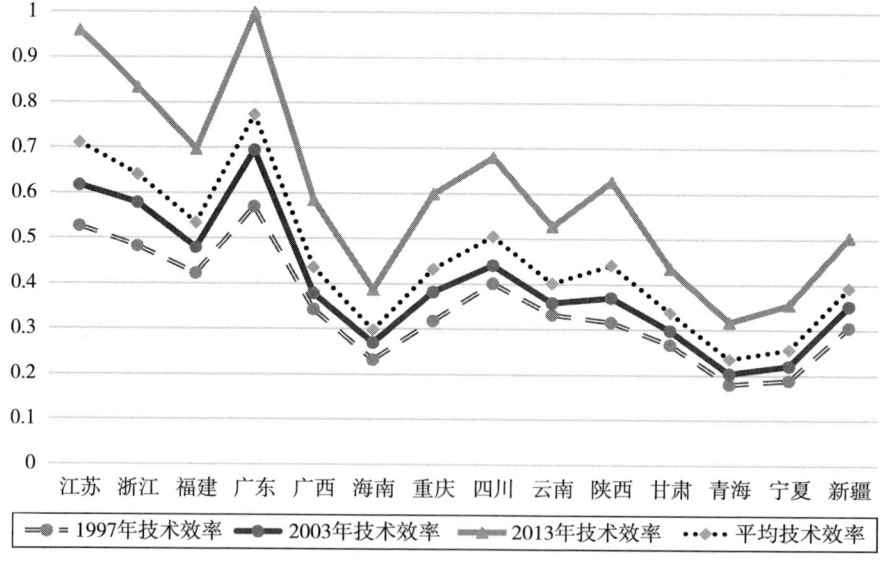

图 12 - 1 丝绸之路经济带各省区市技术效率

不难发现，技术效率的高低与当地经济发展水平息息相关，经济发展水平较高、对外开放程度较深、财政金融支持力度大、基础设施较好的地区一般技术效率较高，而经济发展水平较低、对外开放不足、财政金融支持力度欠缺、基础设施水平有待提高地区的技术效率需要大幅提升。

第六节　结论与建议

综上可知，对外开放、财政金融支持和交通基础设施都对丝绸之路经济带沿线各省区市技术效率产生了积极作用，存在正向的技术溢出效应。为进一步促进沿线各省区市持续健康快速发展，我们应该从以下几个方面进行努力。

一、继续深化对外开放，推进贸易畅通

过去的几十年我国成功实施了外向型经济战略，借助两个轮子的驱动，即通过扩大出口和招商引资，引进外来竞争的压力，实现了中国经济的快速发展。但外向型经济发展模式属于小国模式，不能完全适应未来的发展，十八届三中全会提出新三十五年（2015~2049年），我们需要构建开放型经济的新体制、形成全方位开放的新格局、培育国际合作和竞争的新优势。对于沿线各省区市来说，一定要紧紧抓住这千载难逢的良好契机，继续深化沿线各省区市的对外开放，推进贸易畅通的实现。

首先，各省区市要扩大"向西开放"的水平，以开放促发展，加强与中亚、西亚乃至欧洲等丝绸之路经济带沿线国家的经贸往来，复兴古丝绸之路，带动沿线各省区市和沿线国家经济发展。

其次，注重对优质外商投资的引进，引进外商投资时加以甄别，重点引进对技术效率提升明显、有利于产业结构转型升级的外商投资，并注重与国家整体战略和现有区域经济的有效协调。

最后，加强我国与中亚和西亚相关国家的能源资源合作，能源资源合作是丝绸之路经济带沿线国家和地区的重要经济联系之一，各国都需要寻找新的能源供应。中亚和西亚国家能源资源储量丰富，但开采水平极为低下。我国需要加强与中亚和西亚友好国家的能源合作，贯彻"合作共赢、共同发展"的理念，充分考虑合作对象国的利益和需求，带动合作对象国的发展，实现互利共

赢，构建稳定可靠的能源走廊，保障我国的能源安全。

二、加大财政金融支持，实现货币流通

金融是现代经济的血液，对区域经济发展和技术效率提升具有至关重要的作用，为加快丝绸之路经济带沿线的经济发展，需要加大财政金融支持，实现货币流通。

首先，借助亚洲基础设施投资银行和"丝路基金"推进本币结算和人民币发挥区域性货币职能，加强与相关国家的货币流通，逐步实现人民币的区域化和国际化，提高人民币在国际货币体系中的地位。

其次，加大对沿线各省区市的财政金融支持。国家应该制定相应支持战略，加大对丝绸之路经济带沿线尤其是中西部省市的支持力度，逐步改变目前金融机构重点支持国有企业而中小企业私企获得的金融支持远远不足的局面，不断优化信贷支持结构，加大对中小企业私企的扶持力度，重点扶持具有较高技术效率的企业。

最后，加强区域间金融合作，中央政府应该制定整体规划，逐步打破地区割据藩篱。各地方政府应加强交流合作，建立地方政府间合作协议，逐步完善市场化机制和利益补偿机制。加快区域金融资源流动，逐步推动区域金融中心的形成。

三、推进交通设施建设，加强道路联通

为了促进丝绸之路经济带沿线省市的持续快速发展，需要推进交通基础设施建设，加强道路联通。

首先，加强与丝绸之路经济带沿线国家对国际运输线路规划、建设和运输协调，建立高层次政府间协调机制，共同研究探讨国际线路的规划、建设、运营和管理问题，积极推动高铁外交，构建泛亚铁路，通过高铁与中亚和西亚连接起来，不断加强公路、铁路、机场、港口、能源等通道建设，构建便利的硬件条件。

其次，要扩大资金投入，鼓励民营资本和外资投入到交通基础设施建设中，加快交通基础设施建设步伐，同时改善现有交通基础设施的运行效率，更好发挥交通基础设施对技术效率的促进作用。

最后，加强丝绸之路经济带沿线各省区市交通基础设施的结构优化，进一

步改善现有运输网络的区域布局，针对不同区域实施差别化发展策略，对中西部地区而言，主要是加快交通基础设施建设，增加交通基础设施数量，对东部地区而言，不但要考虑交通基础设施数量增加，更要注重提高交通基础设施的质量，建立现代化综合交通运输体系。

参考文献

［1］何枫，陈荣. 金融中介发展对中国技术效率省际差异的影响——SFA 模型的应用［J］. 西北农林科技大学学报（社会科学版），2004（3）：45 – 49.

［2］何枫，陈荣. 经济开放度对中国经济效率的影响：基于跨省数据的实证分析［J］. 数量经济技术经济研究，2004（3）：18 – 24.

［3］刘秉镰，武鹏，刘玉海. 交通基础设施与中国全要素生产率增长——基于省域数据的空间面板计量分析［J］. 中国工业经济，2010（3）：54 – 64.

［4］刘育红，王新安. "新丝绸之路"交通基础设施与全要素生产率增长［J］. 西安交通大学学报，2012（5）：54 – 59.

［5］孙久文，高志刚. 丝绸之路经济带与区域经济发展研究［M］. 北京：经济管理出版社，2015.

［6］王春桥，夏祥谦. 金融发展与全要素生产率：技术进步还是效率改善——基于随机前沿模型的实证研究［J］. 上海金融，2015（4）：35 – 39.

［7］王志刚，龚六堂，陈玉宇. 地区间生产效率与 TFP 增长率分解（1978—2003）［J］. 中国社会科学，2006（2）：55 – 66.

［8］王志平，陶长琪. 我国区域生产效率及其影响因素实证分析［J］. 系统工程理论与实践，2010（10）：1762 – 1773.

［9］余利丰，邓柏盛，王菲. 金融发展与中国生产率增长——随机前沿分析的视角［J］. 管理科学，2011（8）：105 – 112.

［10］周晓燕，韩朝华. 中国各地区生产效率与全要素生产率增长率分解（1990 – 2006）［J］. 南开经济研究，2009（5）：26 – 48.

［11］朱承亮，岳宏志，李婷. 中国经济增长效率及其影响因素的实证研究：1985～2007 年［J］. 数量经济技术经济研究，2009（9）：52 – 63.

［12］Afriat, S. N. Efficiency estimation of production functions［J］. International Economic Review, 1972 (1): 568 – 598.

[13] Battese. G. E. & T. J. Coelli. A Model for Technical Inefficiency Effects in a Stochastic Production Frontier for Panel Data [J]. Empirical Economics, 1995 (20): 325 – 332.

[14] Farrell, M. J. The Measurement of Production Efficiency [J]. Journal of Royal Statistical Society, 1957 (1): 253 – 281.